세상 모든 일러스트레이터를 위한 필독서!
구도와 서사 마스터 가이드북

COMPOSITION & NARRATIVE

일러스트레이터를 위한
구도와 서사 마스터 가이드북

3dtotal Publishing 지음

이수영 옮김

YoungJin.com Y.
영진닷컴

COMPOSITION & NARRATIVE

KOREAN language edition ©2025 by Youngjin.com Inc.
Korean translation rights arranged with 3D TOTAL.COM LTD
through Lee&Lee Foreign Rights Agency, Korea.

이 책의 한국어판 저작권은 리앤리에이전시를 통한 저작권자와의 독점
계약으로 영진닷컴이 소유합니다.

ISBN : 978-89-314-7743-6

독자님의 의견을 받습니다.
이 책을 구입한 독자님은 영진닷컴의 가장 중요한 비평가이자 조언가입니다.
저희 책의 장점과 문제점이 무엇인지, 어떤 책이 출판되기를 바라는지, 책을
더욱 알차게 꾸밀 수 있는 아이디어가 있으면 팩스나 이메일, 또는 우편으로
연락주시기 바랍니다. 의견을 주실 때에는 책 제목 및 독자님의 성함과
연락처(전화번호나 이메일)를 꼭 남겨 주시기 바랍니다. 독자님의 의견에
대해 바로 답변을 드리고, 또 독자님의 의견을 다음 책에 충분히 반영하도록
늘 노력하겠습니다.

파본이나 잘못된 도서는 구입처에서 교환 및 환불해 드립니다.

이메일 : support@youngjin.com
주소 : (우)08512 서울시 금천구 디지털로9길 32 갑을그레이트밸리
B동 10F

STAFF
저자 3dtotal | **역자** 이수영 | **총괄** 김태경 | **진행** 성민
디자인·편집 김소연 | **영업** 박준용, 임용수, 김도현, 이윤철
마케팅 이승희, 김근주, 조민영, 김민지, 김진희, 이현아
제작 황장협 | **인쇄** 제이엠

CONTENTS

이 책을
활용하는 방법

〈COMPOSITION & NARRATIVE〉를 펼친 여러분을 환영합니다. 이 책은 이론, 실습, 작품집의 세 부분으로 구성되어 있습니다.

그렉 루트코스키가 꼼꼼하게 채워 넣은 〈이론〉 단원의 〈구도(8~57페이지)〉와 〈서사(58~89페이지)〉를 먼저 읽으며, 이론적 기반을 쌓고 구도와 서사에 대한 핵심 개념을 익히는 것을 추천합니다.

〈이론〉 단원에서는 미술과 다른 예술 분야에서 구도가 무엇이며, 어떻게 활용되는지 이론을 중심으로 소개한 뒤에 선사시대의 암각화부터 그래픽 프로그램으로 창작한 현대의 명작에 이르기까지 다양한 이미지에서 구도가 어떻게 활용되었는지 살펴볼 예정입니다. 이 과정에서 황금비와 피보나치 나선, 삼등분 법칙, 그리고 형태나 인접도, 규모, 리듬, 움직임, 원근법, 질감, 대비와 같이 구도를 구성하는 다양한 법칙과 규칙을 다룰 예정입니다. 〈구도〉 단원의 후반부에서는 색과 명도, 빛을 활용해 구도를 구성하는 방법에 대해 배운 뒤에 풍경화와 초상화, 정물화에서 어떤 구도가 활용되는지 알아볼 예정입니다. 그런 다음 아티스트들이 어떤 방식으로, 그리고 왜 구도를 구성하는 법칙을 깨는지 알아보며 〈구도〉 단원을 마무리합니다.

〈이론〉 단원의 두 번째 장에서는 미술의 서사와 스토리텔링을 다룹니다. 우선 역사 속에서 이야기를 전달할 때 예술이 어떻게 활용되었는지 먼저 소개할 예정입니다. 또한 하나의 이미지로만 구성된 일러스트와 스토리보드에서 스토리텔링이 어떻게 활용되는지 알아본 뒤 그림에서 서사를 구축하는 여러 가지 방법을 소개할 예정입니다. 이와 더불어 서사를 구축하는 방법도 소개합니다. 복선과 장치, 시점, 상징, 은유, 관객의 참여, 동물 캐릭터의 의인화, 과장, 유머, 모호성, 단순성과 복잡성 등 이미지를 통해 이야기를 전달할 때 활용할 수 있는 방법이 소개합니다. 그리고 초점을 활용하는 등 구도를 통해 서사를 더하는 방법도 알아볼 예정입니다.

〈실습〉 단원에서는 데빈 엘르 커츠(92페이지)와 네이선 폭스(132페이지), 조슈아 클레어(164페이지), 돔 레이(196페이지)라는 네 명의 아티스트가 각자 별개의 프로젝트를 진행하는 형식으로 실습을 진행할 예정입니다. 〈이론〉 단원에서 배운 개념과 용어를 알고 있다면, 〈실습〉 단원을 십분 활용할 수 있을 것입니다. 〈실습〉 단원을 맡은 각 작가는 고유의 스타일과 배경을 지니고 있으며 작품에서 구도와 서사를 활용하는 방법도 제각기 다릅니다. 〈실습〉 단원을 통해 서로 다른 아티스트가 구도와 서사를 어떻게 다루는지 직접 확인해 보기를 바랍니다.

마지막으로 〈갤러리(234~275페이지)〉에서는 〈실습〉 단원을 진행한 네 아티스트의 포트폴리오에 더해 여섯 아티스트의 포트폴리오를 소개합니다. 이들의 작품을 통해 서로 다른 아티스트가 작품에서 구도와 서사를 어떻게 활용하는지 알아볼 수 있을 것입니다.

아티스트의 팁
책 곳곳에 이렇게 색이 칠해진 상자를 찾아볼 수 있을 것입니다. 여기에는 아티스트가 전수하는 팁과 조언이 실려 있습니다.

구도 COMPOSITION
그렉 루트코프스키 | Greg Rutkowski

예술을 구성하는 많은 요소와 마찬가지로 '구도'는 화면의 균형을 이루거나 균형을 깨고 특정한 부분에 무게를 실을 때 활용할 수 있는 핵심적인 요소입니다. 작품 속의 화면은 아티스트의 선택에 따라서 빽빽하고 조밀하며 복잡할 수도, 또는 가볍고 한적하며 텅 비어 있을 수도 있습니다. 두 화면 중 어느 것이 더 좋다고 할 수 없으며 두 방법 모두 심미성과 예술적 가치를 담고 있기도 합니다. 결국 중요한 것은 아티스트가 작품을 어떤 관점에서 바라보느냐, 그리고 어떤 구도로 작품을 그렸느냐에 달려 있습니다. 이들 모두 작품을 구상하는 단계 초반에 내리는 결정입니다.

구도는 무엇인가? WHAT IS COMPOSITION?

간단하게 말하면 구도란 특정한 순서에 따른 형상과 형태, 선, 물체의 배치입니다. 구도는 그림과 조각, 음악, 영화에서 찾아볼 수 있습니다. 예를 들어, 뮤지션은 서로 다른 악기와 사람의 목소리를 녹음한 뒤에 가장 듣기 좋은 소리가 나도록 소리를 배열해 노래를 만듭니다. 이와 비슷하게 사진사는 카메라에 담기는 화면을 바꾸어 가며 가장 사진이 잘 나오는 구도를 찾습니다(01). 이러한 예시를 통해 구도가 무엇인지 짐작해 볼 수 있습니다.

구도는 일상생활 속에서도 찾아볼 수 있습니다. 아이가 자신이 보기에 가장 예뻐 보이는 방식으로 색깔 블록을 쌓는다면, 이때 블록의 배열도 구도의 하나로 볼 수 있습니다. 저희 할머니께서는 꽃과 풀, 들풀을 꺾어와서 나름의 방식으로 꽃다발을 만드는데, 이것도 구도라고 할 수 있죠.

구도는 창작자의 수준이 어떻든 창작과는 뗄 수 없는 관계에 있습니다. 여러분도 대부분 어린 시절 부모님에게서 배웠던 텔레비전이나 책에서 본 것이든 특정한 방식을 따라서 창작했을 것입니다. 이제 막 그림을 그리기 시작한 아이들이 노란색 원으로 태양을, 선의 형태로 태양의 빛을 표현하는 것을 쉽게 찾아볼 수 있습니다. 그리고 이렇게 그린 태양은 주로 화면 상단의 한쪽 구석에 배치하고 나머지 공간에는 작은 집이나 구름, 사람을 그려 넣죠(02). 이러한 방식은 우리가 어렸을 때 가장 먼저 배운 구도 중 하나라고 할 수 있습니다. 예제 03 역시 풍경이 겹겹이 늘어선 모습을 표현한 아이의 그림으로, 아이의 방식으로 구도를 표현한 것입니다.

01 오스트리아를 여행할 때 찍은 사진입니다. 왼쪽의 사진은 문제가 있는 구도입니다(빨간색으로 표시한 부분). 오른쪽 사진에서는 이 부분을 잘라냈는데, 사진에서 표현하려는 부분이 훨씬 가시적으로 드러나고 차분한 분위기가 느껴집니다.

02 여섯 살 된 제 딸아이 가이아가 그린 그림입니다. 태양과 구름, 풀이 굉장히 상징적으로 표현되어 있습니다.

03 역시 제 딸이 그린 그림입니다. 구도의 관점에서 아이들이 풍경을 표현하는 방식에는 공통점이 있습니다.

무언가 그리거나 창작할 때 우리는 무의식적으로 구도에 기반해 작업을 한다고 할 수 있습니다. 대체로 구도는 작업의 초반부에 영향을 줍니다. 캔버스 위에 처음 그리는 선이나 형태는 이후 완성되는 작품에 대해 작가가 처음 가진 생각을 담고 있습니다. 작가가 작품의 디테일을 채우기 위해서는 반드시 그림에서 가장 중요한 부분에 대한 내용이 담긴 초안이 있어야 합니다. 어떤 구도로 작품을 그릴지 생각이 정해져야 이후의 단계로 넘어가서 본격적으로 작업을 시작하고 작품을 완성할 수 있습니다(04).

A. 이 작품을 그릴 때 저는 화면 안에서 가장 중요한 부분을 해당 부분에 들어갈 색을 활용해 큼직큼직하게 표현했습니다. 이후 단계에서 이때 칠한 색이 가이드라인의 역할을 합니다.

B. 그런 다음 작은 형태를 더하여 화면에서 묘사할 풍경에 나타나는 다양한 모습을 담았습니다. 이때는 이전 단계보다 훨씬 강한 색과 뚜렷한 형태를 사용해서 화면 속 모습의 완성도가 점점 높아집니다.

C. 마지막으로는 다양한 형태를 그리고 여러 방향으로 획을 그어서 디테일을 더해주었고, 그 결과 화면이 보다 유기적이고 사실적으로 보이게 되었습니다.

이렇듯 펜이나 브러시를 어디에 대고 획을 그어야 할지 생각하지 않고는 물감을 칠할 수도, 그림을 그릴 수도 없습니다. 작가가 가진 능력이 어떻든 가장 처음 캔버스에 그리는 점이나 선 하나조차 모두 구도의 구성요소입니다. 그리고 구도의 구조에 대해 더 많이 알수록, 구도를 구성하는 요소를 해박하게 알수록 이후 작품에서 더욱 자유자재로 구도를 활용할 수 있게 될 것입니다.

04 단순한 풍경화를 그리는 과정도 구도를 생각하지 않을 수 없습니다.

역사 속 구도 COMPOSITION IN HISTORY

미술의 역사를 살펴보면 인간은 단순화된 형태의 배열을 따라 오늘날 아이들처럼 그림을 그리기 시작했고 점차 발전을 이루어 보다 복잡한 구도를 활용하게 되었습니다.

그러나 미술이 처음 탄생한 순간부터 작품의 창작에서 구도는 핵심적인 요소였습니다. 암각화를 그린다고 했을 때 동굴의 벽 어디에 손을 놓아야 할지 계획하는 것도 구도이죠(05). 오늘날에 이르러 아티스트는 2D나 3D 소프트웨어나 사진 등 다양한 기술을 활용해 스케치를 그려 구도를 계획할 수 있습니다(06).

수천 년의 시간이 흐르며 인간은 피나는 노력 끝에 예술을 발전시켰습니다. 예술 발전의 뒤에는 일상의 순간과 역사, 상상 속 모습을 이전보다 조금이라도 더 정확하게 표현하려는 노력이 있었습니다.

05 아르헨티나 산타크루스 주 페리토 모레노 마을 근처에 자리한 리오 핀투라스 암각화 중 손자국의 모습.

이 암각화는 기원전 7300년에서 기원후 700년 사이 만들어진 것으로 추정됩니다.

06 그래픽 프로그램을 활용해 실제 물감과 붓으로 그은 스트로크를 재현해 전형적인 옛날 장인의 스타일로 그린 그림입니다.

얼핏 보면 이 그림의 구도는 단순해 보이지만, 구도가 단순하다고 해서 쉬운 작품은 아닙니다. 작품이 그려지는 방식 때문입니다.

이 작품은 그래픽 프로그램과 커스텀 브러시, 배경지식, 경험이 있어야 그릴 수 있기 때문에 어려운 작품입니다.

불과 지난 수 세기만 살펴보아도 구도에 얼마나 많은 변화가 있었는지 확인할 수 있습니다. 14세기의 단순하고 평면적인 구도가(07) 15세기에는 원근감이 느껴지며 초점이 명확해지고(08) 17세기에 이르러서는 그림에 깊이가 더해지고 구성이 훨씬 복잡해진 것(09)이 보입니다. 그로부터 200년 정도가 지난 1878년 얀 마테이코가 그린 그림에서는 상징적인 의미를 담은 요소를 하나하나 세밀하게 묘사되어 있습니다(10).

07 두초 디 부오닌세냐의 〈베드로와 안드레아를 부르심(The Calling of the Apostles Peter and Andrew)(1308–1311)〉

08 조반니 디 파올로의 〈동방 박사의 경배(The Adoration of the Magi)(1450년경)〉

09 페테르 파울 루벤스 경의 〈파에톤의 추락(The Fall of Phaeton)(1605/1605년경, 1606/1608년경에 재작업 했을 것으로 추정)〉

10 얀 마테이코의 〈그룬발드 전투(The Battle of Grunwald)(1878)〉

Image 10, The Battle of Grunwald (1878) by Jan Matejko. Displayed in the National Museum in Warsaw.
Photo by Adrian Grycuk, available on Wikimedia Commons under the CC BY-SA 3.0 license

예제를 통해 아티스트들이 얼마나 빠르게 발전을 이룩했는지 확인할 수 있습니다. 특히 당시의 기술적 한계와 진보의 정도를 생각하면 그 발전 속도가 더 도드라집니다. 중세와 그 이후 시기에 인간은 목탄이나 붓, 파스텔과 같이 자연물을 가공한 재료를 활용해 그림을 그렸습니다. 그러나 예술과 관련한 기술이 진전했고 이와 더불어 다양한 도구를 활용할 수 있게 되면서 아티스트들은 더 많은 기법을 사용할 수 있게 되었고, 그 결과 새로운 스타일과 기존 도구를 새롭게 활용하는 방법이 등장합니다. 도구의 진전과 더불어 수학에 대한 이해가 심화하면서(여기에 대해서는 16페이지에서 더 자세히 다루겠습니다) 아티스트는 전보다 과감한 구도를 실험할 수 있게 됩니다. 뒤에서 다룰 예정이지만, 이후에는 아예 구도를 구성하는 규칙을 깨려는 시도도 등장합니다(54페이지).

그러나 구도를 구성하는 기법에 가장 큰 영향을 준 것은 디지털 기술의 출현입니다. 오늘날에는 손쉽게 그림의 비율을 바꾸거나 캔버스의 방향을 자유자재로 뒤집을 수도 있고 이전 작업 내용을 불러올 수도 있습니다. 이 모든 것이 한 번의 클릭이면 가능하죠. 옛날의 아티스트들은 이렇게 다양한 시도를 할 수가 없었는데, 이런 수정 작업에 드는 시간과 비용이 막대했기 때문입니다. 그러나 이제는 그림의 모든 것을 자유자재로 바꿀 수 있습니다. 그림을 수십 개로 복사해서 이것저것 시도한 뒤에 그중 가장 좋은 것을 선택하기만 하면 됩니다(11). 이런 방식으로 생각지 못했던 새로운 해결책을 발견할 기회가 생겨납니다. 그리고 이에 따르는 비용은 전기료가 전부이죠.

물론 현대의 아티스트가 이렇게 무궁무진하게 작품을 수정하고 변형할 수 있는 능력이 있다고 해서 자신의 삶을 오롯이 예술에 헌신하며 훨씬 느린 속도로 예술을 배우고 작품을 창작했던 '이전 시대의 거장'보다 더 낫다는 말은 아닙니다. 단지 현대의 아티스트는 이전과 비교했을 때 훨씬 적은 시간과 비용으로 더 많은 작품을 창작할 수 있다는 것입니다. 즉, 현대의 아티스트는 그래픽 프로그램을 활용해 다양한 구도를 시도해 보며 전보다 훨씬 거대한 진보를 이룩할 기회가 주어졌다고 생각하는 것이 옳습니다.

11a 이 그림을 처음 그린 것은 2016년이었습니다. 그림에서 보이듯 처음에는 드래곤에 초점을 맞춘 세로 구도의 그림을 구상했습니다.

11b 포토샵을 활용해 캔버스의 길이를 늘리고 화면 속 요소를 추가해 전보다 훨씬 흥미로운 구도가 탄생했습니다.

황금비 GOLDEN RATIO

황금비('신의 비율'이나 '황금 분할'이라고도 불립니다)는 하나의 변이 다른 변의 길이보다 1.61803398875배 긴 직사각형의 비율을 일컫습니다(12). 황금비를 두 개의 선분으로 이뤄진 직선으로도 표현할 수 있는데(13), 이 직선의 총길이를 선분 a의 길이로 나누었을 때의 비율은 선분 a와 선분 b의 비율과 동일하게 1.618입니다.

황금비는 완벽하게 균형을 이룬 구도를 만들 때 가장 중요한 요소입니다. 황금비라는 완벽에 가까운 비율은 인체의 비율에서도 찾아볼 수 있습니다. 손의 길이를 1이라고 하면, 아래팔의 길이는 손의 길이에 1.61803398875(그리스 문자 파이로 표현합니다)를 곱한 것이 됩니다(14). 손가락과 같은 다른 인체 부위에서도 황금비를 찾아볼 수 있습니다(15). 자연은 황금비라는 아주 구체적인 숫자를 활용해 유기체를 성장시킵니다.

황금비는 미술에서도 찾아볼 수 있습니다. 황금비를 활용하면 아주 좋은 결과물을 얻어낼 수 있기 때문이죠. 황금비가 가장 먼저 사용된 분야는 고대의 건축이었습니다. 고대 그리스의 조각가이자 수학자였던 페이디아스(기원전 500-432년)는 파이를 공부한 뒤 파르테논 신전을 설계할 때 적용했습니다.

레오나르도 다빈치가 황금비를 활용해 남긴 작품이야말로 황금비를 활용한 작품 중에 가장 유명할 것입니다. 다빈치는 황금비를 활용해 인체의 비율을 표현했습니다. 다빈치의 그림을 보면 다빈치가 얼마나 인체의 비율에 해박한 지식을 갖고 있었는지 알 수 있습니다(16). 이러한 발견은 인체의 해부학적 구조에 대한 미술계의 지식을 한층 진보하게 했습니다. 다빈치가 작품을 남기고 수많은 세월이 지났음에도 우리는 여전히 그의 작품을 참고 자료로 활용합니다.

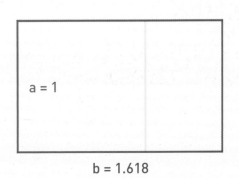

b = 1.618

$$\frac{a}{b} = \frac{a + b}{a} = 1.618$$

12 한 변의 길이가 다른 변보다 1.618배 긴 황금 사각형입니다.
회색 선은 황금 사각형을 정사각형 하나와 작은 황금 사각형으로 나눌 수 있는 선입니다.

13 예제 12의 사각형 속 비율을 직선상에 표현할 수도 있습니다. 직선을 하나의 선분이 다른 선분에 비해 1.618배 긴 선분으로 나누면 선분 a와 선분 b로 나눌 수 있습니다.
그리고 선분 a와 선분 b는 황금 사각형의 두 변의 길이가 이루는 비율과 같은 비율을 보입니다.
그리고 두 선분 길이의 합(선분 a + 선분 b)은 선분 a에 비해서 1.618배 깁니다.

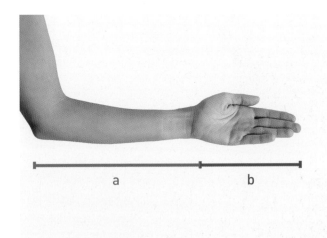

14 황금비를 인체에도 적용해 볼 수 있습니다.
손과 아래팔이 이루는 비율이 황금비이죠.

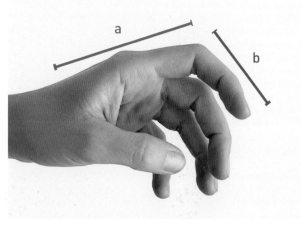

15 그 외에도 인체의 여러 부분에서 황금비를 찾을 수 있습니다.

황금비는 아티스트라면 응당 친숙해야 하는 기초입니다. 황금비를 통해 화면 속 물체의 배치와 같이 작품을 그릴 때 마주하는 문제를 해결할 수 있습니다. 그림 속에서 서로 다른 물체 사이의 거리 역시 황금비를 활용해서 정할 수 있죠.

예를 들어, 단순한 풍경화에서 나무와 캔버스 테두리 사이의 거리를 황금비에 맞추어 나무를 배치하면 훨씬 아름답게 보일 것입니다. 이에 더해 나무의 형태를 표현할 때도 1.618이라는 황금비를 활용할 수도 있죠. 예제 17을 보면 화면 속 물체를 어떻게 황금비에 맞추어 배치할 수 있는지 알 수 있습니다. 예제에서는 인물은 화면을 1.618:1로 나누는 선 위에 놓여있습니다. 물론 정확하게 1.618:1의 비율을 맞출 필요는 없습니다. 다만 황금비를 항상 염두에 두고 있으면 화면 속 무언가 황금비에 맞는지 아닌지 파악할 수 있게 됩니다. 나아가 그림의 프레임도 황금 사각형을 활용해 정할 수도 있습니다.

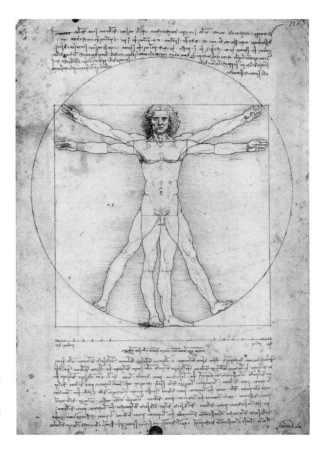

16 레오나르도 다빈치의
〈비트루비우스적 인간(Vitruvian Man)(1492)〉.
다빈치는 원 안에 인간의 실루엣을 배치한 뒤에
황금비를 이루는 부분을 선으로 표시했습니다.

17 내 작품에서 황금비를 사용한 예시입니다.

피보나치 나선 FIBONACCI SPIRAL

피보나치 나선은 황금비의 연장선에 있습니다. 피보나치 나선은 0, 1, 1, 2, 3, 5, 8, 13, 21, 34…로 이어지는 피보나치 수열을 시각적으로 표현한 것이라고 할 수 있습니다. 피보나치 수열은 수열에서 이전 순서의 숫자 두 개를 더하여 만들어집니다. 많은 전문가가 기원후 1170년경 탄생한 레오나르도 피보나치가 처음 피보나치 수열을 발견했거나, '발명'한 것으로 보고 있습니다.

피보나치 나선은 황금 사각형 안에 그릴 수 있습니다. 각 변의 길이가 피보나치 수열을 따라 증가하는(즉, 각 변의 길이가 1×1, 2×2, 3×3, 5×5, 8×8…인) 정사각형을 서로 맞대어 배치하고 사각형을 따라 나선을 그리면 피보나치 나선을 그릴 수 있습니다(18). 변의 길이가 피보나치 수열을 따르는 정사각형은 어긋나는 부분이 없이 딱 맞게 황금 사각형 안에 놓을 수 있는데 피보나치 수열을 이루는 수

사이의 비율이 황금비와 아주 가깝기 때문입니다.

이렇게 수학적인 개념을 활용해서 설명하니까, 복잡한 개념처럼 들릴 수도 있지만 그림의 구도를 구성할 때는 피보나치 나선을 그리거나 상상하면 간단하게 이해할 수 있습니다. 앞서도 언급했듯 황금 사각형은 그림의 비율을 눈에 보기 좋게 할 때 레이아웃처럼 활용하면 좋습니다. 피보나치 나선은 황금비를 한층 더 유용하게 활용할 수 있는 방안이자 관객의 시선을 그림의 초점으로 끌어오는 수단입니다. 예제 19의 그림을 보면 제가 피보나치 나선을 활용해서 흐름을 만들어내고, 이 흐름으로 관객의 시선을 어떻게 그림의 초점인 인물로 끌고 왔는지 알 수 있습니다.

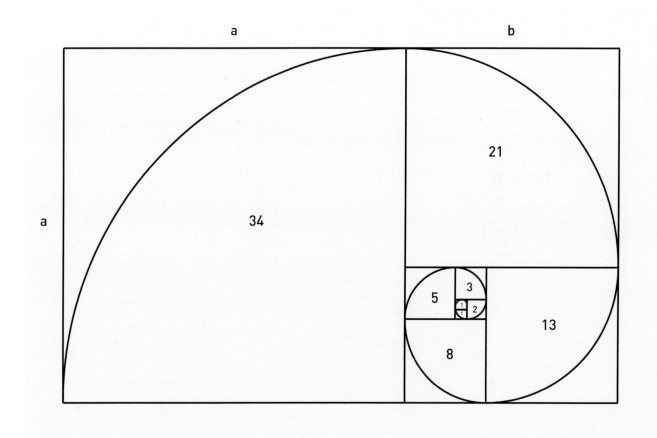

18 피보나치 나선을 구성하는 각각의 사각형에 대각선 방향으로 곡선을 그어서 그리는데, 이렇게 그린 나선은 황금 사각형 안에 들어갑니다.

19 제 작품에서 피보나치 나선이
활용된 예시입니다.

Image 19, Morning Lights © Greg Rutkowski

20 라파엘의 〈왕들의 경배(The Adoration of the Kings)(1500–1599)〉

21 솔로몬 J 솔로몬의 〈삼손(Samson)(1887)〉

22 2020년 3월 5일 파르테논 신전과 로마 신전, 아우구스투스 신전의 동쪽 정면. 조지 E. 코로나이오스 사진

수백 년에 걸쳐 아티스트들은 피보나치 나선을 지침으로 삼았습니다(**20 및 21**). 건축과 조각, 회화, 공학에 걸쳐서 수많은 분야에서 사용되었죠. 피보나치 나선이 발견된 것은 1170년의 일이지만 피보나치 나선과 유사한 패턴이 사용된 것은 기원전 495년~429년 사이 고대 그리스의 파르테논 신전 건축 시기였습니다(**22**). 인간은 자연에서 보이는 보편적인 형태를 따라하는 경향이 있는데, 고대인들은 달팽이의 껍데기나 해바라기에서 피보나치 나선의 형태를 보았을 것이고 이를 분석해서 활용했을 것입니다.

황금비와 마찬가지로 피보나치 나선도 언제 활용해도 손색이 없으며 전통적인 기법으로 고전 작품 속 한 장면을 그릴 때 사용하면 빛을 발합니다.

삼등분 법칙 RULE OF THIRDS

삼등분 법칙은 화가와 사진작가, 영화감독, 디자이너가 구도를 구성할 때 참고하는 법칙입니다. 삼등분 법칙을 활용하면 화면에 여백이 생겨서 관객의 초점이 화면 속 주제에 맞춰진다는 것을 이용해 화면의 균형감과 완성도를 끌어올릴 수 있습니다.

삼등분 법칙을 사용하려면 화면을 삼등분한 후 작품의 주제를 왼쪽 또는 오른쪽 3분의 1 지점에 위치시키고, 나머지 3분의 2에 해당하는 화면은 공간으로 남겨놓으면 됩니다(23). 삼등분 법칙이 기록된 최초의 서적은 1797년 존 토마스 스미스가 저술한 〈전원 풍경에 관한 비평(Remarks on Rural Scenery)〉입니다. 물론 이 책이 쓰이기 이전에도 삼등분 법칙을 사용한 아티스트는 많았습니다. 이들이 삼등분 법칙이라는 것을 알고 썼는지는 모를 일이지만요(24).

삼등분 법칙으로 구도를 잡는 방법을 단순하게 설명하자면, 화면을 직사각형 아홉 개로 나누어 격자 형태로 만든 다음 격자를 이루는 직사각형이 서로 만나는 지점(교점) 위에 주제를 배치합니다. 예제 25에서는 화면을 가로와 세로 방향으로 각각 삼등분했을 때 나타나는 교점 세 개에 사물이 배치되어 있습니다. 바로 드래곤의 머리와 배경에 위치한 전투 중인 병사들, 성문이 여기에 해당하죠. 이 세 지점은 화면이 담고 있는 정보를 전달하는 지점이자 관객의 시선을 잡아끄는 지점이기 때문에 화면 안에서 가장 중요합니다.

예제 26에서는 격자의 한 점만 활용하는 것에서 한발 더 나아가 격자를 구성하는 선 하나를 통째로 사용하고 있습니다. 주제가 되는 돛대가 화면 왼쪽 1/3 부분에 해당하는 선에 맞게 배치되고, 다른 배들은 화면의 나머지 지점에 배치되어 전반적인 균형을 만듭니다.

23 예제 속 화면에서 나무는 화면의 1/3 지점에 있는 교점에 자리하고 있으며, 중경에 위치한 산은 반대편 1/3 지점에 있는 교점에 놓여있습니다. 이를 통해서 화면의 균형이 잡힙니다. 삼등분 법칙은 전경과 중경, 배경이 대체로 격자의 가로선에 맞추어 배치된 것으로도 적용할 수 있습니다.

24 알베르트 코이프의 〈기수와 소 치는 목동(Horsemen and Herdsmen with Cattle)(1655/1660). 코이프는 17세기의 화가로 이 작품에서 그는 작품 속 화면의 균형을 맞추기 위해 삼등분 법칙을 사용했습니다. 작품의 포화도를 낮추고 명도 값을 추출해 분리해서 보면 어디에서 삼등분 법칙이 적용되었는지 쉽게 찾아볼 수 있습니다.

25 제 작품에서 삼등분 법칙이 적용된 사례입니다. 화면 속 가장 중요한 부분이 격자의 교점 부분에 배치되어 있습니다.

26 이 작품에서 먼저 초점이 맞추어지는 부분은 화면을 세로로 삼등분하는 세로선 중 하나 위에 배치되어 있습니다.

구도의 다른 구성 요소
OTHER ELEMENTS OF COMPOSITION

구도는 여러분이 생각한 것보다 훨씬 유기적입니다. 황금비와 피보나치 나선, 삼등분 법칙 외에도 형태나 규모, 리듬, 원근, 질감, 대비 등의 요소를 활용해 구도에 변화를 줄 수 있습니다.

형태

형태는 구도에 영향을 주는 요소 중 가장 직관적입니다. 인간의 눈은 시야에 들어오는 사물의 다양한 형태를 감지하는 능력이 뛰어납니다. 특정한 방법으로 구도를 구성하면 형태를 활용해 화면 속 장면의 정보와 분위기를 전달할 수도 있고, 나아가 화면 속 특정한 지점으로 관객의 시선을 유도할 수도 있습니다. 예를 들어, 강렬한 분위기를 조성하려고 한다면, 얇은 선으로 둥근 형태를 그리는 것보다는 굵고 거친 선으로 형태를 표현하면 동적인 구도를 조성하는 데 유리합니다. 예제 27을 통해서 좀 더 자세히 살펴보겠습니다.

A. 나무와 바위의 형태가 각지어 있으면 차분하고 정적인 장면이 연출됩니다.

B. 대각선 방향으로 회전하는 모양의 형태는 둥글고 단순한 형상으로 화면에 초점을 만듭니다.

C. 기하학적인 모양과 삼각형 형태의 바위가 화면의 주제가 되는 사물에 초점이 맞추어지게 하고 긴장감을 형성합니다.

D. 특별한 규칙 없이 그어진 선과 뚜렷한 형태가 없는 도형을 사용하면 구도가 선명하게 드러납니다.

A
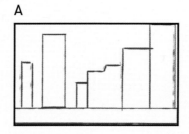 

B

C
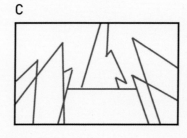 

D

27 형태를 활용하여 구도에 영향을 줄 수 있는 것을 보여주는 사례입니다.

28 구도를 구성할 때 규모와 인접도는 유용하게 활용할 수 있습니다.

인접도와 규모

산이나 바다, 건물과 같이 무언가 거대한 물체의 크기를 묘사할 때 자주 사용하는 방법이 규모입니다. 묘사하려는 대상 근처에 사람이나 동물의 실루엣을 작게 그려 넣으면 둘 사이의 차이가 훨씬 부각됩니다.

인접도는 아티스트가 바로 이 규모를 보여주려 할 때, 또는 전경과 중경, 배경의 강도나 명도를 조절하여 화면 속 특정한 부분의 중요도를 강조하고자 할 때 사용하는 방법입니다. 많은 풍경화 작가가 작품에서 비슷한 방식으로 인접도를 활용하여 화면 속 어느 지점이 주제인지, 또는 어느 지점이 화면의 초점인지 표현합니다.

예를 들어, 예제 **28**에서는 전경에 작은 인물을 그려서 배경에 있는 선박의 크기와 중요도를 강조했습니다. 선박의 형태는 밝은 색조를 사용해 단순하게 표현했는데 이에 따라서 관찰자로부터 멀리 떨어져 있다는 착시가 발생하고 전경에 있는 인물과 배경이 분리되어 보이는 효과가 발생합니다.

29 데빈 엘르 커츠의 〈바다뱀(Sea Serpent)〉
(92페이지의 〈실습〉 단원을 참고하세요).
이 작품은 구도에서 인접도를 활용한 사례입니다.
전경에 위치한 사물을 어둡게 표현해
배경에 위치한 사물과 대비를 이루게 했습니다.
배경에 위치한 사물에는 대기 원근법을 적용하여
배경 속 바다뱀의 규모와 전경에 위치한
사진사와의 거리가 한층 강조됩니다.

COMPOSITION

리듬과 움직임

그림의 구도를 구성할 때 리듬과 움직임을 사용한다는 것은 다르게 표현하면 사물이나 브러시의 스트로크와 같이 서로 비슷한 형태를 배치하여 흐름을 만들어내고 특정한 방향으로 시선을 유도하는 것을 말합니다. 많은 경우 관객의 시선을 그림의 초점이 위치한 지점으로 이끌죠(그렇지 않은 경우도 있습니다). 이를 보여주는 것이 예제 30입니다.

A. 가로등과 원근법으로 그림에 리듬이 생겨났고 이 리듬으로 인해 시선은 화면의 중앙에 있으면서 소실점이 자리 잡고 있는 건물로 향합니다.

B. 이 스케치에서는 브러시 스트로크로 만들어낸 흐름을 보여주고 있습니다. 나아가 이러한 흐름을 아티스트가 창의적인 방식으로 얼마나 자유롭게 활용할 수 있는지 잘 나타냅니다. 그림 속 구름의 움직이는 방향이 리듬을 만들어내고 자연스럽게 초점은 범선에 맞춰집니다.

리듬과 움직임은 긴장감을 자아내고 분위기를 조성할 때도 활용할 수 있습니다. 빈센트 반 고흐의 그림이 이 점을 잘 보여줍니다. 고흐는 대각선 방향으로 스트로크를 그어서 구도를 구성했는데, 이에 따라 독특한 분위기가 조성됩니다(31). 비슷한 구도를 클로드 모네의 작품과(32) 에드바르 뭉크의 작품 다수에서도(33) 찾아볼 수 있습니다.

A

B

30 리듬과 움직임을 활용해 시선을 유도하고, 그림의 초점을 만들어낼 수 있습니다.

31 빈센트 반 고흐의 〈별이 빛나는 밤
(The Starry Night)(1889)〉.
고흐는 리듬과 흐름을 강조하기 위해서
임패스토[1] 기법을 활용했습니다.

32 클로드 모네의 〈국회의사당의 해질녘
(The Houses of Parliament, Sunset)(1903)〉.
이 작품에서 모네는 브러시 스트로크로
물결의 움직임을 표현했습니다.

1 역주 : 물감을 두텁게 칠해서 질감을 강조하고 화면이 입체적으로 보이게 하는 기법을 말합니다.

33 에드바르 뭉크의 〈불안(Anxiety)(1894)〉.

원근

원근을 사용해 구도를 구성하는 방법에는 여러 가지가 있습니다. 다양한 원근법 중 중요하게 사용하는 것이 바로 대기 원근법(공기 원근법이라고도 합니다)입니다. 대기 원근법은 대기의 작용으로 인해 발생하는 현상인데, 관찰자와 가까이 위치한 사물일수록 대비와 사물의 세세한 부분, 포화도가 높아 보이는 것을 일컫습니다. 반면에 관찰자와 멀리 떨어질수록 물체의 대비는 떨어지고 세부적인 부분도 잘 안 보이며 포화도 감소하여 깊이감이 있는 것처럼 느껴집니다. 안개나 스모그 역시도 대기 원근법과 비슷한 효과를 내지만 안개나 스모그가 낀 날

에는 일반적인 대기보다 포화도가 감소하여 보입니다. 대기 원근법은 하나의 장면을 여러 개의 차원으로 나누는 효과가 있으며 이에 따라 화면에 깊이감이 생겨납니다(34).

구도를 구성할 때 사용할 수 있는 원근법 중에는 투시도법이 있습니다. 투시도법이란 하나 또는 그 이상의 소실점에서 사라지는 여러 개의 평행선을 사용하는 기법을 일컫습니다. 투시도법은 쉽게 활용할 수 있기 때문에 크고 복잡한 구도를 구성할 때 활용하면 좋습니다. 소실점이 하나 있는 1점 투시의 경우 작품의 중앙에 하나의 초점을 배치할 때 사

용하면 좋습니다(35). 2점 투시와 3점 투시도 구도를 구성할 때 사용할 수 있습니다. 2점 투시와 3점 투시는 여러 개의 소실점을 명확하게 구분할 수 있어야 하고, 여러 개의 선이 한데 모여 화면의 깊이감을 더해야 하는 건물을 묘사하는 장면에 활용하면 좋습니다.

투시도법과 대기 원근법을 동시에 활용해 작품에 깊이감을 한층 더하거나 사실감을 배가할 수도 있습니다.

34 이 예제에서는 대기 원근법이 어떻게 화면을 여러 개의 차원으로 나누는지 볼 수 있습니다.

35 이 예제에서는 투시도법을 레이어로 표현해 표시했는데, 이를 통해 투시도법이라는 단순한 원근법이 거대하고 복잡한 장면을 묘사할 때 어떻게 활용할 수 있는지 알 수 있습니다.

질감

질감도 구도를 구성하는 데 요긴하게 활용할 수 있는 도구입니다. 그림을 어떻게 구상했는지에 따라 표면이나 물체에 질감을 입히면 재미있는 작품이 탄생할 수 있으며, 질감이 구도에서 차지하는 중요성도 자유자재로 바꿀 수 있습니다(36). 혹은 질감을 활용해서 특정한 부분에 초점이 맺히도록 할 수도 있죠(37). 질감은 리듬이나 움직임과 함께 사용할 수도 있는데, 이에 대한 예시는 26페이지에 제시되어 있습니다.

명도와 빛

질감은 명도와 빛과 밀접한 관계가 있습니다. 빛이 없다면 눈앞에 있는 사물의 표면이 어떤 질감을 가지는지 알 수 없기 때문이죠. 명도를 중심으로 보면 모든 물체의 표면은 서로 다른 질감과 밝기를 지닙니다. 명도는 조명으로 인한 결과물이며, 질감은 특정한 장면에서 빛과 명도가 만들어내는 결과물입니다. 따라서 구도에서 질감을 활용할 때는 빛과 명도를 고려해야 합니다.

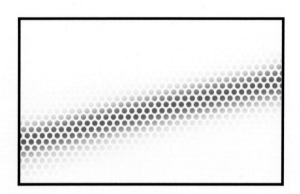

36 질감이 구도에 어떤 영향을 주는지 보여주는 사례입니다. 작품의 중앙 부분에 질감이 조밀하게 표현되며 초점을 형성하고 있습니다.

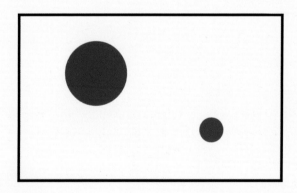

37 이 예시에서는 왼쪽에 있는 기사 형태의 크기와 높은 대비가 화면을 바라보는 관객의 시선을 단번에 붙잡습니다. 그러나 오른쪽에 질감이 더 가미된(빨간색 작은 원으로 표시된 지점) 부분 역시 관심 지점을 형성하며 시선을 유도합니다.

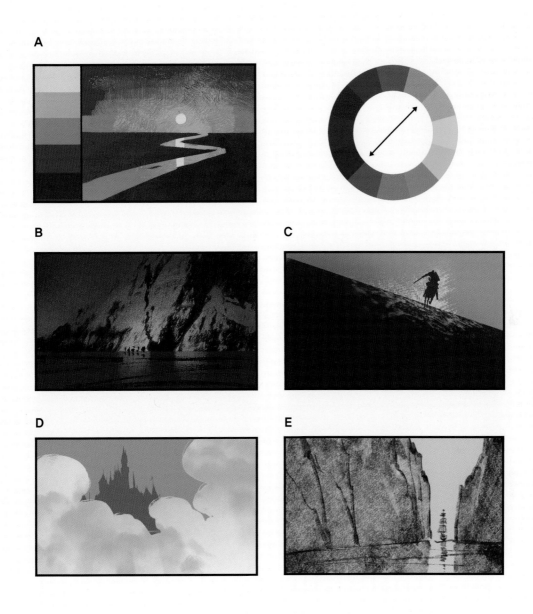

38 다양한 구도에서 대비가 사용된 예시입니다.

대비

작품의 구도에서 특정한 영역의 대비를 증가시켜 해당하는 부분에 초점이 맺히도록 할 수 있습니다. 대비는 색과 명도, 질감, 형태, 크기를 활용해 조성할 수 있습니다(38).

A. 이 예시에서는 어떠한 색을 다른 색과 대비시켜 색이 대비가 되는 부분으로 시선을 유도하는 방법을 보입니다. 여기서 사용된 색은 색상환에서 서로 반대하는 지점에 있는 색입니다.

B. 여기서는 한 지점에서 명도의 대비를 크게 하여 해당하는 지점이 작품의 초점이 되도록 했습니다.

C. 한 지점에서 질감이 점차 증가하도록 표현하면 관객의 시선을 유도할 수 있습니다.

D. 둥글고 회전하는 형태를 날카롭고 직선적인 형태로 바꾸는 방식으로도 작품의 초점을 만들 수 있습니다.

E. 이 예시에서는 큼직한 형상이 배경처럼 보이지만, 상대적으로 조그만 범선의 형상에 시선이 집중되는 것을 보여줍니다.

색COLOR

회화에서 색은 시대를 막론하고 언제나 가장 중요한 요소였습니다. 조명을 알맞게 설정한다면 색을 통해 그림이 풍기는 분위기를 큰 폭으로 바꿀 수 있습니다. 색조의 미묘한 변화를 활용한다면 우아하고 차분한 분위기를 만들 수 있고, 반대로 급작스럽게 색이 변해 대비가 커진다면 그림의 분위기 역시도 급격하게 바뀝니다.

예제 39와 40은 같은 작가가 그린 그림입니다. 클로드 모네는 같은 주제를 비슷한 구도에서 그리되 서로 다른 시간대에서, 서로 다른 색 배합을 활용해 그렸습니다. 아래 제시된 예제를 보면 여러분도 즉각적으로 두 그림이 풍기는 분위기가 완전히 다르

다는 것을 금방 알아차릴 수 있을 것입니다.

미술의 역사에서 색은 상징으로 사용되기도 했습니다. 이렇게 색을 상징으로 사용하는 것의 대표적인 사례가 바로 폴 고갱이 그린 〈설교 뒤의 환상(Vision After the Sermon)〉입니다(41). 고갱은 빨간색을 주조색으로 사용하여 야곱과 천사의 싸움에서 보이는 위험과 폭력을 상징적으로 표현했습니다.

색은 분위기를 보여주는 수단이자 상징으로 사용되기도 하지만 구도를 조성하거나 구도에 변화를 주는 도구로 활용되기도 합니다. 색을 활용해 균형

이 잡힌 좋은 구도를 만들어낼 수도 있지만, 동시에 균형을 깨뜨리고 이미지를 엉망진창으로 만들 수도 있다는 점을 명심해야 합니다. 이러한 사실이 잘 보이는 것이 예제 42입니다.

A. 왼쪽의 예제에서는 명도와 포화도(채도(chroma))), 색상 사이의 균형이 잘 유지되어 있습니다.

B. 오른쪽의 예제는 왼쪽의 그림보다는 무언가 눈에 거슬리고 배경이 앞에 있는 것처럼 보여 거리감이 혼란스럽습니다.

39 클로드 모네의 〈루앙 대성당, 서쪽 파사드, 일몰(Rouen Cathedral, West Façade, Sunset)(1892)〉

40 클로드 모네의 〈루앙 대성당(Rouen Cathedral)(1893)〉

41 폴 고갱의 〈설교 뒤의 환상(Vision after the Sermon)(1888)〉

42 위에 제시된 두 개의 예시를 통해 색상과 포화도를 바꾸는 것만으로도 큰 차이가 발생한다는 것을 알 수 있습니다.

43 위쪽의 이미지를 보았을 때 색이 밋밋하다는 생각이 가장 먼저 들었을 것입니다. 화면 속 어느 것도 부각되어 있지 않아서 어느 부분이 초점인지 도통 알 수 없습니다. 그러나 아래의 그림처럼 주황색으로 횃불의 빛을 더하고 횃불에서 나오는 빛이 나무에 비추도록 표현하면 자연스럽게 시선이 초점으로 향합니다.

그림에서 초점에 해당하는 부분을 그릴 때는 색 사이의 관계를 고려하는 것이 좋습니다. 색을 활용하여 화면 속 중요도가 떨어지는 부분은 어둡게 표현하고 중요도가 좋은 사물이 눈에 띄도록 할 수 있습니다. 아니면 특정한 부분에 생동감과 포화도를 더하여 분위기를 과장해서 표현하고 의미를 부각할 수도 있습니다. 색은 시선을 그림의 초점으로 유도하는 역할을 할 수도 있습니다. 어두운 숲속에 횃불이 켜지면 자연스럽게 관객의 시선은 횃불로 집중됩니다. 폭풍이 불 때 치는 번개는 짙은 먹구름을 배경으로 그 밝기와 날카로운 형태로 인해 관객의 시선을 붙잡는 것도 하나의 예시라고 할 수 있습니다. 그림에서 생동감이 높은 색과 주변과 다른 색조를 사용하는 것도 같은 효과를 냅니다. 따라서 강렬하고 주변과 다른 색을 쓸 때는 그 색을 쓴 지점에 시선이 유도될 것이라는 사실을 염두에 두어야 합니다(43).

또한 색은 형상의 무게감에 영향을 줄 수도 있습니다. 어둡고 차가운 색조는 주제를 훨씬 무겁게 보이게 하며 난색 계통의 밝고 생동감이 높은 색은 공간이 비어 있는 느낌을 줍니다.

그러나 어떤 경우에는 이러한 법칙을 거슬러 색을 사용하기도 합니다. 그런 경우에는 대부분 작품을 표현하는 하나의 방식으로 색을 사용하는 것인데 특히나 작가가 정말로 독특한 무언가를 표현하고자 할 때 기존과는 다르게 색을 사용합니다. 대표적으로 야수파(fauvism)의 그림에서 이러한 경향을 찾아볼 수 있는데, 야수파 작가들은 대체로 강렬하며 화려한 색을 주로 사용합니다. 그리고 다른 사조의 작가들이 대부분 지키는 법칙에 위배되는 방식으로 색을 사용합니다. 이를 잘 보여주는 것이 예제 **44a**입니다.

Image 43 by Greg Rutkowski

44 앙리 마티스의 〈삶의 기쁨(Le bonheur de vivre)(1905–1906)〉(44b는 이 작품을 변형한 것). 위의 예시를 통해 색이 작품의 구도에 어떻게 영향을 주는지 알 수 있습니다.

44a에는 강렬한 색을 다수 사용했습니다. 44b는 44a의 색 배합이 조금 더 통일성을 보이도록 바꾼 것입니다. 44a에서 사용된 색이 표현력이 더 강하고 생동감이 넘치지만,

색이 너무 강렬해서 주제에서 시선이 분산될 수 있다는 위험이 있습니다. 화면의 중앙에 주제가 배치된 구도이지만 초점은 어디에 위치하는지 모호합니다.

반면 44b의 경우 색이 차분하고 통일감을 보여 작품의 구도는 훨씬 눈에 잘 들어옵니다.

명도 VALUE

미술에서 명도는 그레이스케일에서 어떤 색이 흰색과 검은색 중에 어디에 더 가까운지 가리키는 말입니다(45). 다르게 말하면 밝기를 표현한 것이죠. 흰색에서 검은색으로 이어지는 그라디언트를 사용하면 손쉽게 그림의 명도를 파악할 수 있고 다른 사물과 비교했을 때 밝기의 유사성을 알아낼 수 있습니다(46).

그림을 그리는 중에 명도를 확인하는 작업은 무척이나 까다롭습니다. 색을 사용하거나 빛을 더하거나 어떤 사물 표면의 재질을 결정할 때 동시에 그 물체의 밝기가 어느 정도여야 적당한지 결정해야 하기 때문입니다.

예를 들어 예제 47에서 주황색 스트로크는 강렬한 색 때문에 눈에 띄지만, 그레이스케일로 표현한 명도를 확인해 보면 배경과 구분이 되지 않는 것을 알 수 있습니다. 따라서 스트로크의 명도를 낮추면 배경과 훨씬 잘 구분이 됩니다. 나아가 스트로크 하나만으로도 전체적인 화면에 큰 차이가 발생하는 것을 알 수 있죠(48).

45 그레이스케일로 표현한 이미지는 색을 색조로 구분해 표현합니다.

46 아래의 예시에서는 작품의 포화도를 낮추는 것으로 명도에 대한 정보를 얻을 수 있다는 것과 화면 속 색조 몇 가지만 고르는 것만으로 화면 속 명도의 다양성을 확인할 수 있다는 점을 보이고 있습니다.

47 예제 46의 일부분을 확대한 모습입니다. 색으로 나타나는 차이가 흑백으로 변환해 보았을 때 어떻게 보이는지 알 수 있습니다. 색이 있는 이미지에서는 강렬한 색으로 인해 주황색 스트로크가 눈에 잘 들어왔는데 흑백으로 변환한 뒤 명도를 비교하려 하니 배경에 묻혀서 잘 보이지 않는 모습입니다.

48 스트로크의 명도를 낮추면 더 이상 배경에 묻히지 않습니다.

구도를 중심에 놓고 보면 명도는 아주 중요한 역할을 수행합니다. 화면 전반에서 명도를 비슷하게 하여 밋밋한 느낌을 주는 그림은 잔잔한 장면을 묘사할 때 제격입니다. 이는 대비가 도드라지거나 명도가 과장되지 않기 때문에 화면 안에서 시선이 분산되지 않기 때문입니다. 반대로 화면 안에서 사용되는 명도의 범위가 넓어서 아주 밝은 색조와 아주 어두운 색조가 동시에 사용된다면 훨씬 동적인 장면을 연출할 수 있습니다. 또한 특정한 지점으로 시선을 유도할 수도 있습니다. 이를 보여주는 것이 예제 49입니다.

A. 대비가 높은 화창한 날의 풍경을 서로 다른 명도 값을 지닌 여러 가지 형태를 사용해 표현했을 때 화면에 초점이 존재하지 않게 된다는 것을 잘 보여주는 사례입니다.

B. 안개를 더해서 배경의 대비를 낮추면 관찰자와 배의 거리가 가까워지고 주제에 초점에 맞추어집니다.

C. 대비와 명도를 모두 사용했을 때의 모습입니다. 위의 예시와는 달리 대비는 화면의 중앙부에 맞추어져 있고 어두운 분위기가 더해졌습니다.

명도를 잘 사용하면 밝게 표현된 부분에 감추어져 있지만 그 중요도는 높은 요소를 잘 표현할 수 있으며 어두운 부분에 있으면서 중요도는 떨어지는 요소는 감출 수도 있습니다(50).

A

B

C

49 위의 세 가지 사례를 통해 명도의 범위를 조정해 대비를 강하게 하면 초점이 이동한다는 사실을 알 수 있습니다.

50 명도 사이의 균형을 활용하면 시선을 화면의 초점이 맞춰진 부분에서 전경과 배경 사이 중간 지점으로 유도할 수 있습니다.
이러한 기법은 화면 안에 차원이 여러 개 존재하며 주제가 여러 가지 차원 중 중간 지점에 위치하는 숲속의 장면을 묘사할 때 자주 사용됩니다.

51 위의 그림에서는 어둡고 차가운 색조를 사용하면 전반적으로 무게감이 느껴진다는 것을 확인할 수 있습니다.

Image 51, Study 23 © Greg Rutkowski

52 난색 계통의 밝은색 배합을 사용하고 그레이스케일에서 중간 정도에 위치한 색과 흰색을 사용하면 그림에서 느껴지는 무게가 가벼워집니다.

명도는 그림에서 물체의 무게를 보여주는 수단으로도 활용할 수 있습니다. 화면을 전반적으로 값이 낮은 명도로 채우면 묵직하다는 느낌을 줄 수 있고(51), 값이 높은 명도를 사용하고 색의 변화를 부드럽게 표현하면 가볍다는 인상을 줄 수 있습니다(52).

53 페테르 파울 루벤스의
〈유아 대학살(The Massacre of the
Innocents)(1611–1612)〉에서는
작품의 주제와 상응하는
어두운 명조를 사용해 작품의
테마를 잘 표현했습니다.

작품을 그릴 때는 작품이 어떤 분위기를 풍길지 생
각하고 그리는 것이 중요합니다. 작품의 테마를 '슬
픔'으로 설정했다면, 그레이스케일에서 흰색 계통
의 색을 적게 사용하고 명도가 어두운색을 활용하
는 것이 좋습니다(53). 반면 밝은 분위기를 표현할
때나, 행복한 순간을 담은 여름날의 한 장면처럼 부
드럽고 밝은 분위기를 표현할 때는 밝은 계열의 색
조를 사용하는 것이 좋겠죠(54).

명도를 활용하면 화면의 균형과 구도를 쉽게 무너
뜨릴 수 있습니다. 명도를 대충 처리한다면 화면의
구도가 의도했던 것과는 다른 방향으로 관객을 이
끌 수 있습니다. 어두운 장면을 그릴 때에도 가능한
넓은 범위의 명도를 활용하되 그레이스케일에서
명도의 범위를 정해 놓고 그 범위 안에 있는 색을
주로 사용하는 것이 좋습니다. 다만 너무 밝거나 어
두운 명도는 적게 사용하는 것이 좋습니다(55).

54 호아킨 소로야의 〈목욕 후(After Bathing)(1915)〉에서는 밝은 명도로 즐거운 분위기를 묘사하고 있는데
예제 53과 비교했을 때 두 작품이 주는 인상이 크게 다릅니다.

55 아르트 판더네르의 〈달빛이 비추는 다리가 있는 풍경(Moonlit Landscape with Bridge)(1648/1650)〉에서는 전체적으로는 어두운 명도를 사용하되 달과 달이 반사된 강물의 표면과 같이 화면의 일부분에서는 그레이스케일에서 극단에 위치한 밝은 명도 값을 사용하고 있습니다.

56 이 작품에서는 화면의 조명을 일관되게 유지해야 한다는 점을 알 수 있습니다. 어떤 물체를 너무 밝게 칠하면 전반적인 화면의 균형이 깨집니다 .

마지막으로 명도와 빛처럼 어떤 요소들은 서로 긴밀하게 관련되어 있습니다. 하나가 다른 하나의 결과물이기 때문이죠. 예를 들어, 순색의 흰색은 강력한 광원이 없다면 밤 풍경에서는 사용할 수 없습니다. 사물의 명도가 조명 상황에 따라서 바뀌기 때문입니다. 만약 밤을 묘사한 풍경에서 순색의 흰색이 사용되었다면 작품은 사실적으로 보이지 않을 것입니다(56). 즉, 사실적인 작품을 그릴 때는 명도와 빛의 상관관계는 '규칙'으로 보아야 한다는 것입니다. 다만 입체파나 야수파, 추상주의와 같은 여러 예술 사조에서는 명도와 빛이 서로 무관한 것처럼 표현되는 경우도 있습니다. 그러나 이러한 사조는 어떠한 규칙이 적용되지 않는 특별한 경우이며, 작가의 창의력이 최우선시되기에 가능한 것입니다.

빛 LIGHT

색과 빛은 작품을 창작할 때 가장 중요한 요소입니다. 빛은 작품에 사용되는 색과 화면 속 묘사되는 사물이나 장면의 명도를 결정하는 요인입니다(57). 미술의 사조가 변화하면서 서로 다른 스타일을 표현하기 위해 아티스트들은 다양한 기법을 사용했지만, 빛은 이런 변화 속에서도 핵심적인 요소로 자리를 지켰고, 특히나 인상주의와 사실주의에서 빛의 중요성은 더욱 부각되었습니다. 오늘날에는 일러스트와 회화, 콘셉트 아트, 드로잉 등 다양한 미술 분야에서 빛을 가지각색으로 활용하고 있습니다. 그런데 그렇다면 빛과 구도는 어떻게 관련이 되는 것일까요?

조명은 구도를 조성하는 역할을 합니다. 예를 들어, 맑은 하늘에 햇빛이 쨍쨍하게 비추는 상황에서는 강렬한 햇살과 짙은 그림자가 관찰되는데(58), 여러 개의 광원이 존재하는 실내의 장면이라면 화면 속에는 산란광과 직접광이 동시에 보일 것입니다 (59). 회화나 드로잉을 그릴 때 빛이 관객의 시선을 작품의 초점으로 유도할 수 있다는 점을 명심해야 합니다.

좋은 구도를 만들어내고 적절한 지점에 화면의 초점이 맺히도록 하는 빛에는 몇 종류가 있는데, 여기에 대해서 설명하고자 합니다.

57 흰색 공을 다양한 조명 아래 두었을 때 어떻게 보이는지 보여주는 예제입니다.

58 위의 예제는 간단하지만, 효율적으로 태양광을 표현할 수 있는 방법을 제시하고 있습니다.

59 위의 예제는 실내의 장면을 표현할 때는 여러 가지 조명이 동시에 작용할 수 있다는 것을 보여줍니다.

60 조명을 처음 설정할 때 우리 눈에 보이는 것은
화면의 대부분을 비추고 있는 주변광밖에 없습니다.

61 다음 단계에서는 공의 형태를 전보다 잘 보이게 해주는
얇은 림 라이트를 확인할 수 있습니다.

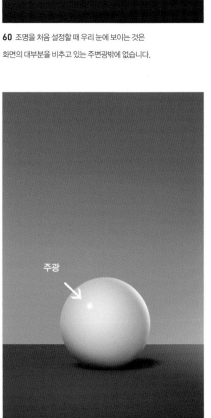

62 세 번째 단계에서는 주광이 더해집니다.
주광은 공과 지면을 비추며 화면에 색과 밝기를 더해줍니다.

63 마지막으로는 반사광을 추가하는데,
반사광은 주광의 빛이 지면을 비추어 발생하는 빛입니다.

주변광

주변광은 배경에 자리한 빛이나 주변 환경에서 나
오는 빛을 뜻합니다. 크기가 큰 풍경의 경우에는 주
광을 제외하고 다른 광원에서 비추는 빛을 주변광
이라 일컫습니다. 예를 들어, 화창한 날 하늘에서는
파란빛이 비치는데, 이 천공광이 주변광이며 이때
의 천공광은 암부에 영향을 줍니다(60).

림 라이트

림 라이트란 물체의 표면에 얇은 띠처럼 보이는 빛
을 뜻하며, 컨투어 라이트(contour light)라고도 부
릅니다(61).

주광

주광은 화면 속에서 가장 강력하고, 가장 먼저 시선
을 사로잡는 주요한 빛을 말합니다(62).

반사광

주광은 대개 반사광을 만들어 내는데, 반사광으로
사물의 실루엣이 명확하게 보이기도 합니다. 반사
광은 대체로 사물의 표면에서 반사되어 부드러운
확산광의 형태로 보이는데, 반사된 물체의 색을 약
간 띠는 경향이 있습니다(63).

구도를 구성할 때 위에서 언급한 빛은 모두 사용할
수 있지만, 조명을 잘 설정하지 않으면 예상과 다른
결과물이 튀어나올 수 있습니다. 대부분의 경우에
는 빛의 작용이 잘 표현되지 않는 정도를 넘어서 화
면 전체의 명도와 색에도 영향을 줍니다.

초보자들은 주광이 비치는 방향을 일정하게 처리하지 않아서 화면 속 사물이 서로 다른 방향의 빛을 받는 것처럼 표현해 화면이 혼란스러워지게 하는 실수를 자주 저지르고는 합니다(64). 초보 아티스트들이 자주 저지르는 또 다른 실수 중에는 화면을 비추는 빛이 강력할 때 극단적인 흰색과 검은색 등 명도 값이 큰 색만 사용하는 것도 있습니다. 이렇게

하면 화면을 알아보기 힘들며 구도가 답답하게 느껴집니다(65). 작품 속에서 빛을 제대로 처리하지 않으면 화면 속 물체는 존재감이 미미해지거나 배경에 있어야 할 요소가 전경으로 튀어나오는 것처럼 보이는데, 이렇게 되면 구도를 알아보기 힘들거나 알아볼 수 있어도 혼란스럽게 보입니다.

반면 림 라이트를 활용해 형태의 모양을 보여주고 주변광으로 화면 속 명도를 풍부하게 표현하며, 반사광으로 화면에 생동감을 더해주는 등 빛을 제대로 활용한다면 작품의 구도가 훨씬 알아보기 편해질 것이고 원하는 방향으로 관객의 시선을 유도할 수 있게 됩니다(66, 67).

64 위의 예제에는 초보자들이 조명을 처리할 때 자주 저지르는 대표적인 실수들이 담겨 있습니다.

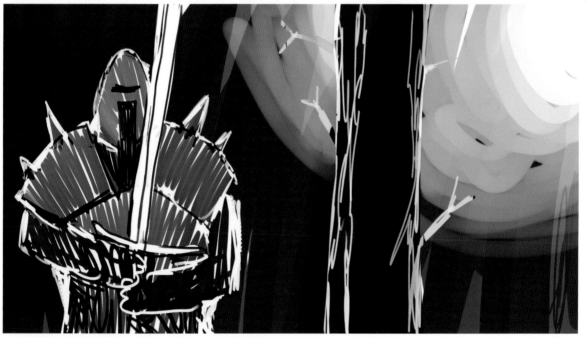

65 위의 예제에서 명도를 너무 적은 범위에서 사용하고 너무 강한 빛을 사용했을 때 화면이 어떻게 보이는지 알 수 있습니다.

66 왼쪽의 스케치에서는 빛이 밋밋하게 표현되어 있는데, 조명을 중심으로 놓고 보면 화면에 딱히 초점으로 볼만한 부분이 없습니다.

그러나 극적이고 동적인 빛을 더해주면 화면 속 기사의 모습이 한층 눈에 잘 들어오고 화면의 초점도 훨씬 분명하게 드러납니다.

67 다양한 빛을 활용해 화면을 풍성하게 구성할 수 있다는 것을 보여주는 사례입니다.

Image 67, Dragon's Breath © Greg Rutkowski

구도의 종류 TYPES OF COMPOSITION

풍경화의 구도

풍경화에서 구도는 단순한 풍경을 그릴 때의 구도에서부터 전투 장면이나 군중이 밀집한 장면, 건축물의 모습 등 아주 복잡한 구도를 모두 아우르는 주제입니다. 풍경화에서의 구도를 이해하기 위해서는 먼저 풍경화를 구성하는 주요한 요소들을 이해할 필요가 있습니다.

먼저 수평선은 풍경화의 스케치를 그릴 때 가장 먼저 화면에 그리는 요소입니다. 주로 화면을 가로 지르는 가로선의 형태로 그어지죠(68). 한 가지 유념해야 할 점은 수평선은 언제나 눈높이에 맞추어 그려져야 한다는 것입니다. 널따랗게 펼쳐진 야외의 공간이라면 대지와 하늘이 만나는 부분이 수평선이어야 합니다.

수평선은 또한 원근법을 구성하는 기초 요소이며 대체로 소실점이 위치하는 공간이기도 합니다(3점 투시와 3점 투시보다 소실점의 개수가 많은 투시도법의 경우에는 예외인데, 최소한 한 개의 소실점이 수평선 바깥에 위치해야 하기 때문입니다). 29페이지에서 다루었듯이 소실점이란 투시선이 모여드는 지점으로, 투시선을 기반으로 원근 격자를 만들어 작품의 구도를 형성할 수 있고 나아가 화면 속 사물의 위치를 올바르게 표현할 수 있습니다. 따라서 소실점을 배치하는 것이 구도를 구성하는 데 중요한 역할을 수행합니다.

풍경화의 구도에서 또 중요한 요소는 바로 초점의 위치입니다(69). 아티스트가 고목과 풀을 뜯는 동물 또는 구름과 산이 뒤얽혀 만들어내는 형태를 그린다고 해보겠습니다. 아티스트는 의도적으로 이러한 풍경의 초점을 독특한 형태나 주제에 맞히도록 하여 화면에 관심 지점이 생겨나도록 할 수 있습니다.

풍경화에서 '프레이밍(framing)'은 풍경의 일부분을 프레임 안으로 옮기는 작업으로, 아티스트가 풍경을 바라보는 시선과 생각에 맞추어 화면 속에 위치한 사물 중 일부분을 우선적으로 보여주는 방식입니다(70). 야외사생(pein air)에서 프레이밍을 활용한다면 이는 아티스트의 눈 앞에 펼쳐진 풍경을 가장 잘 보여주는 부분을 잡아서 캔버스의 프레임 안으로 옮기는 작업을 말합니다. 풍경을 그림으로 옮길 때 가장 좋은 프레이밍은 바로 눈앞에 보이는 풍경 중에서 흥미로운 부분을 화면에 옮기면서도 전반적인 화면의 균형을 유지하는 것입니다. 이때의 구도는 너무 빽빽해서도 안 되고 그렇다고 너무 휑해서도 안 됩니다. 또한 화면 정중앙에 사물을 배치하거나 프레임의 테두리 바로 옆에 배치하지 않도록 해야 합니다. 프레임을 삼분할해서 삼등분 법칙에 따라 주제를 배치하면 좋습니다.

사진의 발전으로 이제는 광각이나 어안 화각과 같이 다양한 방법으로 프레이밍을 할 수 있게 되었습니다.

68 카스파르 다비트 프리드리히의 《바닷가의 월출(Moonrise Over the Sea)》(1821년경)에 수평선과 원근 격자를 겹쳐서 표현한 모습.

더하여 읽으면 좋은 책

미국의 화가인 에드거 알윈 페인이 쓴 《야외 회화의 구도(Compositions for the Outdoor Painting)》를 읽어 보는 것을 권합니다. 이 책에는 풍경화를 그릴 때 어떤 식으로 화면을 배치하면 좋을지 그 예시가 제시되어 있습니다.

69 일리야 레핀의 〈오 자유!(What Freedom!)(1903)〉는 풍경화 속 요소들을 활용해 관객의 시선을 화면의 초점으로 유도하는 방법을 잘 보여줍니다.

70 네이선 폭스의 〈아라비아의 항구(Arabian Port)〉는 풍경화에서 어떤 프레이밍이 잘된 프레이밍인지 보여줍니다(132페이지의 〈실습〉 단원에서 자세히 배울 예정입니다).

인물화의 구도

사진이든 그림이든 좋은 인물화에서는 초점이 인물에 위치해야 합니다. 주제가 되는 인물이 인물화의 핵심이며 이에 더해 아티스트의 관점이 담기는 것이죠. 만약 인물화를 그린다면 그림의 초점은 대상이 되는 인물의 얼굴에 나타나는 특징과 각도, 그리고 가장 적당한 조명 환경을 구성해 인물을 담아내는 것에 맞춰져야 합니다. 그러나 이 모든 요소와 더불어 인물화에서 역시 구도는 중요합니다. 즉, 인물화를 황금비나 피보나치 나선, 삼등분 법칙에 따라 구도를 구성해야 한다는 것이죠(71). 그러나 하이패션(high-fashion)의 인물화에서는 이러한 규칙을 의도적으로 깨거나 과장해서 표현해 아티스트의 관점을 보다 잘 담을 수 있는 요상한 형상이나 형태로 표현하기도 합니다.

무엇을 표현하는지에 따라 아티스트는 주제의 각도나 주제를 바라보는 시점의 위치를 선택해 사용할 수 있습니다. 그 중 몇 가지를 소개하자면 아래와 같습니다.

- 정면 구도(72) : 주제가 되는 인물이 정면을 바라본다면 얼굴에 나타나는 특징을 모두 담을 수 있습니다.

- 3/4면 구도(73) : 얼굴의 3/4에 해당하는 부분이 보이는 구도입니다. 이때 얼굴은 정면에서 약간 틀어져 측면을 바라보고 있어서 얼굴의 한쪽 면이 다른 한쪽보다 더 많이 보입니다.

- 3/2면 구도(74) : 3/4면 구도와 대체로 비슷하지만 조금 더 측면을 바라보는 구도입니다. 따라서 얼굴의 한쪽 면이 더 많이 노출됩니다.

- 측면 구도(75) : 인물이 완전히 측면을 바라볼 때의 구도입니다.

71 15세기에 그려진 인물화로 삼등분 법칙이 사용되었다는 것을 보여줍니다.

Image 71, Matteo Olivieri (?) (1430s)

72 레옹 보나의 〈쥘 그레비의 초상(Portrait of Jules Grévy)(1880)〉은
정면 구도를 사용한 인물화입니다.

73 빈센트 반 고흐의 〈자화상(1887년 봄)(Self-portrait)(spring 1887)〉.
이 작품에서는 3/4면 구도를 사용했습니다.

74 레옹 보나의 〈레옹 강베타의 초상(Portrait of Leon Gambetta)(1888)〉은 2/3면 구도를 사용했습니다.

75 프레데리크 바지유의 〈에드몽 메트르(Edmond Maître)(1869)〉에서는 인물의 측면 구도를 그렸습니다.

76 안데르스 소른의
〈마돈나(Madonna)(1920)〉에서는
어머니와 아이 사이의 친밀감이
잘 표현했습니다.

77 찰스 윌슨 필의 〈언덕에서
노닥이는 벤자민과 엘레노어
(Benjamin and Eleanor Ridgely
Laming)(1788)〉는 수평 구도로
하나 이상의 인물을 표현한 대표적인
인물화입니다. 화면에서는
두 인물에게 초점이 맞추어져 있지만
동시에 일반적인 수직 구도에서 볼 수
있는 것보다 배경에 위치한 사물의
디테일이 더 많이 표현되어 있습니다.

78 귀스타브 쿠르베의 〈자화상(파이프를 문 남자)(Self–Portrait)(The Man with a Pipe) (1848–1849)〉

79 페테르 클라스의 〈소금병이 있는 정물(Still Life with Salt Tub)(1644년경)〉. 균형이 잘 맞춰진 정물화의 전형입니다. 페테르 클라스는 빛을 반사하는 성질을 지닌 유리잔과 금속제 접시를 이용해 화면의 하단에 디테일을 더했습니다. 화면의 상단은 하단보다는 공간을 많이 남겨두어 화면을 대각선으로 양분했을 때 상대적으로 사물이 밀집해 있는 아래쪽과 공간이 많은 위쪽이 균형을 이루도록 했습니다.

인물화에서도 프레이밍은 중요합니다. 인물화의 구도는 주제와 관찰자의 거리에 따라 결정됩니다. 인물의 몸통까지 화면에 담기도록 관찰자와 주제의 거리를 띄워서 프레이밍을 하면 인물의 위치를 옮겨서 훨씬 다양하고 흥미로운 화면 구성을 할 수도 있습니다. 반대로 주제를 확대하여 프레이밍을 하면 인물의 표정을 강조할 수도 있고 나아가 갈등이나 친밀함을 암시할 수도 있습니다(76).

이와 비슷하게 캔버스의 크기와 방향도 인물화의 구도에서 중요한 역할을 수행합니다. 가로 방향으로 긴 구도는 인물화에서는 드물게 사용되는 방식이지만 이러한 구도를 활용하면 여러 개의 주제를 하나의 캔버스 안에 담을 수 있습니다. 이러한 구도는 영화에서 사용되고는 하는데 인물의 얼굴 또는 인물의 얼굴과 상반신을 담으면서도 주변에 있는 다른 인물이나 주제가 되는 인물 주변의 디테일을 함께 담을 수 있기 때문입니다. 그러나 가로 방향으로 긴 구도는 영화가 탄생하기 훨씬 전부터 사용되던 구도입니다. 주제가 되는 인물의 얼굴 외에도 화면 속 다른 요소의 디테일을 보여주거나 혹은 다른 인물과 함께 주제를 보여주는 구도는 관객이 화면 안에서 관찰하고 분석할 요소를 더해서 화면을 보다 흥미롭게 합니다(77).

빛과 색은 인물화에 깊이를 더해주고 인물의 표정에 담긴 미묘한 특징을 강조하는 역할을 합니다. 광원을 주제가 되는 인물 위에 배치하면 얼굴 뼈의 세부적인 형태가 강조되고, 눈은 그늘에 가려지면서 전체적인 화면에는 날카로운 인상이 더해집니다(78). 반면 어두운 배경에 은은한 빛이 비치는 조명에서 측면이나 2/3면 구도로 인물을 표현하면 정면 구도에 비해 인물의 주요한 특징은 모두 담기되 조금 더 깊이 있게 인물을 묘사할 수 있습니다.

이렇듯 인물화의 인상에 영향을 주는 요소에는 여러 가지가 있습니다. 이러한 요소를 서로 섞고 실험해 사용해 보면 예상하지 못했던 흥미로운 결과물이 탄생할 것입니다.

정물화의 구도
정물화는 대개 음식이나 꽃 같은 자연물이나 접시나 유리잔, 테이블보, 가구와 같은 인공물을 묘사하는 미술작품을 말합니다. 그러나 무엇이든 정지해 있거나 움직이지 않는 것을 그렸다면 정물화라 할 수 있습니다.

정물화를 그리려면 사전 준비가 필요합니다. 좋은 구도의 정물화를 그리기 위해서는 흥미를 자아낼 수 있도록 화면 속 사물을 배치해야 합니다. 화면에 담길 사물을 배치할 때는 사물의 특징이 가장 잘 드러나도록 해야 하는데 이때 가장 중요한 것이 형상과 빛입니다(79).

80 폴 세잔의 〈사과와 패스트리가 있는 정물(Still life with apples and pastries)〉(1879-1880년경). 이 그림에서는 세잔이 사물을 프레이밍하고 테이블의 위와 아래 나머지 공간을 동일하게 남김으로써 균형 잡힌 구도를 구성했다는 사실을 알 수 있습니다.

프레이밍 역시 중요한 요소로 전체 화면에 영향을 줍니다. 그러나 프레이밍은 화각과 같은 다른 요소를 함께 고려해야 합니다. 조명에 맞추어 화각을 설정하고 사물을 배치해 사물에 비치는 빛과 반사광이 잘 보인다면 이때의 배치를 기준으로 프레이밍하면 됩니다(80).

정물화에서는 초점을 설정하는 일이 가장 중요합니다. 초점에 가장 많은 빛이 집중되도록 하는 것이죠. 또한 사물의 배치가 삼각형을 이루도록 구성하면 좋습니다. 이때 화면에서 가장 높이 위치한 사물에 초점이 위치하게 하는 것이 좋은데, 사물의 크기와 형태 때문입니다(81). 이 외에도 화면에서 가장 색이 화려한 사물에 초점이 맺히도록 하는 방법도 있는데, 색이 화려하다면 그만큼 눈에 띌 것이기 때문입니다.

대체로 정물화는 습작으로 활용되지만, 정물화 자체에 많은 의미가 담기는 경우도 있습니다. 특히나 정물화 속 사물에 상징적인 의미를 더하는 경우에 그렇습니다. 예를 들어, 미술사 전반에 걸쳐서 해골과 초, 마른 꽃은 시간의 흐름과 인간의 유약함을 상징하는 사물이었습니다(82).

연습으로 그렸든 말든 상징적인 의미를 담은 하나의 작품으로 그렸든 말든 정물을 예술 작품의 형태로 그리는 것은 분명 멋진 일입니다.

구도의 구성

스케치를 막 시작했을 때(작업 중간에라도) 묘사 중인 대상을 단순화해서 생각해 보기를 권합니다. 바위나 나무의 일부분 역시도 머릿속에서 단순한 형태로 치환할 수 있는데 이 과정에서 크기가 너무 크거나 형태가 이상해 작품의 구도와 맞지 않는 부분을 쉽게 파악할 수 있습니다. 이러한 단순한 과정을 통해 작업 초반에 구도가 뒤틀리는 것을 막을 수 있습니다.

81 페테르 클라스의
〈파이와 포도주잔이 있는
정물(Still Life with Pie and
Roamer)〉(17세기 전반부)〉.
이 작품에서는 정물화에서
삼각형 구도를 어떻게
활용하는지 알 수 있습니다.

82 페테르 클라스의
〈바니타스[2], 정물(Vanitas,
Still Life)(1625)〉. 이 작품은
대표적으로 인생의 유약함과
무상함을 상징하는 불이 켜진
초와 해골 같은 상징물을
사용하는 정물화입니다.

2 역주 : 죽을 수밖에 없는 인간의 유한함, 물질이나 세속적 즐거움의 무가치함을 상기시키는 여러 상징물을 표현한 정물화의 한 장르를 일컫습니다.

구도를 구성하는 규칙 깨기
BREAKING THE LAWS OF COMPOSITION

지금까지 살펴보았듯. 구도를 구성하는 규칙과 법칙에는 여러 가지가 존재합니다. 황금비에서부터 현대에 이르러 사용되기 시작한 어안 렌즈나 초광각 렌즈를 사용한 구도나 360도 파노라마 화각의 구도, 대각선 동적 구도 등은 모두 광고 이미지나 웹 배너, 소셜 미디어에서 작동하는 애니메이션 등 구체적인 용도가 있습니다. 이러한 구도는 모두 아티스트가 이전보다 나은 작품을 창작할 수 있게 하기 위한 용도로 탄생했습니다.

그러나 이렇게 탄생한 구도도 결국에는 새로운 방식으로 작품을 표현하기 위한 실험을 거친 것들입니다. 구도를 구성하는 규칙을 깬다고 해서 반드시 구도가 엉망진창으로 망가지는 것은 아닙니다. 오히려 구체적인 계획을 갖고 의도적으로 규칙을 거스르는 일이 있기도 하죠. 미술의 역사를 거치며 수많은 아티스트가 구도를 구성하는 법칙을 뒤틀거나, 혹은 아예 깨부수기도 했습니다. 이렇게 규칙을 거스르려는 시도는 입체파와 미니멀리즘, 추상 미술, 심지어 야수파와 같은 미술 사조에서 찾아볼 수 있습니다(83, 84, 85).

83 이브 클랭의 〈IKB 191, 단색의 색조 그림(IKB 191, monochromatic painting)(1962)〉. 클랭은 미니멀리즘 미술 발전의 선구자였습니다.

84 쿠르트 슈비터스의 〈Das Undbild('그리고' 그림) Das Undbild (The "And–Picture")(1919)〉는 전통적인 구도의 개념을 받아들이지 않은 작품의 대표적인 사례입니다. 삼등분 법칙이나 황금비, 피보나치 나선과 같은 구도의 규칙은 이 작품의 구도에서 찾아볼 수 없습니다.

85 파블로 피카소의 〈아비뇽의 처녀들(Les Demoiselles d'Avignon)(1907)〉. 이 작품은 입체파가 창시되는 데 큰 역할을 한 작품이라는 평가를 받습니다. 입체파에서는 '변형'이 핵심인데,
입체파가 작품을 대하는 관점과 관련이 있기 때문입니다. 그리고 이렇게 '변형'을 중시하는 입체파 작품은 기존의 구도와는 배치되는 것이기도 했습니다.

COMPOSITION

그렇다면 왜 어떤 규칙은 깨는 것이 중요한 것일까요? 제가 막화가 일을 시작했을 때, 작업이 진전이 안 될 때 정답을 다른 데에서 찾기보다는 이것저것을 시도해 보면서 스스로 답을 찾으려고 했습니다. 그리고 새로운 시도를 할 때마다 그것이 좋은 생각이었는지를 자문했죠. 좋은 생각이었는지 판단하는 것이 쉬운 일은 아니었지만, 이 과정에서 저는 저만의 답을 찾으려고 했던 것이 결국 제가 마주했던 문제를 자세히 이해하는 데 도움이 된다는 것을 알게 되었습니다. 미술에서 탐구는 이해를 증진해 주고, 아티스트 개개인에게 가장 잘 맞는 작업 방식을 찾을 수 있게 해줍니다. 이러한 시도 중 하나가 바로 그래픽 프로그램으로 작업을 할 때 마구 그은 선과 형태를 기초로 스케치를 그리는 것입니다(86).

A. 맨 처음에는 마구잡이로 선과 형태를 그린 다음 작품으로 이어질 수 있을 법한 형태를 찾습니다.

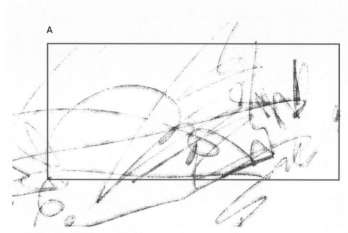

B. 오른쪽의 예시를 보면 마구 그은 선에서 형태를 찾아내어 스케치로 만들어 가는 과정을 볼 수 있습니다.

C. 마지막 단계에서는 최종 작품에 활용될 스케치의 모습인데, 앞선 과정에서의 스케치를 조금 더 보강한 것이죠.

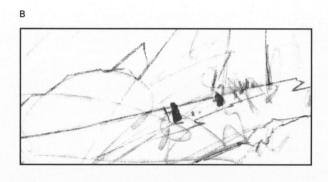

이 방식을 사용하면 흥미로운 형태와 구도로 이어질 수 있는 콘셉트를 쉽게 발전시킬 수 있습니다. 지금에 와서 다시 돌아보면 색을 채워 넣을 수 있는 아주 단순한 형상을 찾아내는 것이 핵심이라는 점이 보입니다. 또한 결과물은 생각하지 않고 실험적인 시도와 드로잉을 했다는 것도 중요하죠.

그러나 이렇게 우연히 구도를 구성하는 것 말고 체계적이고 의도적으로 구도를 구성하는 규칙을 깨는 과정은 어떨까요? 황금비나 피보나치 나선, 삼등분 법칙과 같은 규칙은 깨더라도 그 결과물이 엉망진창으로 보이지는 않습니다. 그러나 형태나 대비, 인접도, 리듬과 같은 요소는 의도적으로 규칙을 깨기 어렵습니다.

예제 87(다음 페이지에 있습니다)에서는 구도를 구성하는 규칙에 따르지 않는 구도를 세 가지 예제를 통해 보여주고 있습니다.

A. 고전적인 구도와는 어긋나는 구도입니다. 균형은 맞지 않지만, 공간을 활용했기 때문에 나쁘지는 않은 구도입니다. 이렇게 공간을 넓게 사용하면 조용하고 차분한 분위기를 연출할 수 있습니다.

B. 일반적으로 '잘못된' 구도로 배치되었다고 할 수 있는 스케치입니다. 그러나 브러시로 스트로크를 더 해주고 떨어지는 빗방울을 표현하여 작품에 흐름과 리듬이 생겨, 괜찮은 작품이 되었습니다.

86 구도를 구성할 때 제가 어떤 방법을 실험했는지 보여줍니다.

A

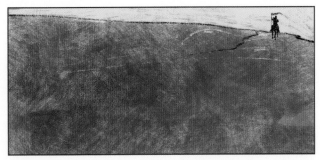

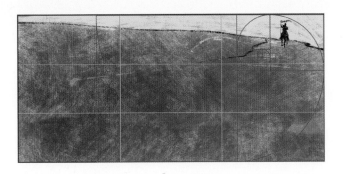

B

C

C. 구도만 놓고 본다면 잘못된 작품이지만, 규모를 강조하고 화면 속 물체의 배치 의도를 강조하는 것으로 화면 속에 펼쳐지는 장면을 관객이 이해하도록 할 수 있습니다.

어떤 경우에는 구도를 구성하는 규칙을 깨는 것이 유용하지만 이런 시도가 작업의 진척을 늦추는 경우도 있습니다. 모든 아티스트가 어느 시점에 이르면 기존의 규칙을 깨서 자신만의 방법으로 구도를 구성하려는 시도를 하게 됩니다.

미술은 유동적인 것으로 더 나은 작품을 창작하고 진보를 이룩한다는 의도가 남아있는 한, 잘못된 시도라는 것은 있을 수 없습니다. 특히 최근에는 새로운 방법을 발견하면 미술계에 새로운 바람을 불어넣기 때문에 전보다 낫고 보다 창의적인 작품이 탄생하는 계기를 마련할 수도 있습니다.

87 기존의 관점에서는 잘못된 구도이지만, 작품 속 이야기는 전달되는 사례들입니다.

서사 NARRATIVE
그렉 루트코스키 | Greg Rutkowski

빛이나 색, 구도, 명도와 같이 작품을 창작하는 과정에 중요한 영향을 주는 요소에는 여러 가지가 있습니다. 하지만 여기에 더해서 효과적으로 활용한다면, 이러한 요소를 하나로 묶어서 작품에 일관성을 부여하는 요소가 하나 더 있습니다. 바로 서사입니다.

들어가는 말 INTRODUCTION

구도와 마찬가지로 서사 역시 작품을 구성할 때 빠질 수 없는 요소입니다. 예술에서는 분야를 막론하고 이야기나 어떠한 메시지를 전달해야 하는 경우가 있기 때문입니다. 문학이나 영화에서 서사는 작품을 창작하는 과정에 영향을 주고 작품을 끌어나가는 요소입니다. 다큐멘터리 영화나 장편영화, 소설, 전기 등 장르를 가리지 않고, 문학과 영화에서는 작품을 통해 메시지나 아이디어, 작가의 의도를 관객에게 전달하는 것이 핵심입니다.

회화나 무용, 음악, 조각과 같은 다른 예술 분야에서도 마찬가지입니다. 작품의 만듦새와 같이 작품에서 드러나는 예술성에 우리는 감탄하기도 하지만, 작품 속 서사가 우리의 관심을 불러일으키는 경우도 많습니다. 서사를 통해 다양한 정보나 감정을 전달할 수도 있고, 혹은 단순히 분위기만을 전달할 수도 있습니다.

회화나 일러스트에서 서사는 하나 혹은 둘 정도의 작은 인물이 등장하는 단순한 풍경화에서부터 책 표지에 삽입되는 일러스트나 역사적 장면을 담은 복잡한 작품에 이르기까지 모든 작품에서 찾아볼 수 있습니다. 단순하게 말하면 서사는 작가가 관객에게 전달하려는 이야기 또는 메시지라고 할 수 있습니다. 서사를 구성하는 요소에는 여러 가지가 있는데, 구도(작품에서 다루는 화면 속 인물의 배치)에서부터 이야기의 배경이 되는 장소도 서사를 구성합니다. 빛을 이용하면 긴장을 더 할 수 있고, 색을 통해서는 특정한 분위기를 조성하거나 관객의 시선을 사로잡을 수 있기에 빛과 색도 서사를 구성하는 요소입니다. 이러한 요소가 모두 모여 이야기를 이루고, 반대로 이야기는 아티스트가 이러한 요소를 사용하는 방식에 영향을 줍니다.

미술에서 서사는 인물과 사물, 이들을 둘러싸는 풍경을 이리저리 엮어서 구성하는 것이 보편적인데, 색다른 방식을 활용할 수도 있습니다. 어떤 작품에서는 서사가 명확하게 드러나서 관객이 서사를 한눈에 알아보는 경우도 있습니다. 또한 어떤 작품에서는 서사가 풍경에 감춰져 작품 속 이야기가 곧바로 드러나지 않지만(01), 또 다른 작품에서는 서사가 명시적으로 드러나서 관객이 단번에 서사를 이해할 수 있는 경우도 있습니다(02).

01 클로드 로랭의 〈무역상이 있는 풍경(Landscape with Merchants)(1629년경)〉은 적은 수의 인물을 통해 스토리를 드러내는 전형적인 작품입니다.

이 작품에서는 풍경이 화면에서 차지하는 비중이 가장 크지만, 작품 속 이야기의 일부인 인물은 화면의 아주 적은 부분만을 차지합니다.

이 작품 속에서 나타나는 규모의 차이로 인해 관객의 눈에 가장 먼저 들어오는 것은 서사가 아니게 됩니다.

02 예제 01과 비교하여 페테르 파울 루벤스 경의 〈다윗과 아비가일의 회합
(The Meeting of David and Abigail)(1630년경)〉은 인물로 화면이 가득하며, 풍경은
배경의 역할만 수행합니다. 서사를 이루는 요소는 화면 속에서 모두 잘 드러납니다.
인물의 표정이나 자세, 작은 디테일까지 관객의 눈에 들어오며,
이것들이 화면 속 이야기를 보다 자세하게 전달합니다.

04 일리야 레핀의 〈1581년 11월 16일 이반 뇌제와 그의 아들 이반
(Ivan the Terrible and His Son Ivan on 16 November 1581)(1885)〉은
단순한 구도로 그려진 작품이지만 풍부한 감정과 분위기가 전달됩니다.

03 얀 반 에이크의 〈아르놀피니 부부의 초상(Arnolfini Portrait)(1434)〉은 메시지를 숨겨놓은 작품입니다.
처음 봤을 때 이 작품은 단순하게 두 명의 인물에 초점이 맞추어져 있고 배경이 독특한 작품 정도로
보입니다. 그러나 배경의 벽에 걸린 거울을 자세히 살펴보면 거울 속에는 두 명의 인물이 더 있는 것을
알 수 있는데, 그중 한 명이 바로 작가인 얀 반 에이크입니다.

반대로 작품 속에 숨겨진 서사적 요소를 활용해 관객에게 정보를 전달하는, 보다 은근하게 이야기를 전달하는 방식도 있습니다(03). 많은 작품에는 숨겨진 의미가 담겨 있는데, 이는 아티스트가 의도적으로 구상한 것입니다. 이렇게 작품 속에 이야기를 숨겨놓으면 작품에는 미스터리가 더해져 관객의 시선을 오래 붙잡을 수 있게 됩니다.

스토리텔링은 작품에 감정을 불어넣기도 해서 관객이 작품에 담긴 감정을 받아들이게 하기도 합니다(04). 감정이 묻어나오는 작품은 관객을 사로잡으며 관객이 작품에 공감할 수 있게 하기도 합니다.

감정에 호소하는 단순한 서사이든 풍성하고 복잡한 이야기가 담긴 복잡한 서사이든, 한 장의 이미지를 통해 이야기를 전달할 수 있다는 것이 핵심입니다. 큰 캔버스에 디테일을 잔뜩 담고 인물의 표정, 자세를 풍부하게 표현한다면 인물의 행동과 인물 사이의 관계를 암시할 수 있고, 이를 통해 관객은 작품에 담긴 이야기의 결론에 다다를 수 있습니다. 한편 단순한 인물화 또한 많은 감정을 유발할 수 있는데 관객이 작품 속 인물에 스스로를 이입할 수 있기 때문입니다. 이제 미술의 역사와 함께 서사를 자세하게 살펴보겠습니다.

미술의 역사 속 서사
NARRATIVE IN THE HISTORY OF ART

미술의 역사를 돌아보면 웅장한 이야기를 전달하는 작품들이 여럿 있었습니다. 이들 중 다수는 고대와 중세에 창작되어 아티스트 자신의 삶과 자신이 섬기는 왕이나 군주의 삶을 담아냈습니다. 그 시절에는 작품을 통해 이야기나 정보를 전달하는 것이 작품의 예술성보다 중요했습니다. 물론 현대인의 관점에서 평가한 것이지만요(05).

또한 미술사를 살펴보면 아티스트가 이야기보다는 분위기나 작품의 만듦새에 더 주목하는 시기가 있던 반면, 만듦새와 이야기를 모두 중시하던 시기도 있었습니다. 회화에서 서사를 사용하는 방식을 잘 보여주는 작가를 하나 꼽으라고 한다면 역사적인 사건을 다룬 작품을 전문적으로 그린 폴란드 출신의 화가 얀 마테이코를 고르겠습니다. 마테이코의 작품 중 가장 널리 알려진 것은 〈1791년 5월 3일 헌법〉입니다(06).

05 부오나미코 부팔마코의 〈죽음의 승리(The Triumph of Death)(1355년경)〉

06 얀 마테이코의 〈1791년 5월 3일 헌법〉

07 노먼 록웰의 〈수영금지(No Swimming)(1921)〉

〈1791년 5월 3일 헌법〉에서 마테이코는 폴란드의 역사 속 중요한 장면을 담아냈습니다. 그러나 작품에서 다루는 사건이 역사적으로 중요하지만, 마테이코는 작품에 서사를 더하기 위해서 묘사되는 사건에 약간의 변형을 가했습니다. 예를 들면, 작품 속 인물 중 다수는 실제로는 헌법이 제정되는 현장에 있지 않았습니다. 마테이코는 헌법이 제정되는 순간과 폴란드-리투아니아 연방의 탄생을 더욱 풍성하게 표현하기 위해서 이들이 현장에 있는 것으로 표현했습니다.

마테이코의 작품은 서사만 흥미로운 것이 아닙니다. 작품의 만듦새도 뛰어난데, 색과 빛, 명도, 구도와 같은 작품의 핵심 요소를 적절히 잘 활용했습니다. 작품의 구도에서는 화면 속 가장 중요한 부분이 강조되는데 바로 헌법이 담긴 서류입니다. 작품에서 관객은 이러한 역사적 사건에 대한 정보를 풍부하게 얻을 수 있고, 동시에 작품의 예술성에도 감탄하게 됩니다.

서사를 잘 활용한 아티스트에는 노먼 록웰도 있습니다. 록웰은 미국 출신의 화가 겸 일러스트 작가로 잡지 〈새터데이 이브닝 포스트(The Saturday Evening Post)〉에 연재한 작품으로 잘 알려져 있습니다. 록웰은 스토리텔링의 장인이기도 했습니다. 최소한만 보여주는 효율적인 방식으로 록웰은 깊이 생각할 필요가 없이 편하고 이해하기 쉽게 이야기를 전달했습니다.

예제 07에서는 이야기가 명확하게 묘사되어 있는데, 전달하는 방식이 놀랍습니다. 작품에서는 아이 셋이 달리는 모습이 그려져 있는데, 아마도 '수영금지' 구역에서 수영하다가 걸려서 관리인에게 쫓기는 모습처럼 보입니다. 작품에는 '수영금지'라고 적힌 팻말 외에는 어떤 배경도 묘사되어 있지 않아서 작품은 단순하고도 이해하기 편합니다.

08 일리야 레핀의 〈답장을 쓰는 자포로제의 코사크인들(Reply of the Zaporozhian Cossacks)〉(1878~1891 사이). 이 작품은 오스만 제국의 술탄인 모하메드 4세를 모욕하는 내용을 담은 답신을 코사크인들이 보냈다는 전설에 기반한 이야기를 담고 있습니다. 레핀은 편지에 담긴 내용에 웃음을 참지 못하는 코사크 병사들의 모습을 담아서 이 이야기를 표현했습니다.

일리야 레핀 역시 훌륭하게 스토리텔링을 활용한 아티스트입니다. 레핀은 러시아 출신 현실주의 계열의 화가로 거대한 장면을 다양한 감정과 풍부한 몸짓을 활용해 묘사하는 데 도가 튼 아티스트였습니다. 레핀이 남긴 작품 중 다수에서 작품에 담긴 이야기는 명확하게 묘사되어 있고 동시에 아름답게 표현되었습니다. 〈답장을 쓰는 자포로제의 코사크인들〉(08)에는 예술적으로 서사를 묘사하는 레핀의 솜씨가 잘 드러납니다. 작품의 이야기와 감정이 잘 드러나는 구도부터 작품 속에서 펼쳐지는 이야기에 관객이 집중할 수 있도록 하는 미묘한 명도와 색의 변화에서 레핀의 솜씨를 확인할 수 있습니다.

앞서 언급했듯, 미술사 전반에 걸쳐서 서사를 전달하기 위해 다양한 기법이 활용되었습니다. 이번 장에서 언급한 아티스트들은 모두 서사를, 작품을 구성하는 다른 주요 요소와 비슷한 정도로 중시한 사람들입니다. 스토리텔링은 메시지를 전달하는 수단이고 어떨 때는 레핀의 작품처럼 약간의 유머를 담고 있어야 하지만, 중요한 역사적 메시지를 담아야 할 때도 있고, 특정한 상황에 대해 알고 있어야 웃음이 나오는 경우도 있습니다. 결국 작품에 담길 메시지가 얼마나 중요한지, 작품을 구성하는 요소를 어떻게 구성할지, 작품 그 자체에 담긴 의미와의 균형은 어느 정도에서 맞출지 모두 아티스트가 결정해야 합니다.

역사가 진보하며 아티스트들은 작품을 통해 메시지와 이야기를 전달하기도 했고, 단순하게 아이디어의 일부분만을 전달하기도 했습니다. 그리고 이러한 시도가 거듭되어 아주 복잡한 이야기를 담은 아름다운 작품이 수도 없이 탄생했습니다. 이러한 시도를 했던 아티스트의 대부분은 현대를 살아가는 우리가 사용하는 장비나 소프트웨어가 없던 시절에 활동했습니다. 아티스트가 아니더라도 사람들은 이야기를 기록하려고 합니다. 가족의 이야기나 중요한 순간 같은 것들을 예술을 통해 남기려고 합니다. 그리고 과거에는 그림이나 조각, 활자와 같은 것이 이러한 이야기를 다음 세대로 전달할 수 있는 유일한 수단이었습니다. 오늘날에는 우리가 살아가는 삶과 역사를 기록할 수 있는 기술이 발전해서 이제 아티스트는 표현 그 자체에만 집중할 수 있게 되었습니다. 혹은 추상적인 방식으로 인해서 다수의 대중은 이해하지 못했던 아이디어를 묘사하기 위한 도구로 예술을 활용할 수 있게 되었습니다. 그 결과 오늘날에는 역사상 가장 많은 스타일이 존재하게 되었습니다.

일러스트에서의 스토리텔링
STORYTELLING IN ILLUSTRATION

미술에서 가장 집약적으로 스토리텔링이 이뤄지는 분야를 하나 꼽는다면 단연 일러스트일 것입니다. 일러스트는 소위 '일러스트의 황금기(1880년대부터 1930년대까지)'로 불리는 시기에 탄생하여 도서와 잡지, 포스터와 같은 각종 매체에 삽입되며 큰 인기를 끌었던 장르로, 다른 장르에 비해 비교적 최근에 탄생한 분야입니다. 역사를 돌이켜 보면 일러스트는 인쇄와 출판이 산업으로 자리를 잡아 가던 시점과 긴밀하게 연관되어 있습니다. 탄생부터 일러스트는 텍스트와 함께 배치해 보다 효율적으로 이야기를 전달하는 역할을 수행했고, 그 역할은 지금도 이어지고 있습니다(09).

일러스트는 디지털 시대에 이르러 크게 진일보했습니다. 앞서 살펴보았듯 과거에 스토리텔링은 주로 전통적인 회화를 통해 이뤄졌지만, 이제는 업계를 막론하고 책의 표지나 포스터, 일러스트, 스토리보드, 애니메이션, 만화책 등 다양한 방법으로 이야기를 전달합니다. 그러나 어떤 수단을 활용하든 이야기를 전개하기 위해서는 여전히 다른 요소와 함께 서사를 주로 활용해야 합니다. 다만 과거에는 서사가 단순히 어떠한 사건을 담아내거나 특정한 순간의 삶을 묘사하는 수단에 불과했다면, 현대에 와서 활용되는 서사 기반의 미술에서는 잠재적인 고객의 관심을 사로잡아 시청자가 TV 시리즈에서 눈을 떼지 못하게 하거나, 컴퓨터 게임에 몰입하도록 하는 역할을 합니다.

일러스트가 포스터나 책 표지, 광고 등 어디에 사용되었던 일러스트 작가는 일러스트를 창작할 때 여러 가지 요소를 고려해야 합니다. 하나의 이미지를 통해 어떠한 이야기에서 가장 중요한 부분을 전달해야 한다는 것 자체가 사실 꽤 어려운 일인데, 이를 가능하게 하기 위해서는 조명이나 사실성, 구도와 같은 미술의 규칙을 어느 정도 훼손해야 하기 때문입니다. 예를 들어, 영화 포스터 안에 열 명이 넘는 인물을 모두 담으려면 관객의 입장에서 각각의 인물이 어떻게 보이는지를 고려해야 하므로 주인공은 강조하고 화면 속 일부 요소는 중요도가 도드라져 보이도록 해야 합니다.

일러스트의 레이아웃 안에 텍스트를 배치하는 것도 일을 맡긴 고객은 잘 모르겠지만 매우 어려운 일입니다. 가독성을 극대화할 수 있게 조명의 위치나 색과 명도를 바꾸어야 하는 등 전체적인 화면의 구도에 텍스트가 영향을 주기 때문입니다.

책 표지는 가장 어려운 일러스트인데, 제목과 표지에 들어가야 하는 요소를 모두 포함해야 한다는 기술적인 부분 때문에도 그렇지만 잠재적인 독자가 표지를 보는 것만으로도 이야기를 대강 알 수 있도록(또는 이야기의 핵심이 되는 부분을 알 수 있도록) 하는 동시에 스포일러는 하면 안 되기 때문입니다. 또한 당연한 말이겠지만 서점의 선반에 놓였을 때 구매자의 관심을 끌 수도 있어야 한다는 것도 또 다른 이유입니다(10).

09 파스칼 캠피온의 〈늦은 밤의 생각(Last Night Thoughts)〉 시리즈 중 일부입니다. 이러한 만화도 일러스트이며 여기서는 각각의 프레임 안에 담긴 일러스트가 이야기를 전달합니다.

"The Australian and New Zealand troops have indeed proved themselves worthy sons of the Empire."

GEORGE R.I.

10 위의 일러스트는 〈앤잭[1]의 책〉의 표지입니다. 〈앤잭의 책〉은 갈리폴리 전투에 참전한 군인이 작성하고 일러스트를 그린 것으로 1916년에 출판되었습니다.

일러스트의 작가는 두 병사가 들어 올린 양국의 깃발과 제목이 서로 잘 어우러지면서도 레이아웃에 일부로 자연스럽게 스며들도록 했습니다.

일러스트가 가미된 포스터 역시 디자인이 까다로
운데 작품의 이야기를 얼추 보여주면서도 포스터
에 반드시 포함되어야 하는 요소가 정해져 있기 때
문입니다. 예를 들어, 영화 포스터의 경우 주요 등
장인물이 모두 등장해야 하며 이야기의 핵심적인
부분을 그려야 합니다(물론 스포일러가 되면 안 되었
죠). 포스터에서는 레이아웃이 가장 중요한데 포스
터를 통해 관객이 정보와 서사를 효과적으로 받아
들일 수 있어야 하기 때문입니다.

예제 11은 서사 중심의 일러스트가 성공적으로 포
스터에 담긴 사례입니다. 영화는 한 미국인 파일럿
이 1차 세계 대전에서의 경험으로 트라우마를 겪는
다는 이야기를 배경으로 하는데, 파일럿의 친구와
지인의 시점에서 영화는 진행됩니다. 그리고 이러
한 영화의 진행 방식은 주인공이 조명 아래에서 밝
게 비추어져 보이지만, 조연 인물은 어둠 속에서 주
인공을 걱정하는 듯이 쳐다보고 있는 것으로 잘 표
현되었습니다. 한 장의 일러스트를 통해 관객은 작
품의 이야기와 분위기를 대강 이해할 수 있게 되는
것입니다.

11 1946년 상영된 영화 〈면도날(The Razor's Edge)〉의 극장판 포스터, 노먼 록웰 그림.

영감이 필요할 때는
일러스트를 활용해 보세요

작품 속 서사를 어떻게 진행하면 좋을지 감이 잡히지 않는다면 일러스트
나 책 표지, 영화 포스터, 키 아트(key art)(비디오 게임과 같은 프로덕트의 커버
나 광고 등 다양한 매체에서 반복적으로 활용되는 시각 예술)에서 힌트를 얻어보세

요. 이러한 작품에는 인물 또는 사물 사이의 관계, 빛, 명도, 색, 이미지의 구
도를 창의적으로 다루고 있어서 여기서 답을 얻을 수도 있습니다.

스토리보딩

정확히는 일러스트라는 범주에 포함되지는 않지만, 이번 장에서 다룰만한 장르가 하나 있습니다. 바로 스토리보딩입니다. 스토리보딩이란 영화 등을 제작할 때 제작 과정 초반에 작품의 아이디어와 핵심이 되는 서사를 보여주기 위해서 이야기의 중요한 장면을 보여주는 것만을 목적으로 스토리보드를 창작하는 과정입니다(12).

대부분의 경우에 스토리보드는 스케치를 기반으로 그려지며, 완성된 스토리보드는 이후 키프레임(keyframe)[2]으로 활용됩니다. 스토리보드는 마무리 작업을 하거나 굳이 완성할 필요가 없는데, 스토리보드가 결과적으로 이야기를 보여주고 이를 시각적으로 제시하는 것을 목적으로 하기 때문입니다.

일러스트와 스토리보드를 참고하면 서사를 구성할 때 어떤 구도를 선택하면 좋을지 다양한 아이디어를 얻을 수 있습니다. 인물의 자세나 카메라의 각도, 인물 간의 상호작용을 살펴보면 작품에서 서사를 구성하는 것이 훨씬 쉬워집니다. 다시 강조하지만, 하나의 이미지만으로도 충분히 이야기를 전달할 수 있습니다.

12 무용을 다룬 다큐멘터리 영화인 〈뼈(Bone)(2005)〉의 초기 구상 단계를 보여주는 스토리보드.

2 역주 : 영상 클립이나 미디어에 시간 차가 나도록 두 개 이상의 시점을 설정하여 회전, 스케일, 위치, 불투명도 옵션을 사용하여 다양한 애니메이션 효과를 적용하는 방법을 말합니다.

서사의 종류 TYPES OF NARRATIVE

작품에서 서사는 다양한 방법으로 구성할 수 있습니다. 개중에 어떤 것은 상대적으로 단순하고, 또 어떤 것은 복잡하죠. 어떤 방법으로 서사를 구성할지는 아티스트가 작품에 대해 지니고 있는 시각과 아이디어에 따라 결정됩니다. 서사는 시간과 공간에 영향을 주기 때문에 정량화할 수 없는, 추상적이면서 개별적으로 판단해야 하는 것으로 보아야 합니다.

하지만 서사를 중심으로 한 미술은 일반적으로 몇 가지 종류로 분류할 수 있는데 이렇게 서사를 분류하여 기존의 작품을 분석하고 아티스트의 의도를 파악할 수 있습니다. 나아가 작품을 창작할 때 어떤 방법으로 서사를 전달하는 것이 가장 좋을지 판단하는 데 도움이 될 수도 있습니다. 아래의 표에는 예제 13에서 예제 19가 참고 자료로 제시되어 있는데, 해당하는 예제는 다음 페이지에서 찾아볼 수 있습니다.

	개요	프레임의 개수	반복적으로 등장하는 인물	행위의 개수	비고
단일사건 서사 (Monoscenic narrative)	하나의 행위와 행위의 배경에 집중(13).	1	없음	1	현대의 미술에서 폭넓게 활용.
동시사건 서사 (Simultaneous narrative)	이야기의 여러 부분이 하나의 화면에서 제시됨. 하나의 배경에서 여러 개의 장면을 보여주거나 각기 다른 무대를 배경으로 하나의 인물을 보여주는 것으로 서사가 전개됨(14).	1	있을 수 있음	하나 이상	성당의 제대(祭臺)나 중세 시대 장식 예술에서 하나의 작품을 통해 여러 개의 성경 속 내용을 묘사할 때 활용됨. 여러 장면이 하나의 화면에서 묘사되어 혼란스럽고, 서사를 중심으로 놓고 보면 논리적이지 않으므로 관객은 화면에서 묘사되는 이야기를 사전에 알고 있어야 함.
연속사건 서사 (Continuous narrative)	주요 인물 또는 여타 주제가 반복하여 등장하는 일련의 사건이 제시됨(15).	1	있음	하나 이상	동시사건 서사와 유사하지만 관객이 이야기를 사전이 인지하고 있을 필요가 없음. 화면 속 요소는 모두 가시적이어야 하며 가독성을 갖추어야 함.
순차적 서사 (Sequential narrative)	연속사건 서사와 비슷하지만 각각의 행위가 별개의 프레임으로 나뉘어 제시됨(16).	하나 이상	있음	하나 이상	미국식 만화(comics)와 일본식 만화(manga)에서 활용됨.

	개요	프레임의 개수	반복적으로 등장하는 인물	행위의 개수	비고
요약적 서사 (Synoptic narrative)	하나의 화면에서 전개되는 여러 개의 행위를 보여줌(17).	1	있음	하나 이상	이미지 속 이야기를 이해하기 위해서 관객은 사전에 이야기를 인지해야 함. 관객의 이해를 돕기 위한 힌트가 담기는 경우도 있음. 요약적 서사와 동시사건 서사는 유사해 보일 수 있지만 둘 사이에는 주요한 차이가 있음(아래 참고).
파노라마형 서사 (Panoramic narrative)	여러 개의 행위와 장면이 연속적으로 제시되거나 동시에 제시됨(18).	1	없음	하나 이상	
진보적 서사 (Progressive narrative)	하나의 장면에서 연속적인 행위를 보여줌으로써 시간의 흐름을 묘사함(19).	1	없음	하나 이상	

요약적 서사 VS 동시사건 서사

두 종류의 서사는 서로 비슷하지만, 요약적 서사에서는 하나의 이야기를 구성하는 서로 다른 사건을 묘사할 때 인물이 반복적으로 등장하는 반면, 동시 사건 서사에서는 반복적으로 등장하는 기하학적 형상이나 추상적인 디자인과 패턴, 과장된 형상(고대 이집트의 미술에서 나타납니다)이 핵심적으로 다뤄집니다. 또한 요약적 서사에서 핵심이 되는 이야기는 불분명하지만, 행위는 명확하게 드러납니다. 그러나 동시 사건 서사에서는 초점이 패턴과 추상적인 디자인에 맞춰져 있으며, 관객은 작가의 의도를 파악하기 위해서 배경이 되는 이야기를 사전에 알고 있어야 합니다.

13 조슈아 클레어의 〈고독한 기수(Lone Rider)〉에서는 카우보이와 황야를 가로지르는 그의 여정에 초점이 맞춰져 있습니다. 이 작품은 **단일사건 서사**를 잘 보여주며

서사와 카우보이의 조용한 결심이라는 분위기가 하나의 이미지에 담겨 있습니다(이 작품은 164페이지의 〈실습〉 단원에도 담겨 있습니다).

14 〈사자의 서(Papyrus of Hunefer)〉(기원전 1275)〉는 **동시사건 서사**를 잘 보여줍니다. 작품에서는 하나의 이미지 안에 인물들이 반복하여 등장하고 서로 다른 패턴과 형태,

과장된 형상이 등장하며 여러 개의 사건을 묘사합니다. 배경이 되는 이야기를 모른다면 화면에서 무엇을 묘사하고 있는지 알기 힘듭니다.

15 베노초 고촐리의 〈헤롯의 향연과 세례자 성 요한의 참수(The Feast of Herod and the Beheading of Saint John the Baptist)〉(1461-1462)〉는 **연속사건 서사**로 구성된 작품입니다.

이야기를 구성하는 일련의 에피소드가 인물을 반복적으로 보여주며(세례자 성 요한과 처형인, 살로메, 헤로디아, 헤롯) 하나의 화면에서 제시됩니다.

화면 속 행위는 세 개의 그룹(초점)을 기준으로 제시됩니다. 각각의 사건은 건축물의 구조나 인물의 크기를 서로 다르게 하는 방식으로

서로 다른 방식으로 묘사되는데 이를 통해 화면을 세 개의 장면으로 나누고 있습니다.

16 파스칼 캠피온의 〈늦은 밤의 생각〉에 나오는 만화는 **순차적 서사**로 구성되어 있습니다.
이 작품에서는 만화에서 이야기 전달을 위해 어떻게 행위를 여러 개의 프레임으로 나누는지 확인할 수 있습니다.

17 로렌초 기베르티의 〈아담과 이브의 창조
(낙원의 관문, 프랑스 산 조반니 세례당)〉(Creation
of Adam and Eve (Gate of Paradise, Battistero
di San Giovanni, France))(1425~1452년 사이)).
이 작품은 아담과 이브라는 두 인물이 하나의
화면에서 여러 장면에서 등장하며 이야기 속
여러 순간을 보여주는 것으로 보아 **요약적
서사**로 구성된 것으로 분류할 수 있습니다.
작품 속에서는 과일나무 위에 있는 뱀이나
아담과 이브가 에덴동산에서 추방되는 모습 같은
힌트가 주어져 있습니다. 그러나 작품의 배경이
되는 이야기를 모른다면 관객은 작품의 서사를
이해하기 힘들 것입니다. 작품 속 묘사되는
이야기는 성경에 등장하는 것이므로 약간의
정보만 주어진다면 관객은 작품에서 묘사되는
사건이 무엇인지 금세 알아차릴 수 있게 됩니다.

이 작품에서 활용된 서사의 종류는
예제 14에서 사용된 동시사건 서사와는
구분되는 데, 동시사건 서사에서는 추상적인
형상과 과장된 인물, 반복적으로 나타나는
패턴이 핵심적으로 다뤄지기 때문입니다.

18 레오나르도 다빈치의 〈최후의 만찬(The Last Supper)(1495~1498년 사이)〉는 **파노라마형 서사**로 구성된 작품입니다. 이 작품에서는 어떤 인물도
반복하여 등장하지 않고, 인물 사이의 대화라는 아주 적은 수의 행위만이 제시되며, 하나의 거대한 장면을 묘사하고 있습니다.

19 후안 데 발데스 레알의 〈세상 영광의 끝(Finis Gloriae Mundi)
(1670~1872년 사이)〉는 **진보적 서사**를 잘 보여주는 작품입니다.
작품에서는 부패한 정도가 서로 다른 사제와 기사의 유골이
묘사되어 있습니다. 유골 근처의 다양한 사물과 이미지는
시간의 흐름을 상징적으로 보여줍니다.

서사 구성의 기법
BUILDING NARRATIVE TECHNIQUES

스케치를 그리기 전에 먼저 어떤 아이디어를 기반으로 그릴 것인지 분명하게 정해야 합니다. 물론 작품을 그리는 과정에서 아이디어 자체가 변하기도 하지만 어떤 이야기를 전달할지 정해두고 이 이야기를 관객에게 전달하기 위해서 어떤 도구와 어느 종류의 서사가 적당할지 파악하는 것이 중요합니다.

〈구도〉 단원에서는 구도를 구성하는 요소를 활용해 어떻게 이미지의 영역을 나누고 초점을 형성할 수 있는지 배웠습니다. 구도를 구성하는 요소를 활용하면 이야기가 더 가시적으로 드러나고 관객이 서사를 보다 빠르고 쉽게 이해하도록 도울 수 있습니다. 예를 들어, 핵심 주제에 강한 빛을 비추면 이 주제의 중요성이 강조됩니다. 이렇게 하더라도 작품에 담긴 이야기 자체가 바뀌는 것은 아니지만 핵심 등장인물을 보다 돋보이게 할 수 있습니다. 등장하는 인물의 숫자가 많은 넓은 장면을 그린다면 중요성이 덜한 인물의 명도를 줄여 입체감을 낮추고 대비를 낮추어 배경에 섞여 들어가게 한다면 화면 속에서 핵심이 되는 행위는 더욱 도드라질 것입니다. 이와 비슷하게 원근과 구도를 잘 활용하면 서사적 디테일을 부각할 수 있고 매끄럽게 이야기를 전개할 수 있습니다.

서사를 구성할 방법은 이외에도 여러 가지가 있는데, 이번 장에서 다뤄보겠습니다.

복선

복선(Foreshadowing)이란 앞으로 일어날 수 있는 사건을 암시하는 기법으로, 주로 앞으로 일어날 사건을 암시하는 요소를 넣는 방식으로 이뤄집니다. 예를 들면, 다른 인물을 죽이려는 의도를 가진 악당이 기둥 뒤에 숨어있는 모습을 보여주는 식이죠. 이때의 사건은 아직 발생하지는 않았지만, 발생 가능성이 높은 것입니다. 추가로 이야기가 전개되거나 설명이 덧붙여지지 않는다면 관객은 사건의 결과를 전적으로 추측해야 합니다(20).

배경

배경(Setting)이란 작품의 배후에서 분위기나 긴장을 조성하여 이야기를 전개하거나 작품 속 풍경의 역할을 하는 장치를 일컫습니다. 예를 들면, 위험한 상황을 헤쳐가며 여행을 하는 인물을 보여주는 것으로 이와 관련된 다양한 이야기를 전개할 수도 있고 무언가 불길한 일이 일어날 수 있다는 것을 암시할 수 있습니다(21).

20 위의 예제에서는 금방이라도 벌어질 수 있는 잠재적인 사건을 암시하는 복선이 활용되었습니다.

21 스케치 속 숲은 주인공이 처한 위험을 보여주는 배경입니다.

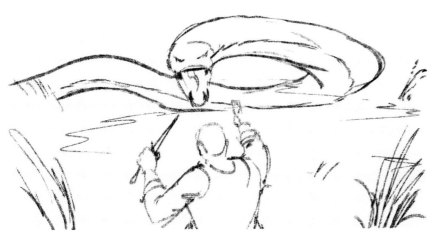

22 위의 예제에서는 화면 속 행위를 인물의 등 뒤에서 비춤으로써 관객이 인물의 입장에서 행위를 바라볼 수 있도록 하고 있습니다.

23 거의 다 타들어 간 촛불 앞에 앉아 있는 노인은 시간의 흐름을 상징적으로 보여줄 수 있습니다.

24 위의 예제에 있는 간호사는 환자가 목숨을 이어갈 수 있게 하는 수호천사를 은유하고 있습니다.

그러나 은유는 관객의 해석에 의존하기 때문에 사용하기가 까다로운데, 관객의 해석은 문화적 배경이나

성장 환경에 영향을 받기 때문입니다. 예를 들어, 스케치에서 수호천사는 환자가 연명할 수 있게 돕는 역할이 아니라

환자가 죽음을 맞이했을 때 저승으로 끌고 가기 위해 기다리는 모습으로도 해석할 수 있습니다.

시점

시점(Point of View)을 활용하여 다른 관점에서 이야기를 보여주는 경우도 있습니다. 대부분의 경우 이렇게 시점을 활용한다면 인물에게 부여된 역할을 강조하고 관객을 작품과 작품 속 행위에 한층 더 이입하게 하기 위한 것입니다(22).

상징과 은유

상징(Symbolism)은 일견 단순해 보이는 이야기를 상징적인 의미를 생각해 보면 보다 심오하고 모호한 것으로 만들고자 할 때 매우 중요한 역할을 수행합니다(23).

은유(Metaphor)는 선입견이나 전형(典型), 연상되는 의미가 두 개인 사물을 활용해 대상을 묘사하는 기법입니다. 처음 맞닥뜨렸을 때는 아무 의미가 없거나 그다지 중요하지 않아 보이지만 곰곰이 살펴보면 새롭게 보이게 하여 관객이 새로운 관점에서 작품을 받아들일 수 있도록 하는 것이 은유의 역할입니다(24).

25 이 예제에서는 주제가 되는 인물이 관객과 직접적으로 눈을 맞추면서 관객과 접점을 만들어냅니다.

관객
끌어들이기

하나 또는 그 이상의 인물이 관객과 눈을 맞추며 관객을 작품 속으로 끌어들일 수 있습니다(25). 이 기법을 활용하면 긴장감을 끌어올릴 수 있을 뿐 아니라 작품에 미스터리를 더할 수도 있습니다. 이 기법을 잘 활용한 것이 〈모나리자〉로, 작품 속 인물이 묘한 표정으로 관객과 눈을 맞추며 관객을 끌어당깁니다(80페이지 참고).

동물의 의인화

화면 안에 동물이 묘사되는 경우는 으레 있지만 대부분 감정이나 표정이 표현되지 않아서 배경의 역할만을 수행합니다. 그러나 동물을 의인화하면 동물의 관점에서 이야기를 전개하여 화면에 다양한 이야기를 더할 수 있습니다(26).

과장

과장(Exaggeration)은 서사에서 중요한 부분에 관객이 시선을 집중하게 할 때 사용하는 기법입니다. 관찰자와의 거리가 먼 배경에서 벌어지는 일을 보여줄 때 활용할 수 있는 기법으로 과장된 물체나 행위는 관객의 시선을 사로잡으며 과장된 대상은 비정상적으로 보이기도 해서 화면 속에서 발생하는 행위에서 도드라져 보입니다(27).

26 사람이 입을 법한 갑옷을 입은 곰이 인간과 겸상하며 술을 마시고 있습니다. 사실적인 인간 세상에 의인화된 동물을 추가하면 인간처럼 행동하는 동물이라는 비현실적인 장면을 받아들이기 위해 관객은 사실성에 대한 판단을 멈추고, 어떠한 종류의 인물이나 보통 현실에서는 비정상적이라고 여겨질 상황도 받아들이게 됩니다.

유머

대체로 유머는 만화나 엔터테인먼트를 목적으로 하는 일러스트에 활용됩니다. 웃음을 유발하는 일련의 사건을 보여주는 행위를 묘사하는 방식으로 유머를 활용할 수 있는데, 이 경우 행위의 결과를 보여주지 않아도 웃음을 자아낼 수 있습니다(28).

풍자와 패러디 역시 유머를 만들어내는 수단 중 하나로, 인물의 결점을 과장해서 관객의 웃음을 유도하는 것이 풍자와 패러디를 활용하는 방식 중 하나입니다.

27 이 예제에서 주된 행위는 전경에서 싸우는 두 명의 기사를 중심으로 벌어지고 있습니다. 그러나 배경에 크기가 과장된 인물이 잠재적인 위협이라고 관객은 추론할 수 있는데, 이 인물의 크기가 약간 과장되어 거리가 떨어져 있음에도 도드라져 보이기 때문입니다.

28 노먼 록웰의 〈파티 또는 크리스마스 과자를 잡아당기는 아이들과 개의 그림 (Painting of Children Pulling a Party or Christmas Cracker and Dog)(1919)〉. 이 작품의 서사에서는 복선을 활용하고 있습니다. 아이들의 우스꽝스러운 표정과 큼직한 분홍색 나비넥타이를 하고 있는 개의 기대에 찬 모습, 화면에서 전반적으로 아이들이 칠했을 것 같은 파스텔조의 색 배합이 보이는 것 모두 이후 일어날 일 (과자의 포장이 '펑' 하고 터지는 것)을 암시합니다. 그렇게 된다면 우스꽝스러운 일이 펼쳐질 것이고, 아이들도 다 함께 웃는 광경이 펼쳐지겠죠.

29 레오나르도 다빈치의 〈모나리자 또는 라 조콘다〉(Mona Lisa or La Gioconda) (1503–1516년경). 〈모나리자〉는 미술사를 통틀어 가장 유명한 작품으로 손꼽힙니다. 작품 자체에는 이렇다 할 이야기가 없지만, 인물의 자세나 배경, 미소를 둘러싼 미스터리가 가득 담겨 있습니다. 이러한 미스터리가 작품 그 자체보다 더 많은 이야깃거리를 만들어냈습니다.

모호성

가끔은 작품에서 나타나는 궁금증에 곧바로 정답을 알려주지 않는 것도 좋은 서사적 기법이 되기도 합니다. 단순한 구도와 인물의 표정만으로도 미스터리를 자아내고 관객의 참여를 유도할 수 있습니다. 레오나르도 다빈치의 〈모나리자〉가 이를 잘 보여줍니다. 작품 속 인물은 오묘한 미소를 짓고 있고 작품의 배경 역시 일반적인 인물화의 배경이 아니라 풍경을 배경으로 하고 있습니다. 덕분에 많은 사람들은 작품 속 인물이 어디를 배경으로 앉아 있는 것인지 설왕설래를 벌이기도 했습니다(29).

서사의 단순함과 복잡함

이번 단원의 〈들어가는 말〉과 서사의 기법을 다루면서 서사는 단순하고 직선적으로 구성할 수도(30), 관객이 이야기를 이해하려면 깊게 파고들어야 할 정도로 복잡하게 구성할 수도 있다고 했습니다(31). 복잡한 서사를 지닌 작품은 세부적인 역사적 사건을 묘사하고 관객에게 많은 정보를 전달할 수 있습니다. 단순한 서사를 지닌 작품은 하나의 아이디어나 감정을 전달할 수 있습니다. 혹은 겉보기에는 단순한 서사로 보이는 작품인데 알고 보면 여러 개의 층으로 구성되어 의미를 감추고 있어서 결과적으로는 복잡한 서사 구조를 지닌 작품이 되는 경우도 있습니다. 어떤 방식으로 서사를 전달할지는 어떤 것을 어떤 방식으로 관객에게 전달할 것인지에 따라 아티스트가 결정하면 됩니다.

30 호아킨 소로야의 〈해변을 따라 뛰노는 모습(Corriendo por la Playa)(1908)〉은 해변을 따라 뛰노는 아이들이라는 단순한 이야기를 지닌 작품입니다.

31 루퍼트 버니의 〈목가적 삶(Pastoral)(1893 경)〉은 호주에서 탄생한 상징주의 작품 중 하나로 상징과 우화적 인물을 화면에 담고 있습니다.

복잡한 구도와 함께 상징적이고 우화적인 요소를 함께 보여주면 훨씬 심오한 서사를 작품에 담아낼 수 있습니다.

32 알렉산더 게림스키의 〈피아스카체(모래 파는 사람들)(Piaskarze)(1887)〉에서는 감춰진 메시지 없이
단순한 일상을 담은 이야기가 세세하고 현실적으로 묘사되어 있습니다.

한 가지 짚고 넘어가야 할 것은 구도가 복잡하다고 서사도 복잡한 것은 아니라는 것입니다. 단순하고 뻔한 이야기도 여러 인물로 가득한 복잡한 구도로 묘사할 수 있습니다(32). 반면 복잡한 서사 구조도 단순한 구도로 묘사해 모호하고 관객을 생각에 잠기게 하는 이야기로 이어질 수도 있습니다. 이런 방법으로 서사를 진행하면 관객에게 충격을 줄 수도 있고, 화면 속 장면에 풍자를 담아낼 수 있습니다.

예를 들어, 얀 마테이코가 그린 예제 33을 살펴보겠습니다. 궁정 광대는 원래라면 사람들을 웃기고 즐겁게 하는 사람입니다. 그러나 작품 속 광대는 슬픔에 잠긴 모습입니다. 이에 따라 관객은 광대의 모습을 조금 더 깊게 살피게 됩니다. 배경에서는 무도회가 펼쳐지고 있는데 탁자 위에 자리한 서신에는 주요 무역 거점이 함락되었다는 소식이 적혀 있습니다(스몰렌스크 전투). 마테이코는 자신의 얼굴을 광대의 얼굴에 투영했는데, 이를 통해 도시가 함락되었음에도 아랑곳하지 않고 연회를 즐기는 귀족에 대한 작가 자신의 관점을 상징적으로 표현했습니다. 작품에 담긴 역사적 사실과 작가 본인이 개인적으로 화면 속 사건과 관련되어 있다는 점이 작품의 서사를 복잡하게 엮어냅니다.

이렇듯 서사는 유동적인 것이며 사람에 따라 다르게 활용할 수 있습니다. 결국 아티스트가 갖고 있는 관점과 작품에 담긴 이야기에 좌지우지되는 것이죠.

스토리텔링은 많은 경우 개별적이며, 이야기를 전달하는 방법에도 여러 가지가 존재하기 때문에 어떤 방식으로 서사를 구축하는 것이 가장 좋다고 말하기는 어렵습니다. 다만 효율적으로 구도를 구성한다면 관객의 시선을 조금이나마 오래 붙잡아 둘 수 있게 됩니다. 복선과 관객을 끌어들이는 것, 단일사건 서사에서 배경을 최대한 많이 설정하는 것 모두 작품을 그릴 때 활용하면 좋은 기법입니다.

33 얀 마테이코의 〈스탄치크[3](Stańczyk)(1862)〉. 작품의 초점이 대부분 광대에게 맞춰져 있으나 배경에서 펼쳐지는 무도회가

힌트로 제시되며, 보이는 것보다 더 심오한 이야기가 작품에서 펼쳐지고 있습니다.

3 역주 : 작품의 주인공인 광대의 이름입니다.

구도와 서사 COMPOSITION & NARRATIVE

앞서 〈구도〉 단원에서 언급했듯, 구도는 이미지에 담긴 이야기를 전달할 때 아주 중요한 역할을 수행합니다. 화면 속에 있는 모든 사물과 인물을, 구도를 구성하는 가이드라인과 요소를 활용해 표현하고 이를 통해 아이디어를 작품에 녹여낼 수 있습니다. 구도를 잘못 활용한다면 화면 속 모든 요소는 제 멋대로 위치한 것으로 보이고, 원래 의도했던 서사를 전달하지 못하게 됩니다. 이번 장에서는 구도

와 서사의 관계를 심층적으로 살펴보고자 합니다.

우선 구도를 통해서 어떤 메시지나 아이디어를 전달하려는 것인지 정해 놓는 것이 가장 중요합니다. 방향과 순서, 위치 등의 요소는 모두 이야기가 담은 의미를 뒤바꿀 수 있습니다. 예를 들면, 예제 34의 첫 번째 이미지에서는 남편이 오랜 여정 끝에 집으로 돌아오고 아내는 문간에서 남편에게 손을

흔들며 그를 맞이하는 모습을 묘사하고 있습니다. 두번째 이미지도 같은 장면을 배경으로 하지만, 남편은 반대 방향을 바라보고 있습니다. 인물의 방향만 바뀌었을 뿐인데 이제는 남편이 집을 떠나고 있고 아내는 손을 흔들며 작별을 고하는 것처럼 보입니다.

34 위의 예제에서는 스토리텔링에서 구도가 얼마나 중요한지 알 수 있습니다.
남편이 바라보는 방향에 따라 이미지 속 서사가 완전히 뒤바뀝니다.

35 돔 레이의 〈시장(Market Plaza)〉에서는 넓은 시야각으로 화면을 묘사하고 있는데 그 덕에 클로즈업이 된 구도에 비해서 더 많은 서사를 담을 수 있습니다.
잃어버린 유물을 찾아다니는 정글 탐험가라는 핵심 서사에 더해서 화면 속 다른 인물들 사이에서 벌어지는 소소한 서사가 잔뜩 담겨 있습니다.

중세의 아티스트들은 아이디어 전달을 위해서 평평하고 대체로 초점이 가운데에 맞춰지는 구도를 사용했습니다. 넓은 시야각에서 화면 속 요소들이 잘 보이도록 장면을 그렸다면 각 인물의 자세를 보여주는 것으로 이야기를 전개할 수 있습니다. 이 경우 인물의 신체 곳곳이 눈에 잘 들어옵니다(35). 이처럼 넓은 장면을 묘사할 때는 하나의 인물만을 비추는 구도가 아니라 여러 인물과 사물 사이의 관계를 조망하는 구도를 사용하면 좋습니다. 시야각이 좁고 초점이 맞춰지는 각도가 작은 경우에는 이야기를 전개할 방법도 줄어듭니다(36).

그러나 서사는 모호성을 지니고 있고, 앞에서 다루었던 것처럼 클로즈업이나 상징, 은유와 같은 기법을 활용해 시야각이 좁은 구도에서도 충분히 이야기를 전개할 수 있습니다.

이야기에 흥미를 더하기 위해서는 특정한 순간에 발생할 수 있는 사건을 생각하면 좋습니다. 주제가 되는 인물이나 사물에 초점이 맞추어진다고 먼저 생각해 보고, 그런 다음 주인공이나 핵심이 되는 물체와 그 주변에 있는 사물이 어떤 관계에 있을지 설정한 다음 이들 사이의 상호작용으로 발생할 수 있는 결과를 모두 생각해 본 다음 연쇄적으로 흥미로운 사건이 발생하도록 서사를 구성하는 것입니다(37).

하나의 작품에서 이러한 상호작용의 개수와 상호작용을 할 물체의 개수는 전적으로 아티스트가 결정할 몫입니다. 화면 안에 하나의 인물과 하나의 물체만 존재하고 이를 조명으로 꾸며주거나 특정한 분위기를 자아내는 색 배합을 사용해 관객의 감정을 유발하는 방법도 있습니다(38).

인물과 관련이 있는 상징물을 추가해 미스터리를 더하고 관객이 해석할 여지를 남겨두는 방법도 있습니다(39). 그러나 대부분의 경우에 주제는 이야기에서 핵심이 되는 부분이며, 화면 속 모든 요소는 주제를 중심으로 한 서사를 어떤 방식으로든 보여줘야 합니다.

초점이 될 부분을 초반에 정하세요

화면에서 서사를 구축할 때 서사의 배경이 되는 이야기를 곰곰이 생각해 보세요. 그리고 주제와 이와 관련된 부분에 초점이 맞춰진다고 생각해 보세요.
삼등분 법칙이나 황금비 등 구도를 구성하는 법칙을 활용해 주제를 배치하는 것도 좋습니다. 작품의 초점이 되는 부분에서 이야기가 시작되는 것이니, 핵심이 되는 주제를 여기에 배치해 관객이 의도하지 않은 방향으로 이야기를 받아들이지 않게 하는 것이 좋습니다.

36 마르코 조포의
〈성 베드로(Saint Peter)〉(1468년경).
이 작품에서는 주제를
작은 시야각으로 비추고 있는데,
덕분에 작품에서 읽어낼 수 있는
서사는 많지 않습니다.

37 이 작품은 화면의 중앙에 초점이 맞추어지고 이 초점을 중심으로 구도를 구성한 뒤 구도를 기반으로 서사를 진행하는 방식으로 그려졌습니다. 작품에서는 홀로 앉아 있는 사내아이에 초점이 맞춰져 있고, 아이 주변의 작은 디테일들이 분위기를 조성하며 관객으로 하여금 이야기를 떠올리게 합니다. 조금 더 자세히 보자면, 쌓인 눈과 화면 우측 상단의 푸른 색조는 화면 속의 계절이 겨울임을 암시합니다. 또한 아이가 양말을 신고 있지 않고, 얇은 옷가지만 걸친 것에서 집안 형편이 넉넉치 않다는 것도 유추할 수 있습니다. 이러한 디테일에서 관객은 동정심을 느끼고, 작품의 우울한 느낌을 읽어냅니다.

38 알렉산더 게림스키의 〈오렌지를 파는 유대인 여성 (Jewish Woman Selling Oranges)(1880~1881년 사이)〉. 이 작품은 오렌지를 팔고 있는 노인 여성을 그려낸 단순한 인물화입니다. 게림스키는 어두운 색을 활용해 인물을 묘사하면서 어두운 조명을 활용했는데, 이를 통해 우울하고 울적한 분위기를 조성했습니다.

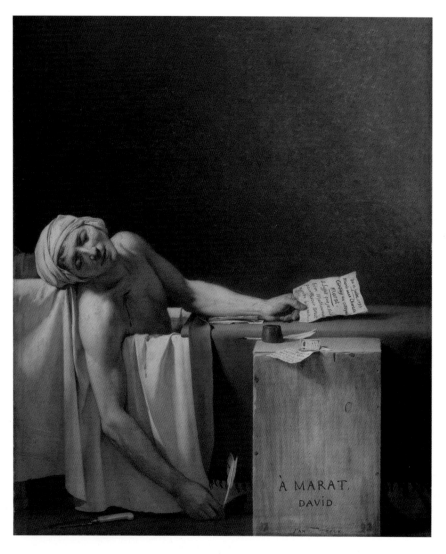

39 자크루이 다비드의
〈마라의 죽음(Death of Marat)(1793)〉은
프랑스 혁명 당시의 순교를 상징화하여
보여줍니다. 작품에서 사용된 조명과
스타일은 예수와 기독교 순교자를
그린 고전 작품의 느낌을 줍니다.

구도를 통해 서사를 보여주는 경우에는 이것이 아티스트가 의도한 것인지 판단할 수 없는 경우가 많습니다. 공간과 넓게 펼쳐진 공간을 활용해 이야기를 전개하는 작가와(40) 빽빽하게 들어찬 군중을 보여주며 이야기를 전개하는 작가의(41) 사례는 둘 다 많이 찾아볼 수 있습니다. 두 방식 모두에는 이유가 있습니다. 공간을 자주 보여주는 구도를 사용하는 아티스트는 주로 분위기와 감정에 집중합니다. 반면 군중으로 들어찬 공간을 묘사하는 경우에는 인물과 사물 사이의 관계를 통해 이야기를 전개합니다.

공간을 볼 때에는 당연히 화면에 자리한 물체에 집중하게 됩니다. 관객은 구름의 모양이나 시간대, 하늘의 색 등을 주제와의 관계를 놓고 생각해 봅니다. 반면 인물로 가득 들어찬 화면을 보면 인물 사이의 관계를 찾게 되고 화면에 담긴 의미를 찾고자 디테일을 세밀하게 들여다봅니다.

한편 공간을 중심으로 한 화면에서는 흥미로운 서사를 구축하는 것이 어려운데, 이야기를 암시할 만한 요소가 부족하기 때문입니다. 이와는 반대로 인물로 가득 찬 화면에서는 아티스트가 고려해야 하는 부분이 많은데 디테일과 화면 속에 담기는 사물의 양이 많기 때문입니다. 화면에 담기는 공간의 정도는 어떤 이야기를 전개하고 작품을 어떤 의도로 창작하는지에 따라서 결정됩니다.

진행하기 전에 실험하기

작업 초반, 서사를 구축하기 전에 주제와 다른 사물의 위치를 최소 서너 번 정도 바꾸어 가며 실험을 해보는 것이 좋습니다. 이렇게 조금씩 위치를 바꾸다 보면 전달하고자 하는 이야기를 좀 더 넓은 관점에서 조망할 수 있게 됩니다. 위치를 바꾸어서 스케치를 몇 번 그리다 보면 새 아이디어가 떠오르기도 하며 결과적으로 이야기를 더욱 풍성하게 구성할 수 있게 됩니다.

40 카스파르 다비트 프리드리히의 〈두 명의 남성이 있는 저녁 풍경(Evening Landscape with Two Men)(1830~1835년 사이)〉. 프레드리히는 형제로 보이는 두 남성이 넓게 펼쳐진 들판에서 석양을 보는 장면을 묘사했습니다. 서사를 중심으로 놓고 보면 이야깃거리가 많지 않은 작품이지만 작품에서는 향수가 느껴지며 작품은 관객의 감정에 호소합니다.

41 얀 마테이코의 〈오를레앙의 처녀(Maid of Orléans)(1886)〉는 마테이코가 그린 작품 중 가장 크기가 큽니다(4.84 × 9.73미터). 작품의 크기도 놀랍지만 동시에 이 어마어마한 작품 안에는 이야기도 풍성하게 담겨 있습니다.

튜토리얼TUTORIAL

SEA SERPENT

데빈 엘르 커츠 Devin Elle Kurtz

한 장의 이미지만을 활용해 이야기를 완전히 전달하는 일은 한 사람의 삶에서 가장 어렵고도 가슴 벅찬 일이라 할 수 있습니다. 형태와 명도, 선, 색만으로 관객에게 서사를 전달하는 것은 결코 쉬운 일이 아니며, 특히나 초보 아티스트에게는 벅찬 과업이기도 합니다. 저는 어렸을 때 능수능란하게 이야기를 전달하는 일러스트 작가들을 보면서 경외감을 느끼고는 했습니다. 대체 어떻게 작품을 구성해야 가능한 것인지 감조차 잡지 못했죠. 저는 결코 이뤄낼 수 없는 일이라고 생각하기도 했습니다. 어디서부터 시작하면 되는지도 알지 못했죠. 일반인들은 알지 못하는 어떤 영감이 주어지거나 서사가 머릿속에서 뿅 하고 튀어나오는 마법 같은 능력이 있어야지 가능한 일이라고 생각했고, 저에게는 그런 능력이 없다고 여겼습니다. 그 이후 몇 년의 시간이 지난 지금 저는 당시에 제가 하지 못할 것으로 생각했던 일인 서사를 갖춘 일러스트를 그리는 일을 하고 있습니다. 돌이켜 보면 어린 시절의 저는 중간 과정을 알지 못했던 것이었습니다. 12살의 저는 자리에 앉아서 작품을 구상하거나 브레인스토밍을 거치거나 구도를 짠다든지 하지 않고 서사를 전달하려고 했던 것입니다. 당연히 실패는 예견된 일이었죠.

이번 〈실습〉 단원에서 저는 제가 어렸을 때 경외감에 사로잡혀 바라보았던 서사를 구성하는 과정을 스스로가 일러스트를 창작할 때 작품에 이야기를 담아내는 과정을 곁들여서 심도 있게 설명할 예정입니다. 이를 통해 여러분은 어린 시절의 제가 겪었던 실수를 반복하지 않을 수 있을 것입니다. 서사 중심의 일러스트를 그리는 작가로서 저는 화면 안에 주제가 되는 인물과 사물을 배치하고 관객이 이야기를 구성하는 각각의 요소를 제가 원하는 순서로 쳐다보게 하는 방식으로 이야기를 전개합니다. 그리고 화면을 전략적으로 구성하여 관객의 시선을 유도합니다. 이번 단원에서는 행위와 행위의 교차, 시선 등을 다룰 예정입니다. 그중에서도 가장 중요한, 대비를 활용하여 작가가 의도한 순서로 관객의 시선을 유도해서 서사를 전개하는 방법을 설명하려 합니다. 이번 단원에서 제가 사용하는 그래픽 프로그램은 포토샵 CC이지만, 그 외의 프로그램을 사용해도 무방합니다.

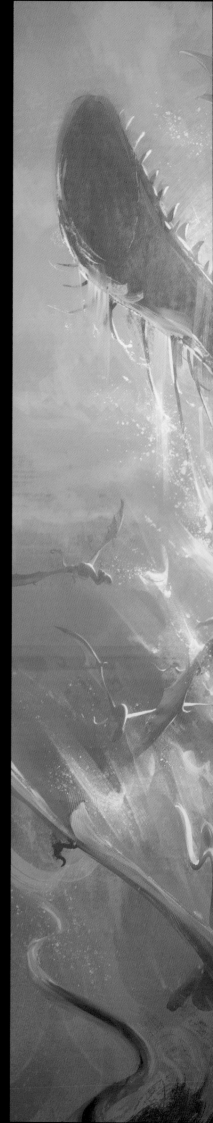

01 아이디어 탐구하기

이야기를 전달하려면 가장 먼저 해야 하는 일은 바로 어떤 이야기를 들려줄지 정하는 것입니다. 제 경우에는 혼자서 '어떤 이야기를 전하지?', '왜 그 이야기가 좋을까?' 하고 질문을 던져봅니다. 이번 실습에서는 역동감과 움직임, 놀라움으로 가득 찬 복잡한 화면을 구성하는 작업을 소개하려 합니다. 마법이 담겨 있고 무언가 새로우며 현실에서는 찾아볼 수 없고 아티스트의 상상력을 통해서만 느껴지는 장면을 그려보려 합니다.

가장 먼저 떠오른 아이디어는 바다에서 오징어와 물고기를 낚아채는 드래곤의 모습을 언덕 위에 서서 촬영하는 포토그래퍼의 모습이었습니다. 바다에서 물고기를 낚아채서 먹이로 삼는 갈매기의 모습에서 영감을 받아서 떠올린 장면입니다. 저는 이야기를 구성할 때 문장의 형식으로 적어 놓는 것을 선호합니다. 글로 적어 놓으면 화면에 배치해야 하는 캐릭터와 행위를 손쉽게 파악할 수 있기 때문입니다. 그래서 제가 떠올린 아이디어를 글로 적는다면 다음과 같습니다. "포토그래퍼 하나가 바다에서 물고기를 낚아채는 드래곤의 모습을 촬영하고 있다."

이 장면을 작품에 담기 위해서는 사진기로 사진을 찍는 포토그래퍼 한 명과 바다, 물고기를 입에 문 드래곤의 모습을 그려야 합니다. 그러나 이들의 모습을 화면에 담는 것만으로는 제가 의도한 이야기가 명확하게 전달이 되지는 않을 것입니다. 그래서 정확하게 이야기를 전달하기 위해서는 각각의 요소가 유의미한 순서로 관객에게 전달될 수 있도록 화면을 구성해야 합니다.

문장으로 이야기를 적어보기

문장 단위로 이야기를 적어서 글로 옮겼다면 문장을 쪼개서 화면 안에 들어가야 하는 요소를 파악해 보는 것도 좋습니다. 예를 들면, "포토그래퍼 하나가(대상 1) 바다에서 물고기를 낚아채는(대상 2의 행위) 드래곤의 모습을(대상 2) 촬영하고 있다(대상 1의 행위)"와 같이 말이죠. 너무 단순해서 별 도움도 안 되겠다는 생각이 들 수도 있지만, 아이디어를 글로 적고 쪼개는 것만으로도 아주 복잡한 화면을 구성할 때 화면에 어떤 요소가 들어가야 할지 파악하는 데 큰 도움이 됩니다.

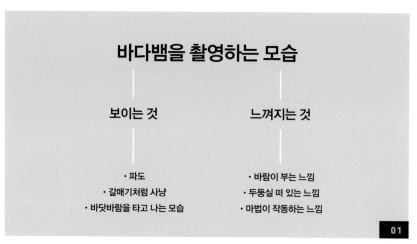

바다뱀을 촬영하는 모습

보이는 것

· 파도
· 갈매기처럼 사냥
· 바닷바람을 타고 나는 모습

느껴지는 것

· 바람이 부는 느낌
· 두둥실 떠 있는 느낌
· 마법이 작동하는 느낌

01

01 서사에 담길 아이디어를 탐구하는 과정입니다.

02

02 첫 번째로 탈락한 스케치입니다. 포토그래퍼가 초점 영역에서 너무 많이 벗어나 있습니다.

03 두 번째로 탈락한 스케치입니다. 드래곤이 너무 멀리 떨어진 것처럼 보입니다.

04 문득 떠오른 아이디어를 표현한 낙서입니다.

02 스케치:
1라운드

위의 그림이 제가 가장 먼저 그린 스케치입니다. 내심 마음에 들었던 스케치이기도 했고, 스케치도 역동적으로 보이지만 이야기의 중심이 포토그래퍼가 아니라 포토그래퍼를 배경으로 하는 드래곤의 모습처럼 보입니다. 포토그래퍼의 이야기가 화면에서 조금 더 중점적으로 펼쳐져야 제가 원하는 이야기를 전개할 수 있겠다는 생각이 들었습니다. 포토그래퍼가 먼발치에서 다큐멘터리를 찍는 듯 배경으로 전락한 모습이 아니라 역동적인 모습을 완벽하게 카메라에 담아내서 기쁨과 놀라움에 사로잡힌 모습을 담아야 하겠다는 생각이 들었습니다. 가끔은 작업 진행이 턱 막힐 정도까지 한 방식으로만 작업을 계속하는 것도 좋습니다. 그래야 작업의 방식을 바꿀 수 있으니까요. 아이디어를 스케치로 옮기고, 더 이상 진전이 없을 정도로 이끌어가다 보면 이미지와 이야기 안에 담겨야 하는 것과 담기지 말아야 할 것이 눈에 들어오게 됩니다. 이번 스케치에서 저는 작품 속에서 포토그래퍼가 겪고 있는 것이 작품의 핵심이 되어, 그의 행위가 화면 속 서사를 이끌어가는 장치가 되어야 한다는 것을 알게 되었습니다.

03 스케치:
2라운드

그래서 바닷가에 자리 잡은 포토그래퍼의 모습이 화면 바로 앞에 자리하도록 화면의 위치를 전환했습니다. 포토그래퍼의 바로 뒤편에 카메라를 배치해서 관객이 포토그래퍼의 입장에서 화면 속 광경을 경험하도록 했습니다. 이 각도에서 보면 포토그래퍼의 입장에서 화면이 보이는데 그 덕에 관객은 자신이 화면 속 광경을 보며 느끼는 감정을 포토그래퍼도 비슷하게 느낄 것이라 짐작하게 됩니다. 그러나 전반적으로 이번 스케치에서는 관객이 화면의 일부라는 느낌이 잘 전달되지 않으며 드래곤의 모습도 너무 작고 멀리 떨어져 있는 것처럼 보이며, 화면 속 요소들을 하나로 묶어주는 커다란 형태가 하나도 없어서 아쉽게 느껴집니다.

04 계획 변경

그러다 문득 '굳이 드래곤이 오징어를 낚아채는 장면만 담을 필요가 있을까? 이야기에 약간의 반전을 넣으면 어떨까?'하는 생각이 들었습니다. 그래서 "포토그래퍼 하나가 바다에서 물고기를 낚아채는 드래곤의 모습을 촬영하려는 순간 거대한 바다뱀이 수면 아래에서 솟구쳐 올라 물보라를 일으키며 드래곤을 공중에서 덥썩 문다"로 이야기를 살짝 바꾸었습니다. 이 이야기에 기반해 그린 스케치는 난잡하긴 하지만 여러 면에서 영감을 주었습니다. 번뜩 떠오른 아이디어가 사라지기 전에 붙잡아 두려고 정신없이 그린 낙서 한 장이 무언가 아쉬웠던 부분을 딱 충족해 주는 때가 있는데 지금이 그런 순간입니다. 다음 단계에서는 이번 단계에서 떠오른 이야기를 기반으로 앞서 그린 낙서를 실제 작품에서 쓸 수 있는 스케치로 옮기는 작업을 해야 합니다.

10단계로 구분한 그레이스케일

05 명도의 개수
줄여보기

작품의 구도를 구성할 때 제가 가장 좋아하는 작업이 바로 스케치를 네 가지 명도 값으로만 표현해 보는 것입니다. 명도는 밝고 어두운 정도를 뜻하는 말로 저는 주로 10단계로 구분한 그레이스케일로 명도를 표현합니다.

4개의 명도 값으로만 스케치를 표현하기 위해서는 먼저 사용할 명도 값을 골라야 합니다. 이때 선택한 명도 값은 화면의 분위기와 느낌에 영향을 줍니다. 형태와 몇 가지 명도 값만으로도 많은 정보를 전달할 수 있다는 것이 가끔은 놀랍기도 합니다. 몇 가지의 명도 값만으로도 거리와 시간대, 빛의 방향을 표현할 수 있죠. 정확히 명도 값을 몇 개를 사용하는지는 중요하지 않습니다. 5개를 사용해도 되고, 3개를 사용해도 됩니다. 다만 개인적으로는 4개가 딱 적당하다고 생각합니다.

이렇게 서로 다른 명도 값을 선택한 다음 각각의 명도 값으로 구성된 화면을 보면 05a가 가장 강렬한 느낌을 준다는 생각이 듭니다. 개인적으로 역광으로 석양이 비추는 장면을 좋아해서 그렇기도 하고요. 전체적으로 어떤 식으로 진행하면 좋겠다는 것이 결정되었다면 이제는 스케치를 다듬을 차례입니다.

05a 이 화면에서는 바다뱀에게 잡아먹히기 직전에 있는 드래곤의 뒤로 해가 넘어가는 해질녘의 모습이 간접적으로 드러납니다.

05b 이 버전에서는 화면 속 동그란 형태가 달로 보이는 등 밤의 모습이 간접적으로 드러납니다. 그레이스케일에서 가까이 자리 잡고 있고 전반적으로 어두운 명도 값을 사용하면서, 달에 해당하는 부분만 아주 밝은 명도 값을 사용하는 것으로 05a와 완전히 다른 장면이 연출됩니다.

05c 이 화면에서는 바다뱀의 뒤쪽에 있는 하늘은 어둡지만, 전경과 중경은 밝게 빛나는 것으로 태양이 포토그래퍼의 등 뒤에 있다는 것이 간접적으로 제시됩니다.

05d 그레이스케일에서 서로 가까이 위치한 명도 값을 사용하면 안개 낀 날의 석양을 표현할 수 있습니다. 포토그래퍼와 바다뱀의 명도 값이 비슷하기 때문에 둘 사이의 거리가 가깝다는 것 역시 간접적으로 표현됩니다.

05e 이번에는 안개 낀 장면에서 포토그래퍼와 바다뱀의 거리가 충분히 멀리 있는 것처럼 보입니다.

06 최종 스케치의 첫 번째 버전입니다.

07 물보라를 더한 최종 스케치의 모습입니다.

06 스케치: 3라운드

이제 작품의 기틀이 될 스케치를 그렸으니 이야기를 담은 문장을 다시 살펴보며 화면에서 빠진 요소가 없는지 확인해 보겠습니다. "포토그래퍼 하나가(삼각대가 분명하게 표현되어 포토그래퍼라는 것이 잘 전달되고 있습니다) 바다에서 물고기를 낚아채는(물고기와 오징어의 실루엣이 보입니다) 드래곤의 모습을 촬영하려는(카메라가 태양의 빛으로 인해 실루엣의 형태로 보이는 드래곤을 가리키며 관객의 시선을 유도하고 있습니다) 순간 거대한 바다뱀이 수면 아래에서 솟구쳐 올라 물보라를 일으키며 드래곤을 공중에서 덥석 문다(거대한 바다뱀의 모습이 확실하게 담겨 있습니다)" 하지만 아직 화면에는 물보라의 모습이 담겨 있지 않습니다. 물보라라는 역동적이며 움직이는 요소가 담기지 않아서 화면 속에 담긴 순간에 강렬함과 사실성이 떨어집니다. 또한 갑작스럽거나 순식간에 일어난 일처럼 느껴지지 않습니다. 다른 문제도 있습니다. 가장 먼저 시선이 가는 건 태양의 빛을 받는 드래곤의 실루엣인데, 포토그래퍼에게 가장 먼저 시선이 가는 것이 제가 의도했던 이야기의 전개 순서이기 때문입니다. 다행인 점은 물보라를 잘 표현하면 이 두 개의 문제를 한 번에 해결할 수 있다는 것입니다.

07 물보라 추가하기

물보라는 포토그래퍼 주변에 역동적인 대비를 더 해서 원하는 지점으로 관객의 시선을 유도할 수 있습니다. 가장 어두운 명도 값과 가장 밝은 명도 값을 배치하고 포토그래퍼의 표정과 삼각대, 팔다리의 움직임과 같은 디테일을 추가하면 명확한 초점이 생겨납니다. 이 작품에서 저는 관객이 가장 먼저 포토그래퍼를 바라보고 무엇의 사진을 찍고 있는지 궁금해하기를 바랐습니다. 인간은 본능적으로 다른 사람의 시선을 쫓아가는 경향이 있는데 이는 미술 작품이나 이미지에서도 마찬가지로 적용됩니다. 대비가 가장 높은 지점에 있는 인물이 분명하게 어떤 곳을 바라보고 있다면 관객의 관심 역시 인물이 바라보는 방향으로 향하게 됩니다. 즉, 이 작품을 관람하는 관객은 포토그래퍼를 먼저 바라본 뒤에 즉각 포토그래퍼의 시선이 향하는 곳을 바라보는데, 거기에는 화면을 대각으로 가로지르는 거대한 바다뱀의 형상이 나타나는 것입니다. 또한 바다뱀은 대비가 가장 높은 지점인 저무는 태양 앞에 자리한 드래곤의 바로 옆에 있기도 합니다. 이 지점에서 관객은 곧바로 포토그래퍼가 촬영하고 있는 대상이 순식간에 바다뱀의 배로 들어갈 것이라는 사실을 깨닫게 됩니다. 그리고 '불쌍한 드래곤 같으니…'라고 생각하겠죠.

08a & 08b 드래곤을 확대한 모습으로 자세와 크기가 서로 다르게 표현된 것을 확인할 수 있습니다.

09 포토그래퍼를 확대한 모습으로 인물의 자세에 많은 것이 표현된 모습입니다.

08 변주와 설계

하나의 화면에서 서로 비슷한 대상을 여러 개 그릴 때에는 거리와 크기, 자세에 변주를 주어 자연스럽고 유기적인 모습을 연출하는 것이 중요합니다. 저는 의도적으로 드래곤의 거리와 자세를 다채롭게 표현해서 사실적으로 보이도록 했습니다.

화면 속의 요소가 너무 똑같은 모습을 보인다면, 이때 화면의 모습은 순간을 포착한다기보다는 인위적인 설계의 결과물인 것처럼 보입니다. 하지만 너무 변주를 많이 주게 된다면 화면은 혼란스럽고, 같은 대상을 묘사한 것이라는 것을 알아차리기 힘들며, 정돈되지 않은 것처럼 보입니다. 따라서 결국 탄탄하게 설계된 구도 안에서 유기적인 모습을 그리기 위해서 아티스트는 변주와 설계 사이에서 균형을 맞추어야 합니다. 하지만 의도적으로 작가의 의도를 효과적으로 감추기 위해서 적당하게 화면에 무작위 변주를 주면서도 관객이 화면 속에 제시된 '꾸며낸' 현실에 이입할 수 있도록 하는 일은 쉽지 않습니다.

어떤 아티스트는 물 샐 틈 없는 설계로 자신의 의도를 굳이 감추지 않으며, 다른 아티스트는 완전히 배경으로 스며들어 작품에서 느껴지는 날 것 그대로의 느낌만을 전달하려 하기도 합니다. 저는 개인적으로 제가 날 것 그대로의 느낌을 전달하려는 쪽에 가깝다고 생각합니다. 제가 의도한 대로 작품이 전달되도록 화면을 설계하되, 관객이 작품에 빠져들 수 있도록 충분히 변주를 주고 유기

적인 느낌을 더하려 하죠. 둘 중 어느 방식이 더 낫다고 말할 수는 없습니다. 결국에 변주와 설계는 어떤 이야기를 전달하려고 하는지에 따라 취사선택할 수 있는 수단일 뿐입니다.

09 인물의 자세 잡기

인물이 순간적으로 취하는 자세를 포착해 표현한다면 서사를 더욱 원활하게 전개할 수 있습니다. 특히 인물이 관객에 등을 돌린 경우라면 더 효과적입니다. 이 작품을 그릴 때 저는 아빠한테 인물의 감정이 드러나도록 과장해서 포즈를 취해달라고 부탁하고 참고 자료로 삼을 사진을 찍었습니다. 눈을 감고 머릿속에 화면 속의 장면을 상상한 다음 눈앞에서 그런 장관이 펼쳐지면 나는 어떤 반응을 보일까 생각해 보았습니다. 그래서 아빠한테 다리를 넓게 벌린 다음 바다뱀이 일으킨 물보라에 넘어지지 않으려고 버티는 것 같은 포즈를 취해보라고 했습니다. 그런 다음 엄마한테는 바람이 뒤에서 잡아당기는 것처럼 아빠의 윗옷을 잡아당기면서 펄럭여달라고 부탁했습니다. 개인적으로 역동적이며 감정적인 장면은 정확한 해부학적 형태 묘사보다 훨씬 더 큰 효과를 발휘한다고 생각합니다.

이야기 중심의 일러스트를
그리기 위한 아이디어 창출

제가 막 미술의 세계에 뛰어들었을 때 저는 아이디어라는 것이 바로 그림으로 그릴 수 있을 정도로 완성되어 머릿속에서 뿅 하고 튀어나온다고 생각했습니다. 물론 현실은 전혀 그렇지 않았죠. 아이디어는 일련의 과정을 거쳐서 창출하는 것이고, 이 과정은 연습으로 깨우칠 수 있는 것입니다.

그러나 초보자에게 아이디어를 창출하는 과정이 벅찬 일인 것도 사실입니다. 그래서 많은 경우에는 마인드맵 같은 방법을 활용하는 것이 도움이 됩니다. 복잡한 정보를 모두 머릿속에서만 구성하는 것보다는 종이 위에 써서 시각적으로 분류하는 것이 더 좋다는 것이죠. 또한 이렇게 마인드맵을 활용하면 순간적으로 떠오른 아이디어를 애써서 기억하지 않아도 되고, 마인드맵에 아이디어가 적혀 있으니, 아이디어를 기억하는데 들어가는 에너지를 아껴서 자유롭게 다른 방향에서 아이디어를 탐구해 볼 수도 있습니다.

저는 핵심이 되는 아이디어를 중심으로 아이디어를 전개하고 창출하는 방법을 좋아합니다. 점차 살을 붙여서 디테일이 더해지기 전까지는 아주 단순한 아이디어를 내놓는 것만으로도 충분합니다. 핵심 아이디어에는 몇 가지 종류가 있는데 그중의 하나가 바로 감정입니다. '허망함'이나 '질투', '애절함'과 같은 감정으로 시작하는 것이죠. 또 다른 방법으로는 특정한 순간을 골라서 아이디어로 삼는 것도 있습니다. 숲속에서 주인공이 새끼 유니콘을 발견하는 것처럼 한 인물이 살아가며 겪는 마법과도 같은 순간일 수도 있고, 아니면 뒤뜰에서 사촌 아기가 입으로 거품을 만들어내는 모습처럼 일상 속 한순간일 수도 있습니다. 혹은 나비의 날개를 지닌 드래곤처럼 하나의

콘셉트에서 시작해 이야기를 쌓아가는 방법도 있죠.

아티스트마다 서로 다른 방법으로 핵심 아이디어를 창출합니다. 어떤 아티스트는 쉽고 빠르게 하나의 이미지를 감정과 결부하고, 이 감정을 기반으로 쉽게 이야기를 전개합니다. 다른 아티스트는 하나의 순간을 정하고 그 순간에 느껴지는 감정을 떠올리는 방식으로 이야기를 전개합니다. 어떤 방식으로 아이디어를 내놓고 이야기를 전개하든 결국에는 몇 가지 키워드로 정리할 수 있는 단순한 콘셉트를 만들어내서 아이디어를 창출하는 것이 가장 중요합니다.

만약에 아이디어를 내놓는 것이 어렵다면 자기 삶에서 일상적인 순간을 하나 정해보는 것이 도움이 될 수 있습니다. 화려하고 중요한 순간이 아니어도 좋습니다. 미술사에 큰 족적을 남긴 대작도 버스에서 음악을 듣는 것처럼 사람들이 공감할 수 있는 일상 속의 장면을 담아낸 경우가 많습니다. 이런 일상 속의 장면은 많은 사람들이 겪었던 것이기 때문에 관객을 하나로 묶어주는 힘이 강력합니다.

A. 세 가지 핵심 아이디어입니다. '감정'과 무언가 벌어지는 특정한 '순간', 전반적인 '콘셉트'로 구성됩니다.

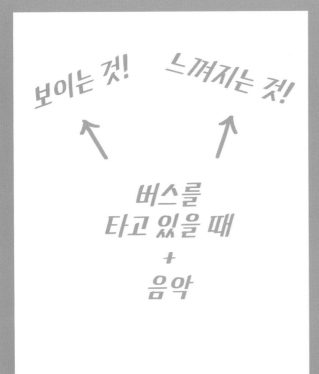

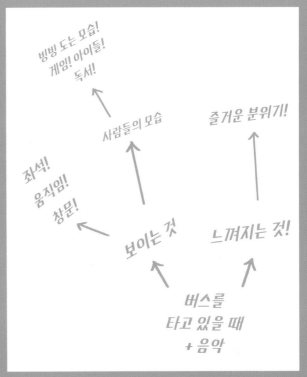

B. 다른 방법으로는 특정한 순간을 먼저 고르는 것이 있습니다. 웅장하고 신나는 순간이든, 단순하고 무미건조한 순간이든 무관합니다.

C. 그런 다음 그 순간에 무엇이 보이고 어떤 것이 느껴지는지를 중심으로 아이디어를 창출하면 됩니다.

핵심 아이디어를 종이 가운데에 적었다면 이제는 아이디어를 확장할 차례입니다! 하나의 순간을 정할 때 최우선으로 생각해야 할 가장 중요한 요소는 바로 '보이는 것'과 '느껴지는 것'입니다(그림 B 참고).

'보이는 것'을 탐구할 때 저는 핀터레스트에 접속해서 영감을 얻습니다. 버스에서의 장면을 묘사한다고 하면 먼저 줄줄이 들어찬 좌석과 창밖으로 빠르게 지나치는 바깥 풍경을 화면 안에 담을 것입니다. 사람들은 버스에서 온갖 일들을 하니 화면을 채울 때 다양한 일을 하는 사람들을 그릴 수도 있겠죠. 게임기를 가지고 게임을 하는 인물을 그릴 수도 있고, 창밖을 가리키며 신이 난 아이의 모습을 그리거나, 무릎에 책을 올려놓은 채 아이를 보면 미소를 띠고 있는 학생의 모습을 담을 수도 있을 것입니다. 이렇게 표면적인 모습을 그렸다면 이제는 여러분 본인의 경험을 기반으로 더 심도 있고 개인적인 이야기를 더하면 됩니다. 예를 들어, 저는 어린 시절 버스 안에 있는 기둥에 매달려서 빙빙 돌고는 했는데, 그 덕에 조용히 버스를 타려고 했던 어른들을 귀찮게 했던 기억이 있습니다. 이런 개인적인 일화를 담아내는 것이죠.

그다음은 가장 중요한 요소를 더해주면 됩니다. 바로 느껴지는 것이죠. 버스를 타고 있는 순간에는 여러 가지가 느껴질 수 있습니다. 평화롭고 조용하다는 느낌을 받을 수도 있고, 지루하고 무료하다는 느낌, 정신없고 혼란스럽다는 느낌을 받을 수도 있습니다. 개인적으로는 고등학생 시절 샌프란시스코에 살던 친구를 만나기 위해서 오후에 버스를 오랫동안 탄 적이 있었

는데 귀에 꽂은 이어폰에서 들려오는 음악과 주변에 앉은 사람들이 기분 좋아서 내는 여러 가지 소리를 들었던 기억이 납니다(그림 C 참고).

이러한 단순한 작업을 통해 아이디어를 창출해 냈습니다. 그러나 아이디어를 창출하는 과정을 조금 더 확장할 수도 있습니다. 끊임없이 이 과정을 확장해서 아이디어를 탐구하고 새로운 콘셉트를 찾아낼 수 있습니다. 그리고 이 과정에서 종이 한 장을 아이디어로 다 채워보았다면 이제는 머리에서 아이디어를 꺼내서 종이로 옮기는 과정이 더는 어렵다고 느껴지지 않을 것입니다.

10a & 10b 화면에서 보이는 구도선을 기호로 표현한 모습입니다.

10 구도선

작품에서는 두 개의 선이 화면을 크게 가로지르고 있습니다. 첫 번째 선은 절벽의 끝에 위치한 선으로 화면의 아래쪽 ⅓ 지점을 지납니다. 두 번째 선은 카메라에서 화면의 대각선 방향으로 펼쳐진 바다뱀의 주둥이를 지나는 선으로 관객의 시선은 이 선을 따라가다가 태양 앞에 자리한 드래곤에 다다르게 됩니다. 이 두 개의 선 위에서 행위가 펼쳐지는데, 두 선이 만나는 지점은 바로 중심인물인 포토그래퍼 위에 위치합니다. 이렇게 여러 개의 선이 만나는 지점에서는 구도가 만들어집니다. 두 개의 큰 선이 만나는 지점에 초점이 맺히도록 한다면 해당 지점의 중요성을 강조하고 관객의 주의를 이끌 수 있습니다.

포토그래퍼와 카메라는 또한 화면의 왼쪽 ⅓ 지점과 아래쪽 ⅓ 지점이 만나는 점 위에 위치합니다. 중심인물이 이렇게 화면의 한쪽에 치우쳐 위치함으로써 화면에는 넓은 공간이 생기고 이 넓은 공간에 거대한 바다뱀을 배치해 공간을 채우고 화면에 균형감을 조성할 수 있습니다. 이런 식으로 화면의 한구석에 작은 형상을 그려 넣으면 화면의 나머지 부분에는 커다란 형상을 그리고, 이를 통해 균형감을 불어넣을 수 있습니다.

11 시선을 기반으로 구도 구성하기

인간은 본능적으로 주변 사람의 시선을 쫓습니다. 그리고 이러한 본능은 미술작품 속 인물의 시선에도 적용이 됩니다. 원래는 혹시 모를 포식자를 감지하기 위한 자기방어의 수단으로 발달한 본능이지만, 아티스트들은 작품에서 관객의 시선을 유도하기 위해서 이 능력을 활용합니다. 어떤 인물이 특정한 방향을 바라보고 있고, 다른 인물이 이를 마주 보고 있다면 이때 화면에서는 긴장감이 발생합니다. 관객은 서로 마주보는 양쪽의 시선을 번갈아 보면서 감정이 고조되는 것을 느낍니다. 저는 이 방법을 포토그래퍼와 곧 죽음을 맞이할 드래곤을 묘사할 때 활용했습니다. 포토그래퍼는 두려움에 찬 눈빛으로 드래곤을 바라보고 있고, 카메라는 포토그래퍼가 바라보는 방향을 강조해서 보여줍니다. 한편 드래곤은 멈춘 시간 속에 포착되어 거대한 이빨이 벽처럼 자신을 둘러싸는 것을 바라보고 있습니다. 이때 관객은 최후의 순간이 다가온다는 것을 직감하고 포토그래퍼와 드래곤을 번갈아 바라봅니다.

11 화면 속 나타나는 시선의 교환이 기호로 표현되어 있습니다.

12 첫 번째 컬러 키: 널리 활용되는 파란색과 주황색 기반의 석양으로 차분하고 관조적인 분위기가 묻어납니다.

12 채색: 1라운드

명도를 채우는 과정에서 이제 색을 칠하는 과정으로 넘어가려 하는데, 그 전에 스케치를 한 장의 레이어로 병합하고, 병합한 레이어를 포토샵의 블렌딩 모드 중에서 'Multiply'로 설정했습니다. 그런 다음 스케치를 가이드라인으로 삼아서 스케치 밑에 색을 칠해 컬러 키를 만들었습니다. 컬러 키를 구성하는 각각의 주요 요소는 별개의 레이어로 지정해서 쉽고 빠르게 화면 속 사물에 해당하는 컬러 키를 선택할 수 있도록 했습니다. 또한 알파 채널 잠금으로 컬러 키에 해당하는 레이어를 잠금 처리해서 필요한 상황에 해당하는 영역의 색을 빠르게 다시 칠할 수 있도록 했습니다. 채색 과정에서는 브러시 도구와 블렌딩 모드를 조정 레이어와 함께 활용해 하나의 파일에서 다양한 아이디어를 실험해 볼 수 있도록 했습니다.

해질녘의 풍경을 배경으로 하는 것은 앞의 과정에서 정해 두었지만, 해질녘의 모습도 여러 가지 색으로 칠할 수 있기 때문에 몇 가지 색 배합을 실험해 봐야 했습니다. 우선 일반적으로 석양의 모습을 묘사할 때 자주 사용되는 파란색과 주황색의 색 배합을 사용해 봤습니다. 이 배색을 활용하면 예쁜 화면을 만들 수 있기에 안전한 선택이라고 할 수 있습니다. 그래서 저는 일단 파란색과 주황색을 사용한 색 배합을 기반으로 한 컬러 키를 저장하고 다른 색 배합도 실험해 보기로 했습니다.

13 채색: 2라운드

다음으로는 앞서 활용한 색 배합보다는 채도가 낮고 중성적인 색을 활용한 콤프를 구성해봤습니다 (콤프란 이전 세대의 일러스트와 그래픽 디자인 업계에서 쓰는 말로, 시안(試案)을 뜻하는 컴프리핸시브(comprehensive)를 줄인 말입니다). 포토샵에서는 조정 레이어에서 'Selective Color' 기능을 활용해 전체적으로 색상의 채도를 낮출 수 있습니다. 예를 들어, 파란색 계열의 색을 모두 중성색으로 바꾸려면 조정 메뉴의 윗부분에서 파란색을 선택해서 청록색과 청자색의 슬라이더를 조절해 원하는 색이 나오도록 하면 됩니다.

이번에 만든 색 배합은 제가 일반적으로 활용하는 생동감이 넘치는 색 배합과는 차이가 있지만 바다뱀의 입과 공중에 떠 있는 드래곤의 날개 부분에서 브서피스 스캐터링(subsurface scattering)이 잘 나타나는 것이 좋습니다(서브서피스 스캐터링에 대해서는 20단계에서 자세히 설명하겠습니다). 명도의 대비 때문에 포토그래퍼의 모습이 확연히 드러나기는 하지만 그가 촬영하는 장면은 화면 위쪽에 나타나

13 두 번째 컬러 키 : 석양의 채도를 낮추었더니, 화면 속 캐릭터들이 보다 흥미롭게 비추어집니다.

는 채도의 대비 때문에 너무 밝다는 느낌이 듭니다. 하지만 이 색 배합도 최종 후보로 남겨둘 만한 것 같습니다.

14 채색: 3라운드

마지막으로 색 배합을 하나 더 실험해 보았습니다. 이번 색 배합에서는 전보다 훨씬 어둡고 무시무시한 느낌이 드는 색을 사용했습니다. 그렇게 해서 나온 결과물은 확실히 흥미롭긴 했지만 제가 원하는 '놀라움과 경이로움이 가득한' 느낌보다는 무서움이 더 강조된 느낌이었습니다.

색 배합을 실험하는 것과 동시에 명도도 조금 조정했습니다. 저는 핵심 명도 값을 엄격하게 유지하는 것보다는 약간의 여유를 두고 비슷한 정도의 명도로 유지하는 것을 선호합니다. 최종적으로 사용할 이미지에 부합하게 색상과 명도를 조절해서 색상과 명도가 작업이 진전되는 과정에서 함께 변화하고 더 나은 결과물로 이어지게 하는 것이죠. 또 작업을 할 때는 레이어를 항상 블렌딩 모드 중 'Color'로 설정하고 레이어 전체에 순색의 검은색을 덮어 씌웁니다. 이렇게 하면 명도를 확인하고 제가 스케치 과정에서 설정했던 명도 값이 전반적으로 유지되고 있는지를 확인할 수 있습니다. 저는 각각의 작업 과정이 이전의 과정에 무언가를 더하는 과정이라고 생각해서 매번 작업을 할 때마다 가능한 한 아주 새로운 것을 더하려고 합니다.

14 세 번째 컬러 키: 호러 장르의 느낌이 나는 색 배합입니다.

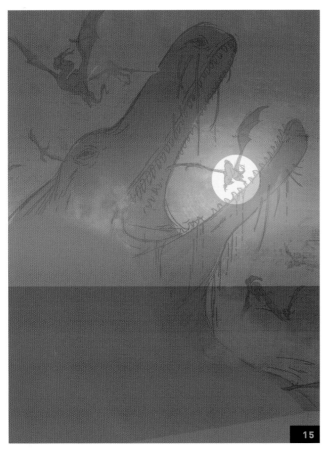

15 스케치 레이어를 최상단에 위치시킨 뒤 'Multiply'로 설정한 다음 그린 배경 스케치의 모습입니다.

16 브러시에 색상 지터 옵션을 사용해 베이스의 색을 여러 개로 만들고 바다뱀 위에 칠한 스케치의 모습입니다.

15 배경 스케치

두 번째 콤프를 색 배합으로 활용하기로 했습니다. 이제는 실제로 색을 칠할 차례입니다. 내용이 복잡한 작품을 채색할 때 저는 적당히 자글자글하게 노이즈가 낀 형태를 깔아 놓고 그 위에 색을 칠하는 방법을 사용합니다. 이번 작품이 역동감과 움직임으로 가득하기 때문에 저는 느슨하게 스트로크를 칠하고 과감하게 색을 흩뿌려서 노이즈를 주는 방식으로 색을 칠하기로 했습니다. 거친 질감을 지닌 브러시로 질감을 풍성하게 표현해서 원하는 모습이 나도록 칠해서 이후 단계에서 색을 칠할 기초를 만들었습니다.

이렇게 느슨하게 색을 칠할 때 제가 가장 좋아하는 점은 난색 계통의 언더페인팅이 스며 나오는 느낌을 줄 수 있다는 것입니다. 이 방식은 원래 유화에서 사용하던 기법인데 활기가 높고 난색인 주조색을 먼저 칠하는 것으로 그래픽 소프트웨어에서도 재현할 수 있습니다. 또한 하늘처럼 화면 위쪽 부분을 밝은 주황색으로 느슨하게 칠했습니다. 화면 오른쪽 수평선 근처와 바다뱀의 눈 왼쪽에 연어의 살색 같은 진한 분홍색이 강한 질감을 보이며 나타나는 것이 보일 것입니다.

16 바다뱀 스케치

또한 바다뱀의 윤곽을 올가미 도구로 선택한 다음 노이즈가 낀 주황색 베이스로 채워 넣어서 이전 단계에서 언급한 효과를 냈습니다. 색상 지터(Color Jitter)

는 브러시 설정 패널에서 색상 불규칙(Color Dynamics)을 사용해 브러시에 추가할 수 있습니다. 저는 대체로 전경과 배경에서의 지터 옵션은 끄고 색상과 채도, 밝기의 지터는 화면에 나타나는 모습에 따라 2~5% 사이로 설정합니다. 순도(Purity)는 '0%'로 내버려두고 대부분의 경우에 브러시 팁에 맞춰 적용(Apply Per Tip)을 설정하는 편입니다.

브러시 패널
그래픽 프로그램으로 그림을 그릴 때 제공하는 브러시 패널을 잘 활용할 줄 안다면 큰 도움이 됩니다. 특정한 브러시가 필요할 때 해당하는 브러시를 직접 설정해서 구성하는 것이 가장 빠를 때도 있습니다. 저도 필요한 브러시를 구성할 때 직접 브러시를 설정하는 편입니다. 브러시 설정을 처음 해보는 사람이라면 어려울 수도 있겠지만, 설정을 이것저것 만져보며 어떻게 작동하는지 금방 익숙해질 것입니다.

17 질감이 있는 브러시를 사용해 바다뱀의 몸통을 칠한 뒤의 모습입니다.

18 이전 단계보다 작은 브러시로 바다뱀의 몸통을 칠한 모습입니다.

17 바다뱀 칠하기

바다뱀의 몸통을 구성하는 색이 돋보이게 하기 위해서 질감이 있는 브러시를 여러 개 사용했고, 동시에 원하는 정도의 반투명도를 표현하기 위해 빛이 환하게 빛나는 블룸 효과를 주었습니다(25단계에서 블룸 효과에 대해서 더 설명하겠습니다). 색을 칠할 때 저는 크고 넓은 브러시를 먼저 사용한 다음 점점 브러시의 크기를 줄여가며 중간 크기, 작은 크기의 브러시를 사용하는 방식을 즐겨 사용합니다. 이 방식으로 색을 칠하면 효과적으로 아주 작은 부분의 대비를 조절할 수 있기 때문입니다. 초점이 맺히는 부분에 작은 브러시로 디테일을 아주 세밀하게 칠해 넣고 공간에 디테일을 배치하지 않으면 관객의 시선은 자연스럽게 초점이 맺히는 영역으로 향하게 됩니다. 또한 큰 브러시를 먼저 사용하고 점차 브러시의 크기를 줄여 나가면 자연스럽게 디테일에도 우선순위가 생기게 됩니다.

18 바다뱀을 마저 칠하기

다음으로는 중간 크기의 브러시를 사용해 우선순위가 중간 정도인 디테일을 더해주었습니다. 가장 먼저 베이스 위에 색을 칠해 형태를 잡아주고 입체감을 더해주어 이후에 표면 처리가 이뤄질 수 있도록 했습니다. 다만 지금 단계에서는 바다뱀의 최종적인 모습을 결정하지 못했기 때문에 우선은 몸통의 면이 향하는 방향을 명시적으로 드러내고 비늘의 질감을 살리는 데 집중했습니다. 작품이 완성되기까지는 아직 한참 남았지만, 이 단계에서 바다뱀의 눈 주변의 디테일을 집중적으로 칠하는 것이 중요하다고 생각해 이 단계에서 작업했습니다.

대비의 여러 종류

서사 중심의 일러스트에 어떤 요소를 집어넣을 것인지 결정했다면 다음은, 어떤 순서로 관객의 시선을 화면 속 요소로 유도해야 일러스트에 담긴 이야기가 잘 전달될 수 있을지 고민하고 결정해야 합니다. 대비를 통해 화면 속 요소의 우선순위를 정하는 것으로 관객의 시선이 닿는 순서를 정할 수 있습니다. 이때 설정한 우선순위가 관객의 시선이 화면 속 요소에 닿는 순서입니다.

풍경 중심의 일러스트에서 가장 중요한 대비는 일반적으로 명도의 대비라고 할 수 있습니다(그림 A 참고). 화면 속에 얼룩덜룩한 형태가 많이 있음에도 화면을 보자마자 가장 명도가 높은 색과 명도가 낮은 색에 곧바로 시선이 갑니다.

다른 종류의 대비를 활용하는 것으로도 이와 비슷하게 초점을 만들어낼 수 있습니다. 인간의 뇌는 차이를 찾아내는 일에 탁월하며, 아티스트는 뇌의 이러한 성질을 이용해 관객의 시선을 초점으로 유도합니다.

잘 그린 작품에서는 여러 가지 기법을 활용해서 강렬한 초점을 만들어내고, 화면 속 요소의 우선순위를 분명하게 설정하며, 중요도가 떨어지는 영역에서는 대비를 낮게 유지해 눈에 주는 부담을 줄입니다. 화면 속 요소의 중요도가 모두 높게 설정된 이미지는 오히려 어느 것도 눈에 띄지 않는 이미지가 됩니다. 아티스트는 이미지에서 중요한 요소를 골라서 다양한 형태로 대비를 활용해 중요도가 높은 지점에 관객의 시선을 유도해야 합니다. 그리고 서사적 성질을 지닌 요소의 대비를 활용해(구도를 구성하는 다른 요소를 활용할 수도 있습니다) 적절한 순서에 따라 관객이 읽어내게 하는 것에서 스토리텔링이 시작되기도 합니다.

A. 명도의 대비

B. 색상의 대비

C. 모화도의 대비

D. 테두리의 대비(날카로움의 대비)

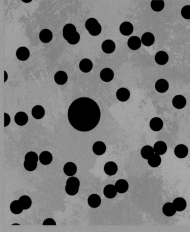

E. 크기의 대비

F. 디테일/노이즈의 대비

예를 들어, 화면에서 가장 중요한 역할을 하는 초점 영역에는 명도와 색상을 모두 활용한 대비를 주어 중요도를 강조하고, 중요도가 두 번째로 높은 초점 영역에는 색상으로만 대비를 주는 방법이 있습니다(그림 I 참고). 이렇게 하면 관객의 시선은 자연스럽게 가장 중요도가 높은 초점 영역에 머문 다음 두 번째 초점 영역으로 향하게 될 것입니다. 이 방법을 활용했다면 첫 번째 초점 영역에는 가장 먼저 전개되어야 하는 이야기를 배치하고 두 번째 초점 영역에는 반전을 담은 이야기를 배치하는 것으로 이야기를 전개할 수 있습니다.

이렇듯 다양한 대비는 모두 아티스트로서 언제든 활용할 수 있어야 하는 도구입니다. 만약 의도한 초점 영역이 명확하게 눈에 들어오지 않는다면, 다른 종류의 대비를 활용해 대비가 도드라지게 해서 초점이 분명하게 맺히도록 수정해야 합니다. 이미지가 눈에 잘 들어오지 않는다고 막막하다고 여기는 것보다는 약간 손을 보면 해결할 수 있다는 마음가짐을 가지면 좋습니다. 실제로 여러 도구를 다뤄본 경험이 쌓인 베테랑이 갖는 마음가짐이기도 합니다.

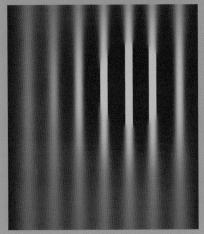

G. 테두리의 대비(날카로움의 대비)

H. 질감의 대비

I. 초점의 우선순위

19 작은 드래곤
스케치

저는 올가미 도구를 사용해서 작은 드래곤의 실루엣을 모두 선택하고 같은 방법으로 색을 칠했습니다. 하지만 이 방법을 반드시 사용해야 하는 것은 아니므로 편하고 익숙한 방법이 있다면 그 방법을 사용해도 좋습니다. 복잡한 장면을 그릴 때 저는 대체로 깔끔하고 테두리가 분명한 실루엣을 먼저 칠하고, 점차 테두리가 모호한 형상을 칠합니다. 테두리가 모호한 형상을 칠하다가 테두리가 분명한 형상을 찾는 것이 개인적으로 더 어려워서 아예 테두리가 분명한 형상을 아예 먼저 칠해버리는 방식을 선택했습니다.

실루엣을 전부 선택하기만 하면 곧바로 질감이 들어간 브러시를 사용해 노이즈가 가미된 베이스를 칠할 수 있다는 점이 제가 올가미 도구를 즐겨 쓰는 이유입니다. 올가미 도구를 쓰지 않는다면 선택 후 색을 먼저 칠하고 그런 다음 알파 채널 잠금 기능으로 레이어를 잠그고 노이즈를 주어야 합니다. 올가미 도구를 사용할 때는 실루엣을 하나 선택하고 Shift 를 누른 상태로 다른 실루엣을 선택해 추가로 선택할 수 있습니다. 또는 Alt 를 누른 상태로 선택된 실루엣을 다시 클릭하면 선택 항목에서 제거할 수도 있죠.

19 날아다니는 작은 드래곤을 스케치한 모습입니다. 올가미 도구를 사용해 실루엣을 선택하고, 색상 지터 옵션을 켠 상태로 질감이 들어간 브러시로 색을 칠했습니다.

20 작은 드래곤 채색하기

드래곤의 실루엣에 알파 채널 잠금을 적용한 다음 바다
뱀의 색을 칠할 때와 같은 방법으로 베이스 위에 고유
색을 칠했습니다. 이 방법으로 주조색이 은은하게 스며
나오게 해서 안쪽에서부터 빛이 나는 느낌을 줄 수 있
습니다. 이 기법은 특히나 서브서피스 스캐터링을 표현
해야 할 때 유용합니다.

서브서피스 스캐터링은 빛이 반투명한 물체를 투과할
때 물체의 내부에서 빛이 산란하는 현상입니다. 나뭇
잎이나 풀잎에 강한 태양빛이 비추면 밝은 초록색이 이
파리 안쪽에서 빛나는 것처럼 보일 때 바로 서브서피스
스캐터링이 일어나고 있는 것입니다. 서브서피스 스캐
터링은 손을 태양이나 손전등, 형광등 불빛에 가져다
댔을 때도 관찰할 수 있습니다. 인간의 피부도 반투명
체이기 때문에 이렇게 광원에 손을 가져다 대면 태양빛
아래에서 이파리가 빛이 나듯 손에 있는 살이 분홍색으
로 빛나는 것을 확인할 수 있습니다. 이때 관측되는 빛
의 색은 피부의 색에 따라 다를 수 있지만, 밝은 빛을 발
하는 광원 앞에 두었을 때 인간의 피부에서는 전부 서
브서피스 스캐터링이 일어납니다. 서브서피스 스캐터
링이 주로 나타나는 부위는 귀와 코, 손가락인데 인체
에서 가장 얇은 부위이기 때문입니다. 그러나 충분히
강한 빛 앞에 두었을 때는 다른 부위에서도 나타날 수
있습니다.

이번 작품에서는 드래곤의 날개와 바다뱀 몸통에 달린
지느러미가 아주 얇은 막으로 이뤄져 있기 때문에 저물
어가는 태양이 발하는 밝은 빛 앞에 두었을 때 서브서
피스 스캐터링이 일어나 밝게 빛을 낼 것이라고 짐작할
수 있습니다. 그래서 단색을 칠하기 전에 먼저 빛을 발
하는 느낌을 주는 베이스를 칠하면 빛이 반투명체를 투
과하며 반투명체 내부에서 빛이 나는 것과 같은 효과를
낼 수 있습니다.

21 디테일 채색 단계

화면 곳곳을 채워나가며 저는 여러 종류의 디테일의 색
을 다양한 브러시를 사용해 칠했습니다. 저는 그래픽
프로그램을 활용해 그림을 그릴 때 브러시의 설정을 만
져주는 것만으로도 다양한 소재와 질감을 지닌 브러시
의 느낌을 손쉽게 재현할 수 있다는 점이 장점이라고
생각합니다. 요즘 그래픽 프로그램에 탑재된 브러시 엔
진은 비단 포토샵뿐만 아니라 클립 스튜디오 페인트와
프로크리에이트에서도 강력한 성능을 보입니다.

20a & 20b 질감이 들어간 브러시를 사용해 날아다니는 드래곤을 칠한 모습입니다.

21 질감과 화면 속 역동성에 초점을 맞추어 디테일을 채색한 모습입니다.

22 바다뱀 앞쪽의 물보라를 그린 스케치입니다.

22 물보라 스케치

이제부터는 대기 원근법을 표현해 보겠습니다. 대기 원근법을 활용해 바다뱀이 포토그래퍼와 멀리 떨어져서 분명하게 분리된 공간에 있다는 사실을 드러내고자 합니다. 이를 위해서는 그레이스케일에서 서로 가까이 위치하고 값이 큰(즉, 밝은) 명도를 사용해야 합니다. 화면 속 해무에 빛이 반사되기 때문에 사실성을 유지하면서도 쉽게 표현할 수 있습니다. 안개 입자가 바다뱀과 포토그래퍼 사이에서 빛을 받아 반짝이며 안개 너머에 있는 사물을 모조리 하나로 묶어주며, 가까이 있는 것처럼 보이게 하고, 명도를 높여주는 일종의 필름처럼 작동합니다. 사물의 거리가 멀수록 대기와 해무가 섞여서 명도 값은 더욱 높아지게 됩니다. 바다뱀과 포토그래퍼 사이의 물보라를 그릴 때는 거품과 안개를 사용해서 바다뱀의 아랫부분이 동떨어져 보이지 않게 했습니다.

23 색을 칠하고
노이즈 더하기

물보라의 스케치를 마쳤다면 디테일과 노이즈를 더할 차례입니다. 이 시점에서 저는 브러시 옵션 중에서 스패터(Spatter)와 그레인(Grain) 효과와 같은 여러 기능을 활용해 해무가 낀 대기의 모습을 연출했습니다. 그리고 스패터 효과도 여러 가지를 활용해 너무 통일된 느낌이 나지 않도록 했습니다. 자연 상태에서 보이는 해무의 모습처럼 보이도록 임의적이고 유기적이게 그레인과 스패터 효과를 사용해서 사실적이고 생동감이 있어 보이게끔 했습니다.

24 디테일의
우선순위 설정하기

작은 드래곤을 칠하면서 관찰자와 드래곤의 거리에 따라서 디테일의 우선순위를 설정했습니다. 관찰자와 드래곤 사이의 거리가 멀면 우선순위에서 뒤로 밀려나 디테일의 정도가 떨어지도록 했습니다. 그래서 멀리 떨어져 있다면 핵심이 되는 색만 사용해 채색하고 서브서피스 스캐터링과 면의 변화 정도만 보여주는 것이죠. 반면 거리가 가까운 드래곤은 신체의 모양에 따른 명암의 구분과 표정의 일부도 표현했습니다.

나아가 각각의 드래곤에서도 디테일의 정도에 차이를 두었습니다. 관찰자에게서 멀리 떨어진 쪽의 날개와 꼬리는 가까운 쪽에 비해서 단순하게 표현했습니다. 이 방법은 구도를 구성할 때도 도움이 됩니다. 인간은 자연적으로 디테일이 많은 부분에 시선이 가기 때문에 이렇게 디테일에 차이를 두어 표현하면 관객은 가까이에 있는 물체와 중요도가 높게 표현된 부분에 눈길을 주게 됩니다. 현실에서 인간의 눈은 모든 것에 초점을 맞출 수 없습니다. 그래서 화면 안에서 중요도가 떨어지는 부분에 디테일을 덜 표현하면 모든 것이 인위적으로 뚜렷하고 명확하게 표현되는 사진과는 달리 현실에서 우리 눈에 세상이 보이는 것을 모방해서 보여주는 효과도 있습니다.

23 색을 칠하고 노이즈를 더하는 과정입니다.

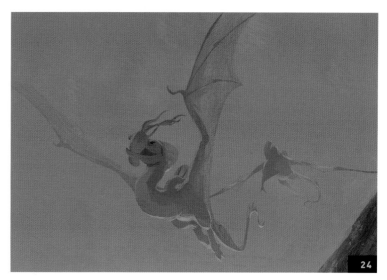

24 좌측 상단의 드래곤을 확대한 모습입니다. 가까이 있는 드래곤과 멀리
있는 드래곤 사이에 디테일의 차이가 있는 것이 보입니다.

25 블룸 효과 표현하기

안개나 물보라처럼 공기 중에 분자의 밀도가 높게 포진한 부분을 빛이 통과할 때 공기 중의 반투명한 수증기는 빛을 붙잡아서 광원 주변으로 빛을 발하는 블룸(bloom) 효과를 일으킵니다. 작품 속에서 블룸 효과는 태양의 앞을 날아가는 드래곤 주변에서 찾아볼 수 있습니다. 밝게 빛나는 태양이 드래곤의 몸통에서 보이는 색의 범위를 크게 좁혀서 드래곤의 몸통에서는 밝은 주황색, 연어의 살과 같은 분홍색, 생동감이 높은 노란색만이 보입니다. 이와 더불어 태양광은 대기 중으로 스며 나오는 것처럼 표현했습니다. 이렇게 하면 눈부신 태양의 빛이 더욱 역동적으로 보여 화면이 보다 사실적으로 보이게 됩니다.

더불어 블룸 효과를 명부에 있는 빛의 테두리를 부드럽게 하는 데에도 사용했습니다. 만약 하이라이트에 시선이 너무 쏠린다면 하이라이트의 주변 부분으로 빛이 번지도록 블룸 효과를 사용하면 됩니다. 화면 안에서 하이라이트의 우선순위를 설정할 때 유용하게 활용할 수 있는 효과입니다.

26 바다뱀의 형태
조정하기

이제 베이스는 모두 칠했으니, 작품과 약간 거리를 두고 작품을 평가해 보겠습니다. 떨어져서 보니 바다뱀의 머리를 약간 관찰자 방향을 돌려서 조금 더 극적이고 관객이 쉽게 이입할 수 있는 구도로 만들면 좋겠다는 생각이 들었습니다. 또한 전반적인 바다뱀의 모양새도 사실성을 조금 낮추어 약간은 만화적이고 조금 더 매력적으로 보이도록 하면 좋겠다고 생각했습니다. 화면 속 대상이 정면 구도나 측면 구도로 그려졌다면 화면은 정적인 느낌이 납니다. 반면 대상이 바라보는 방향을 약간 돌려서 3/4면 구도에 가깝게 했을 때 주변의 요소가 잘 뒷받침해 준다면 화면에는 역동성이 더해집니다. 작업을 하는 과정에서 언제든 작품에 변화를 줄 수 있고 심지어 작품을 대대적으로 변경할 수 있다는 마음가짐을 갖는 것이 중요합니다.

27 바다뱀 주변 영역
칠하기

바다뱀의 머리를 약간 틀어서 3/4면 구도에 가깝게 바꾸니 화면에 역동성이 더해졌습니다. 이것만으로도 고생한 값어치를 하죠. 다음으로는 바다뱀의 형상에 입체감을 더해주었습니다. 대기 원근법과 해무가 중간에서 작용하기 때문에 바다뱀은 화면에서 지금보다는 훨씬 멀리 있는 것처럼 보여야 합니다. 거리감을 확실히 표현하기 위해서 바다뱀의 형상을 가다듬었습니다. 또한 해무를 추가로 더해주고 명도 변화를 확실하게 보여주어 거리가 명확하게 표현되도록 했습니다.

25 태양과 바다뱀의 주둥이 사이에 있는 드래곤을 확대한 모습입니다.
해무 속에서 빛이 번져 보이는 블룸 효과가 표현되어 있습니다.

26 기존에 그렸던 바다뱀의 모습 위에 새로 스케치를 그린 모습입니다.
전보다 매력적으로 보이게 형태를 구성했습니다.

27 새로 그린 바다뱀의 모습입니다.

실루엣과
명도 그룹

명도의 범위를 명확하게 표현한 뒤 실루엣을 분명하게 보여주면 아주 복잡한 이미지에서도 효과적으로 화면을 구성할 수 있습니다. 화면 속에 등장하는 인물이나 사물의 숫자가 아무리 많더라도 명도를 잘 구분해서 보여주고 실루엣을 선명하게 보여준다면 일관적이고 짜임새 있는 이미지를 만들 수 있습니다.

그림 A에서는 본문 중 5단계에서 다뤘던 10단계로 명도를 구분한 그레이스케일입니다. 하나의 이미지 중 일부를 특정한 범위의 명도를 기준으로 그룹 단위로 묶어서 화면 속 다른 부분과 구분할 수 있습니다.

예를 들어, 설명하면 그림 B의 배경은 중간톤에 해당하는 명도 범위에 명도 값이 몰려 있습니다. 반면 화면 속 보이는 구체는 각각 암부와 명부에 해당하는 명도 값을 보입니다.

이렇게 명도를 그룹 단위로 구분하는 방법은 그림 C처럼 노이즈가 들어간 디테일이 많고 실루엣 자체도 복잡한 이미지에도 적용할 수 있습니다. 노이즈가 들어가 있지만 화면 속 남성의 실루엣은 선명하게 보이는데, 명도 그룹을 활용한 덕분입니다.

이 기법을 활용하면 복잡한 일러스트에서 화면 속 요소를 가시적이고 구조적으로 보이게 할 수 있습니다. 예를 들어 그림 D는 독특한 형태가 여럿 등

장하는 복잡한 이미지입니다.

이 이미지를 중경과 배경의 두 차원으로 분명하게 구분해 구성한다면 그림 E에서 보이는 것처럼 전경은 명부에 해당하는 명도 값으로, 배경은 암부에 해당하는 명도 값으로 칠하면 됩니다. 그러면 화면 속에 작고 서로 모양이 다른 형상이 무수히 있어도 지정된 명도 범위에 해당하는 명도 값만 사용했다면 대상이 어디에 위치하는지 분명하게 구분이 됩니다. 즉, 중경과 배경이 명확하게 서로 다른 위치에 있는 것으로 보이게 됩니다.

그림 F에서는 전경이라는 차원을 추가했습니다. 전경에는 여러 가지의 작고 복잡한 형상을 집어넣으려 합니다. 이를 위해서는 이러한 형상을 모두 암부에서도 아주 어두운 영역에 해당하는 명도 값으로만 칠해서 물체가 중경이나 배경에 있지 않다는 것을 분명하게 보여주면 됩니다.

이렇게 전경과 중경, 배경의 차원을 구분해서 구성하면 그림 G처럼 대비를 활용해 구도를 조성하여 어디가 화면의 초점 영역에 해당하는지 분명하게 보여줄 수 있습니다.

A. 10단계 명도 스케일 **B.** 서로 다른 명도 영역 **C.** 노이즈가 들어간 디테일

배경

중경

D. 스케치

E. 중경과 배경 스케치

F. 전경 스케치

G. 초점 스케치

28 화면 전체에서
디테일을 더한
모습입니다.

28

28 디테일 더하기

중경과 배경이 확실하게 자리 잡았으니, 이제는 작은 브러시를 활용해 초점이 되어야 하는 부분에 세밀하게 대비를 추가할 차례입니다. 이 과정에서 저는 유화 질감을 내는 브러시를 여럿 사용했는데 화면 속에서 묘사하는 장면의 질감을 최대한 표현하기 위한 시도였습니다. 바다에서 튀는 조밀한 물보라는 그 자체로 돋보이기보다는 무언가와 섞인 듯한 느낌이 나도록 유화 물감을 흩뿌린 듯한 질감을 내서 강조했습니다. 바다뱀의 비늘과 이빨, 더듬이에 보이는 작은 하이라이트는 다른 부위보다 그레인 효과를 많이 넣고 스트로크를 두껍게 그어서 표현했습니다. 질감이 많이 들어가서 그레인 효과가 나타나는 브러시는 크기가 크고, 관찰자에서 멀리 떨어진 물체나 생물을 묘사할 때 잘 어울립니다.

수많은 작은 디테일을 간접적으로 드러내는 방식으로 표현하면 작품의 규모를 암시할 수 있습니다. 이런 디테일은 화면 전체에 들어갈 필요는 없습니다. 관객의 시선을 유도해야 하는 부분에서 이렇게 작은 디테일을 표현하면 관객은 화면 전체가 세밀한 디테일로 가득 차 있다고 생각하게 됩니다. 앞에서도 언급했듯 인간의 눈은 한 번에 하나의 영역에만 초점을 맞출 수 있고 뇌는 시야에 들어온 부분을 기반으로 나머지 부분을 추론하기 때문에 이런 현상이 벌어지는 것이죠. 그리고 화면의 일부에서 디테일을 표현하는 것으로 이 현상을 유도할 수 있습니다. 관객은 눈은 자연스럽게 디테일이 채워진 부분으로 향하게 되어 있고, 관객은 화면의 나머지 부분도 비슷한 정도의 디테일이 있을 것이라고 추론합니다.

브러시

큰 작품을 본격적으로 작업하기 전에 먼저 시간을 들여서 화면 속 주요한 요소나 재질에 걸맞은 독특한 브러시를 찾아보세요. 표면을 처리할 때 드는 시간을 줄여줍니다. 포토샵 CC에서 톱니바퀴 아이콘을 선택하여 새 그림 전용 브러시 폴더를 만듭니다. 다양한 브러시를 다운로드하고 시험하면서 마음에 드는 브러시를 찾은 다음에는 브러시 폴더에 추가하면 빠르고 쉽게 메뉴에서 선택할 수 있습니다.

29 'Luminosity' 레이어와 그래디언트 도구를 함께 활용해서 화면의 아래쪽에서 명도의 변화가 완만하게 이뤄지도록 했습니다.

30 사실성을 살리기 위해서 디테일을 표현한 전경의 스케치입니다.

29 레이어 사용하기

작품을 다시 살펴보니 중경의 아래쪽 부분이 너무 번잡하고 대비가 높아서 전경과 동떨어져 보입니다. 그래서 중경 아래쪽의 대비를 낮추어 이 부분에 몰리는 시선을 분산하고 실제 행위가 발생하는 지점인 중경의 위쪽으로 시선을 유도하도록 하겠습니다. 이를 위해서 'Luminosity'로 설정한 레이어를 하나 추가했습니다. 'Luminosity' 레이어는 색상에 대한 정보는 유지한 채로 명도만 조절할 수 있습니다. 그리고 그래디언트 도구를 사용해 화면 아래쪽에서부터 물보라가 자리한 지점까지의 영역에서 명도를 끌어올려 중간 정도의 명도 값으로 주변과 융화되게 했습니다. 이렇게 하면 중경의 아래쪽에서 보이는 명도의 변화를 완만하게 하고 전체적인 명도의 대비를 낮출 수 있습니다. 또한 그래디언트를 활용해 중경의 초점 영역이 더욱 도드라지도록 중경의 아래쪽이 전체적으로 부드럽게 보이도록 다듬었습니다.

30 전경 스케치

이제 전경을 칠할 차례인데, 전경에서 저는 명도와 색 영역의 차이를 분명하게 해서 중경 및 배경과 명확하게 구분되도록 하려 합니다. 우선 수풀이 수북하게 돋은 절벽을 청록색과 갈색 사이의 어두운색으로 칠하고 서로 엇비슷한 명도 값만을 활용해 화면 속 다른 부분과 가시적으로 차이가 나도록 했습니다.

레이크 브러시(rake brush)를 사용해 수풀의 디테일을 표현하고 수풀 사이로 비추는 빛을 묘사해서 질감과 입체감을 표현했습니다. 전경을 전체적으로 어두운 명도 값만을 활용해 표현하긴 했지만, 전경은 관찰자와의 거리가 가깝기 때문에 충분히 디테일과 입체감을 살려야 사실적으로 보입니다.

31 포토그래퍼
스케치

포토그래퍼는 전경의 절벽과 비슷한 색 영역으로 칠하되 얼굴의 피부는 조금 더 따뜻한 색으로 칠했습니다. 전경을 칠할 때는 다른 부분에 비해서 크기가 작고 세밀한 브러시를 사용했는데, 전경이 관찰자와의 거리가 가깝기 때문에 세밀하게 표현해야 훨씬 사실적으로 보이기 때문입니다. 카메라 삼각대의 다리처럼 아주 작은 부분에 생기는 하이라이트는 관찰자와의 거리가 가까울 때만 보이기 때문에 이런 하이라이트를 표현하면 포토그래퍼가 전경에 있다는 것이 더욱 잘 드러납니다. 얇은 삼각대 다리의 직선적인 형태는 화면의 어디에서도 나타나지 않기 때문에 형태 측면에서 대비를 이루고, 이러한 대비를 통해서 관객의 시선은 초점 영역으로 유도됩니다.

나아가 포토그래퍼의 옷을 투과해 비추는 빛을 표현하기 위해서 옷이 반투명하고 빛이 나는 듯한 느낌이 나도록 꼼꼼하게 표현했습니다. 옷감의 반투명한 성질로 인해 포토그래퍼의 옷은 드래곤의 날개나 바다뱀의 지느러미처럼 서브서피스 스캐터링이 나타납니다. 이렇게 반투명한 느낌을 표현해 주면, 화면이 전반적으로 빛으로 차는데, 이걸 핵심 인물인 포토그래퍼 주변에 반복해서 표현하면 전체적으로 서브서피스 스캐터링으로 빛을 발하는 요소가 많은 화면에 포토그래퍼가 자연스럽게 녹아들게 됩니다. 이렇게 빛을 발하는 반투명체처럼 어떠한 요소를 반복적으로 표현하면 화면 속에서 다양한 물체에 연결성을 부여할 수 있습니다.

32 중경과 전경
연결하기

다시 작품을 돌아보면 전경의 절벽이 중경과 지나치게 분리되어 있고 중경에 있는 요소가 전경과 중첩된 부분이 하나도 없어 화면이 너무 인위적이고 작위적으로 보입니다. 그래서 드래곤을 추가해 전경이 너무 동떨어지지 않고 중경과 연결되어 보이도록 했습니다. 이렇게 유기적으로 두 개의 차원을 연결하면 화면에 깊이감이 생기며, 인위적인 느낌은 줄고 역동적이며 자연스러운 느낌이 생겨납니다. 또한 포토그래퍼를 멀리 떨어진 관찰자가 아니라 화면 속에서 벌어지는 행위와 긴밀하게 관련된 인물로 바꾸어 전경에 역동감과 일말의 위

31 포토그래퍼의 스케치입니다. 윗옷을 반투명하게 처리해서 드래곤의 날개에 나타나는 서브서피스 스캐터링이 반복해서 표현되도록 했습니다.

기감을 불어넣을 수도 있습니다. 이렇게 하면 화면 속 행위와 관찰자와의 거리가 가까워지므로 관객이 작품에 훨씬 이입됩니다.

32 전경과 중경을 연결하는 드래곤의 스케치입니다.

33 전경의 드래곤을 채색한 후의 모습입니다.

33 전경의 드래곤
채색하기

전경에 드래곤을 추가하니 역동감이 더해졌고 결과물도 제법 만족스럽습니다. 하지만 전체적인 화면의 구도에는 아직 문제가 있습니다. 절벽 바로 위에 있는 드래곤은 중경과 비교해서 너무 돋보이고 이에 따라서 원래 의도한 초점 영역(포토그래퍼)으로 유도되어야 할 시선이 드래곤을 향하는 것이죠. 이 문제를 해결하기 위해서 포토그래퍼의 대비를 높여서 시선을 다시 포토그래퍼로 유도하거나, 드래곤의 대비를 낮추어 포토그래퍼보다 돋보이지 않게 해야 합

니다. 그러나 포토그래퍼는 이미 대비가 높게 표현되어 있기 때문에 지금 상황에서 가장 적당한 해법은 드래곤의 대비를 낮추어 중요도를 낮추고 관객의 시선이 몰리지 않게 하는 것입니다. 가장 먼저 명도의 대비를 낮추어야 합니다. 색상과 테두리의 대비를 낮추는 것도 좋은 방법입니다.

34 명도를 조절해 중요도를 수정한 뒤 전경에 있는 드래곤의 모습입니다.

35 하늘의 명도를 높여 거리감을 표현했습니다.

34 균형
조정하기

먼저 레이어를 블렌딩 모드 중 'Darken'으로 설정해서 드래곤의 몸통에 자리한 하이라이트를 줄였습니다. 이렇게 해서 드래곤이 태양광을 직접 받는 것이 아니라 물보라로 생긴 그늘에 있는 것으로 표현했고, 머리와 꼬리의 가장 높은 지점에만 빛이 직접 닿는 것으로 표현했습니다. 나머지 부분의 하이라이트는 산란광인 천공광의 파란색 빛을 받는 것으로 수정했습니다. 다음으로는 레이어를 'Luminosity'로 설정해 드래곤 주변의 명도를 통일하고, 드래곤 뒤쪽에 위치한 물보라는 어둡게, 드래곤의 몸통은 밝게 했습니다. 마지막으로 드래곤의 몸통 전체를 중성색과 난색 중간 정도의 색상으로 바꾸어 포토그래퍼에게서 시선을 가져오는 난색과 한색 사이의 대비를 없앴습니다. 이렇게 하면 화면이 조금 더 균형 잡혀 보이며 포토그래퍼도 전보다 훨씬 눈에 돋보입니다.

이제 드래곤이 포토그래퍼의 시선을 빼앗아 오는 문제는 해결했는데, 하늘과 중경이 너무 가까워 보여서 전경에 있는 드래곤과 같은 위치에 있는 것처럼 보인다는 것을 알게 되었습니다. 이 거리감 문제를 해결하기 위해서 대기 원근법을 활용해 중경과 하늘의 명도를 높이고 사용되는 명도 값이 서로 엇비슷하도록 수정했습니다. 드래곤의 거리감을 조절할 때 사용했던 것과 같은 방법입니다.

35 명도 구조 세부
조정하기

하늘의 전반적인 명도를 높이고 전보다 거리가 떨어져 있는 것처럼 보이게 하기 위해서 'Soft Light' 레이어와 밝은 회색을 사용했습니다. 그리고 레이어를 하나 새로 만든 다음 블렌딩 모드 중 'Lighten'으로 설정하고 바다뱀을 중경에서 가장 어두운색보다는 살짝 밝은색의 중성 갈색으로 칠했습니다. 어두운색에서 중성 갈색으로 명도를 바꿔주는 것으로 전반적인 명도의 범위가 밝아지고 색 영역도

압축됩니다. 그런 다음 전경에서 사용한 색을 진한 색으로 바꾸어 관찰자와의 거리를 좁히고 중경과 확실하게 구분했습니다.

36 초점 주변의
디테일에 집중하기

저는 초점 주변 영역에 활기와 채도가 모두 높은 색으로 짧은 스트로크를 여러 번 반복해서 찍기도 합니다. 이 방법을 잘 활용하면 멀리 떨어져 봤을 때 짧은 스트로크는 눈에 거의 들어오지 않는 반면 초점 영역에 해당하는 부분이 강조되어 보이는 효과가 납니다. 이번 작품에서는 포토그래퍼의 셔츠와 바지 주변에 청록색과 파란색으로 스트로크를, 피부와 하이라이트 주변에는 주황색과 빨간색, 청자색으로 스트로크를 그었습니다. 과노출된 사진에서는 하이라이트가 순색의 흰색 주변에 청자색과 청록색만 남은 것으로 나타나고는 합니다. 이 현상을 활용해서 하이라이트가 조금 더 밝고 반짝이는 것처럼 보이게 표현한 것입니다. 이 기법을 활용하

36 포토그래퍼를 확대한 모습입니다. 채도가 높은 색이 칠해져 있는 것을 볼 수 있습니다.

면 초점 영역에 디테일의 대비가 더해져 관객의 시
선을 끌려는 부분에 노이즈가 가미된 디테일을 더
할 수 있습니다.

블렌딩 모드

포토샵 같은 그래픽 프로그램에 탑재된 다양한 레이어 블렌딩 모드를 활용하면 손쉽게 작품에서 특정한 지점의 대비를 높이거나 낮출 수 있습니다. 이번 팁에서는 단순하고 실용적인 예시 몇 개만 소개할 예정이지만, 블렌딩 모드는 복잡한 이미지에서도 충분히 활용할 수 있습니다.

먼저 그림 A에서 화면 속 요소 사이의 중요도에 차이를 주는 상황을 가정

해 보겠습니다. 이를 위해서는 가장 먼저 세 개의 원 중 하나에 초점이 맞히도록 해야 하는데, 지금 그대로는 세 개의 원 모두가 지닌 중요도가 동일하기 때문입니다. 'Luminosity' 레이어를 활용하면 하나의 원에 초점이 맞히도록 할 수 있습니다.

원본 레이어 위에 레이어를 하나 새로 만든 뒤 원본 레이어를 붙여 넣고 레이어를 블렌딩 모드 중에서 'Luminosity'로 설정하면 됩니다. 그런 다음 배경의 색을 추출하고 살짝 밝게 조정한 뒤 초점이 맞히지 않는 원 두 개에 칠합니다. 그림 B에서 보이듯 이렇게 하면 두 개의 원이 원과 배경의 중간값으로 명도가 감소해 대비가 확연히 줄어들어 이 두 개의 원이 멀리 떨어진 것처럼 보입니다.

'Color' 레이어를 사용하면 두 개의 원 사이에도 중요도의 차이를 줄 수 있습니다. 레이어를 하나 새로 만든 뒤 원본 레이어를 붙여 넣고 블렌딩 모드를 'Color'로 설정합니다. 그런 다음 배경의 파란색을 활용해 좌측 상단에 있는 원을 가볍게 칠해서 두 원과 배경의 색상 대비를 줄여줍니다. 그러면 그림 C에서 보이듯 블렌딩 모드만 활용해서 세 개의 원 사이에 분명한 위계가 생겨납니다. 똑같은 방법을 활용해 화면 속에 있는 요소에 중요도를 각기 다르게 할 수 있습니다.

또한 위에서 소개한 블렌딩 모드 외에도 다른 기능을 활용하는 방법도 있습니다.

A. 원본 이미지

B. 두 개의 원에 거리감이 생겨 하단의 원에 초점이 맞춰진 모습

C. 원 사이의 중요도에 차이가 생긴 모습

D. 하이라이트의 대비를 줄일 때는 'Darken'을 사용

E. 빛을 발하는 효과를 낼 때는 'Lighten'을 사용

레이어를 'Darken'으로 설정하면 하위 레이어보다 선택한 색상의 명도가
어두울 때에만 스트로크가 표시됩니다. 그림 D에서 지그재그 형태의 스트
로크는 원본 레이어에 표시한 것이 아니라 선택한 색보다 배경이 어둡기 때
문에 원본을 투과해서 보이는 것입니다.

레이어를 'Lighten'으로 설정하면 반대의 현상이 나타납니다. 선택한 색상
이 원본 레이어보다 명도가 밝을 때만 스트로크가 표시되는 것이죠. 그림 E
에서는 원이 빛을 발하는 듯 원의 바깥쪽에 글로우(glow) 현상이 표현되어
있는데 이는 레이어를 'Lighten'으로 설정해서 표현한 것입니다. 또한 안개
역시도 'Lighten'으로 쉽게 표현할 수 있습니다.

F. 안개를 표현할 때 'Lighten'을 사용

그림 F에서는 'Lighten'을 적용해 화면의 하단부에서 짙은 안개를 표현했
습니다. 'Lighten'은 안개를 표현할 때 유용한데 'Screen'과는 달리 하이라
이트는 밝게 하지 않고, 'Overlay'나 'Hard Light'와는 달리 색상에는 변화
를 주지 않기 때문입니다. 그래서 'Lighten'을 사용하면 균일하게 사실적인
안개를 표현할 수 있고, 이를 통해 대기 원근법의 영향을 받을 정도로 멀리
떨어진 물체를 표현할 때 유용합니다.

여러분이 사용 중인 그래픽 프로그램에 탑재된 여러 블렌딩 모드를 실험해
보면 작품을 구성할 때 요긴하게 활용할 기능을 발견할 수 있습니다.

37 테두리 수정하기

우측 하단에 있는 드래곤처럼 멀리 떨어져 있고 중요도가 작은 물체는 형태가 구분될 정도만 남기고 테두리 선을 지웠습니다. 이렇게 테두리 선을 없애면 물체의 테두리는 주변의 광경에 섞이게 되는데, 이렇게 하면 관객의 시선은 여기서 멀어지게 됩니다. 인간의 눈은 자연스럽게 테두리가 명확한 물체에 몰리기 때문입니다. 그래서 테두리 선을 지우고 주변에 스며들게 하면 자연스럽게 대비는 감소하고 시선은 멀어집니다. 작업이 이 정도 진전되면 저는 화면 속 요소를 모두 선택한 후 설정(Edit) 〉 복사 병합하기(Copy Merged)를 선택하고 병합된 이미지를 작업 중인 화면에 붙여 넣어서 레이어 구조를 유지합니다. 또한 이렇게 하면 스며지 도구나 믹서 브러시를 사용해 테두리를 흐리게 할 수도 있습니다.

38 생동감 있는
림 라이트 만들기

역광이 비치는 물체가 희뿌여면서도 빛이 나도록 하려 할 때 저는 테두리 근처에서 서브서피스 스캐터링의 가장자리를 따라서 난색 계통의 복숭앗빛의 색을 칠하기도 합니다. 이번 작품에서는 바다뱀의 목에 난 지느러미에 표현된 서브서피스 스캐터링에 사용된 것과 같은 붉은 빛이 도는 주황색을 추출해서 바다뱀의 머리 주변에 부드럽게 나타나는 빨간색 림 라이트를 칠해주었습니다. 이렇게 하면 테두리가 부드럽게 보이기도 하며 빛이 투과하며 빛나는 느낌이 한층 강하게 보이게 됩니다.

39 믹서 브러시 사용하기

역동감과 움직임을 더해주기 위해서 유화 느낌의 브러시를 사용해 움직임이 나타나는 지점에서 움직임을 따라서 스트로크를 그어주고, 물감으로 그린 느낌을 내기 위해 유기적인 모션 블러 효과를 넣었습니다. 모션 블러 효과를 사용해 테두리를 흐릿하게 하면 효과적으로 테두리의 대비를 조절하고 작품에 역동성을 불어넣을 수 있습니다.

한 걸음 물러서기

작업의 마지막 단계에서는 하루나 이틀 정도 작업을 멈추고 작품을 바라보는 관점을 새롭게 하는 것이 좋습니다. 오랜 시간에 걸쳐서 같은 작품을 바라보면 작품이 너무 익숙해져서 실수를 놓치는 경우가 발생하기 때문입니다. 휴식을 취하고 새로운 관점에서 작품을 바라보면 전에는 보이지 않던 문제점이 눈에 들어오기도 합니다. 캔버스를 뒤집어서 작품을 관찰하는 것도 새로운 관점에서 작품을 볼 때 활용할 수 있는 방법입니다.

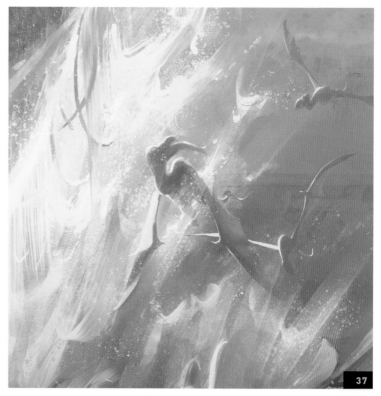

37 물보라가 치는 부분을 확대한 모습입니다. 테두리 선이 없어진 것을 확인할 수 있습니다.

38 바다뱀의 눈 근처를 확대한 모습입니다. 머리 주변에 붉은빛의 밝은 림 라이트가 보입니다.

39a & 39b 여러 유화 브러시를 함께 사용한 부분을 확대한 모습입니다.

마무리 작업

작업을 완료하면 저는 포토샵에 있는 여러 선명도 조절 필터를 활용해 초점 영역의 선명도를 높입니다. 그중에서 스마트 샤픈이 여러모로 안전한 선택지이지만, 개인적으로는 여러분이 사용 중인 그래픽 프로그램에 탑재된 다양한 선명도 조절 필터를 사용해 보는 것을 추천합니다. 저는 인터넷상에 이미지를 게재할 때 선명도를 주로 조절하는데, 이미지의 사본을 하나 만들고 컴퓨터와 스마트폰 화면을 기준으로 초점 영역의 선명도를 조절합니다. 이번 작품의 경우에는 포토그래퍼 근처의 초점 영역에서 선명도를 미묘하게 조정했는데, 이를 마무리 작업이라고도 할 수 있습니다.

SEA SERPENT

선명도까지 조절하여 완성된 작품의 모습입니다.

ARABIAN PORT

네이선 포크스 Nathan Fowkes

애니메이션 작가로 제가 하는 일은 스크립트를 읽은 뒤에 스크립트 속 이야기에서 핵심적인 순간을 몇 개 골라서 그림의 형태로 시각화하는 것입니다. 관객이 감정적으로 이입할 수 있는 배경을 상상한 다음 스크립트에 담긴 서사를 묘사하는 것이죠. 보람찬 일이기도 하지만 동시에 매우 어려운 일이기도 합니다. 하나의 그림에 담긴 방대한 요소를 어떻게 하면 한 데 엮어서 관객에게 하나의 이야기만을 전달할 수 있을까요? 듣기만 해도 어려운 목표인데 이것을 달성하는 것이 바로 그림에서 구도가 수행하는 역할입니다.

이번 실습에서 저는 해질녘 아라비아의 항구에서 돛을 펼치고 항구를 떠나는 돛단배와 공중에 떠 있는 열기구 수백 척의 모습을 담은 장엄한 풍경을 그리려고 합니다. 이 풍경을 그리려면 궁전과 나무, 탑, 돛단배, 반사광, 섬, 구름, 열기구와 같은 수많은 요소가 구도를 통해 엮여서 서사를 전달할 수 있도록 이들을 유의미하게 배치해야 합니다. '이 정도는 다들 하던데?'라고 생각할 수도 있기 때문에, 여기에 더해서 분위기와 구도가 배가되도록 다른 버전의 이미지를 만드는 방법도 소개하겠습니다.

01 제가 체류한 두바이 호텔에서 내다본 모습입니다. 작품은 이 풍경에서 영감을 받았습니다.

01 참고 자료

몇 년 전에 저는 드림웍스에서 〈신밧드: 7대양의 전설(Sinbad: Legend of the Seven Seas)(2003)〉 제작에 참여한 적이 있습니다. 그때 시각적으로 화려하고 영웅의 서사로 가득한 아라비아의 전설을 소재로 작업하는 것이 굉장히 좋았습니다. 그래서 그 이후로 저는 어떤 장소나 시간대와 결부된 설화나 서사시, 또는 현실에는 존재하지 않고 상상을 통해서만 형태를 갖추는 소재를 다루는 작업이라면 마다하지 않고 참여했습니다.

위의 사진은 제가 아랍에미리트의 두바이에서 머물렀던 호텔 방에서 찍은 사진입니다. 건너편에 팜 주메이라가 보이는 풍경이었습니다. 창가에서 항구를 내다보니 현재와 다른 시간대에 바다에는 돛단배가 떠 있고 육지에는 장엄한 궁전이 들어선 풍경이 머릿속에 떠올랐습니다. 이 참고 사진이 이번 작품의 출발점이지만 이 사진에서는 영감 정도만 가져가려 합니다. 저는 아티스트이니만큼 단순하게 현실을 그대로 보여주는 것이 아니라 제가 상상한 이야기와 풍경을 작품에 담아내야 합니다. 구도와 서사에 대한 지식은 상상 속 아이디어를 현실에서 구현하기 위해 필요한 도구입니다.

02 자세히 들여다보기

두 번째 사진은 항구 부분을 확대한 모습입니다. 저 멀리 그랜드 아틀란티스 호텔이 보입니다. 두바이의 건물은 제가 살고 있는 로스앤젤레스와는 사뭇 다른 모습이라 저에게는 매우 이국적으로 보입니다. 저는 이 건물들의 모습을 작품에서 시선이 최종적으로 도달하는 종착지로 활용하려 합니다. 사진 속 건물은 이미 커다랗지만, 작품에서는 규모를 강조하기 위해서 더 크게 표현할 예정입니다. 또한 겉모습도 현대적인 건물보다는 아라비아의 설화 속에 등장하는 모습에 가깝도록 바꿀 예정입니다.

03 첫 스케치

작품에 대한 영감이 떠올랐고, 참고 자료도 준비되었다면 이제는 스케치할 차례입니다. 스케치에는 정답이 없습니다. 명부와 암부를 적당한 범위에서 표현하기만 한다면 어떤 도구나 어떤 기법을 사용해도 무방합니다. 저는 처음 스케치는 스케치북에 그리는 것을 선호합니다. 스케치북에서는 마음대로 실험을 해보고, 얼마든지 망쳐도 상관없기 때문입니다. 저는 적게는 다섯 개에서 많게는 열 개 정도의 아이디어를 러프 스케치로 그리는데, 많은 경우에 작업을 이어나가도 좋을 정도의 스케치가 이 중의 하나 정도는 나옵니다.

오른쪽에 제시된 사진은 제가 사용하는 스케치북인데, 튼튼한 흰색 종이에 연필을(톰보우사의 2B 흑연 연필) 꽂아 둘 수 있는 펜 홀더가 달려있습니다. 또 스케치북은 어디든 들고 다닐 수 있다는 점에서 유용하기도 합니다. 스케치북을 사용하면 컴퓨터 앞에서 잠깐 떠나서 맑은 공기를 마시며 스케치할 수도 있습니다. 또한 잡다한 일을 처리할 때 들고 가면 버스를 기다리거나 약속 장소에서 상대를 기다릴 때 할 수 있는 소일거리가 생기기도 합니다.

02 멀리 떨어진 장엄한 건물을 확대한 모습입니다. 작품에서는 핵심 요소로 활용하려고 합니다.

03 저는 가장 먼저 떠오른 아이디어를 스케치북에 그립니다. 연필과 종이만 있으면 됩니다.

04 스케치는 아이디어를 창출하기 위한 출발점입니다.

05 작품에서 사용할 레이아웃을 스케치북에 러프 스케치 형태로 탐구한 모습입니다.

06 아래쪽의 스케치를 레이아웃으로 삼으려고 하는데, 이 레이아웃을 있는 그대로 따라가지는 않을 생각입니다.

04 아이디어 탐구하기

이제 아이디어를 **탐구**하며 단순하게 시작해 보겠습니다. 이번 작품은 관객의 시선을 화면 속 여러 요소로 이끌다가 종착지에 다다르게 하는 방대한 풍경화로 구도를 구성할 예정입니다. 그래서 먼저 전경에는 큼직하고 어둑어둑한 요소를 배치해서 원근감을 주어 자연스럽게 이후 단계에서 멀리 있는 궁전으로 표현될 형태가 자리한 중경과 배경으로 시선이 연결되도록 했습니다. 지금 단계에서는 구체적으로 전경의 건물이나 나무, 배의 구체적인 모습보다는 각각의 요소에 작용할 전체적인 구도를 잡는 것이 더 중요합니다. 결과적으로 지금 단계에서는 관객의 시선을 사로잡아서 설화 속에서 튀어나온 것 같은 풍경으로 유도하는 것이 목표입니다.

05 구도 실험하기

상상 속의 풍경으로 관객을 이끄는 것이 목표인데, 저는 이 시점에서 어떤 구도를 사용해야 이 목표를 달성할 수 있으며, 관객의 시선을 전경에서부터 항구로, 나아가 궁전으로 이끌 수 있는 방법을 여러 가지 생각해봤습니다. 또한 하늘은 어떻게 구성하면 좋을지도 고민했습니다. 하늘을 통해서도 관객의 시선을 똑같은 종착지로 이끌어야 하기 때문입니다.

그리고 종착지를 강조할 방법도 스케치를 그리며 생각을 해봤습니다. 그래서 강한 빛과 어둠이 대비를 이루고, 정렬되어 있고 중첩된 요소를 추가로 배치하며, 테두리 선을 진하게 하는 것으로 표현해 봤습니다. 또한 화면 속에서 핵심이 되는 요소의 위치는 제각기 다르지만, 이들을 대체로 화면의 중앙에 위치시켜 구도가 한층 잘 드러나도록 했습니다.

목적

여러분이 창작하는 이미지에는 모두 분명한 목적이 있어야 합니다. 여기서 목적이란 여러분이 전달하려는 이야기일 수도 있고, 아니면 작품을 통해 환기하려는 주제일 수도 있습니다. 선 하나, 획 하나가 모두 이 목적에 부합하도록 해야 합니다. 이렇게 하면 작품의 구도에는 진정성이 생기며 관객의 감정 이입도 훨씬 증가합니다.

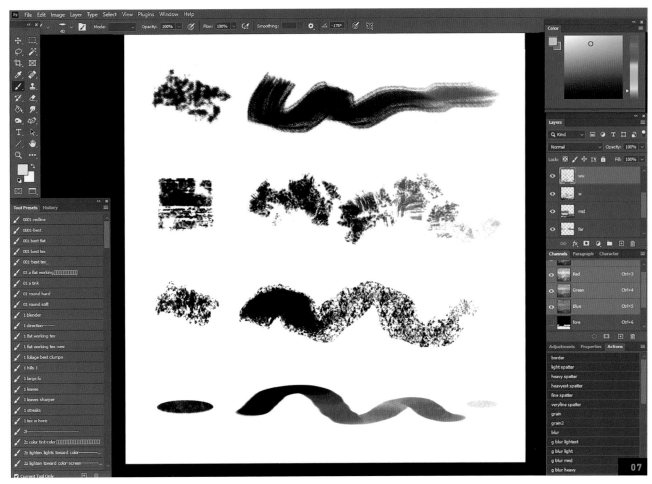

07 제가 대부분의 작업에서 사용하는 포토샵의 레이아웃과 브러시입니다.

06 작업에 사용할 스케치 탐구하기

레이아웃을 이것저것 탐구한 스케치북의 마지막 페이지를 보니 아래쪽에 있는 스케치에서 가장 강렬하고 선명하게 아이디어가 드러난다는 생각이 들었습니다. 그러나 다른 스케치에도 이후의 작업 과정에서 유용하게 활용할 수 있는 중요한 아이디어가 담겨 있습니다. 바로 이래서 시간을 들여 여러 가지 아이디어를 스케치로 남기는 것이 중요하다고 강조하고 싶습니다. 이렇게 하면 하나의 방식에 사로잡히지 않고 여러 방향에서 아이디어를 탐구할 수 있기 때문입니다. 스케치를 고른 다음에는 프레임을 파노라마 형태에서 정사각형의 형태로 바꾸었는데, 이번 작품에서는 하늘이 중요한 요소로 작용하기 때문입니다. 이렇게 하면 전경과 항구, 궁전, 배경, 하늘의 기틀은 잡아 놓은 셈입니다. 그리고 화면의 비율과 프레임도 적당한 것 같습니다.

07 작업에 사용할 매체

이 시점에서 디지털 매체를 사용해 작업을 진행하기로 했습니다. 그래픽 프로그램과 같은 디지털 매체는 상업용 일러스트나 프로덕션을 창작할 때 가장 적합한 수단인데, 고객의 요청에 맞추어 효율적으로 작품에 변화를 줄 수 있기 때문입니다. 그중에서 가장 많이 활용하는 그래픽 프로그램에는 포토샵과 페인터, 프로크리에이트 등이 있습니다. 저는 포토샵을 주로 사용하고 이번 실습에서도 포토샵을 사용할 예정이지만, 여러분들은 각자 주로 사용하는 프로그램을 사용해도 무방합니다.

제가 사용하는 브러시 대부분은 포토샵에서 기본으로 제공하는 브러시와 분필과 유채 평붓의 느낌을 내는 브러시입니다. 여기에 더해서 필압에 따라 스트로크의 투명도를 조절할 수 있게 설정합니다. 이번 실습에서는 유기적인 느낌을 주는 기본 브러시에 약간의 질감이 나타나도록 설정해 주면 충분합니다.

08 가장 먼저 주황색을 이용하여 그림의 전반적인 색조를 정했습니다.

09 하늘을 막 배치한 다음의 모습입니다. 난색과 한색, 바람이 부는 듯한 느낌이 강조되어 있습니다.

08 색상 콤프 만들기

우선 간단하게 색상 콤프를 만들어보겠습니다. 색상 콤프는 완성될 작품의 색과 조명을 설정할 때 유용하게 활용됩니다. 우선 작품이 난색의 해질녘을 배경으로 하므로 순색의 주황색을 먼저 바탕에 칠해주었습니다. 이 위에 투명하게 색을 칠하면 난색이 스며 나오는 느낌을 만들어낼 수 있습니다. 저는 이 기법을 자주 사용하지만, 작품에 따라서 이 방법이 항상 정답은 아닙니다. 이번 작품은 화면 구성도 복잡하고 많은 요소가 화면 안에 담길 예정이기 때문에 전체적인 화면에 통일감을 주는 기법을 사용하는 것이 좋습니다.

09 하늘 그리기

이제 하늘을 그릴 차례인데, 저는 우선 언더페인팅으로 칠한 주황색과 비슷한 명도의 중성 청록색을 칠하고 주황색과 청록색이 서로 엮이도록 해서 바람이 부는 듯한 느낌을 표현했습니다. 작품 속 수평선은 화면의 중앙 정도에 자리 잡고 있기 때문에 저는 이 부근에서 스트로크를 아래로 그었고, 화면의 아래쪽에서는 반투명하게 채색해서 따뜻한 느낌이 강화되도록 했습니다. 하늘은 화면의 상단에 가까워질수록 점차 어둡고 파란색이 나타나도록 했으며, 궁전이 위치할 예정인 부분에는 밝고 빛이 나는듯한 느낌을 냈습니다.

10 구도 구성하기

다음으로는 화면의 도입부와 종착지를 배치할 차례입니다. 지면에 해당하는 부분은 난색과 한색의 흙색 색조를 좌우로 쓰는 듯 칠하면서도 가운데에는 주황색이 노출되도록 해서 궁전으로 향하는 길처럼 보이도록 했습니다. 화면에서 보이는 대각선은 전경의 아래쪽에 가까울수록 각도가 커지는데, 이를 통해 원근감이 간접적으로 드러나도록 했습니다. 수평선은 완전히 수평을 이루고 있고, 수평선에서 멀어질수록 스트로크는 사선을 이루도록 그었습니다. 지금 단계에서 궁전은 첨탑 몇 개와 가운데 텅 빈 구멍이 보이는 단순한 형태이지만, 밝은 주황색을 배경으로 하고 있어서 충분히 관객의 시선을 유도하고 있습니다.

10 화면을 가로지르는 길과 종착지인 궁전이라는 화면 속 큼직하고, 단순한 강조점의 구획을 잡아 놓은 모습입니다.

전경에서는 어두운 중성색을 세로 방향으로 칠해서 이후에 칠할 나무와 건물의 위치를 잡아주었습니다.

강력하면서도
단순한 강조점

여러분이 창작한 작품은 강조점을 활용한다면 훨씬 효과적으로 관객과 소통할 수 있습니다. 강조점이란 반드시 따라야 하는 규칙보다는 화면에 담긴 목적이나 의도라고 할 수 있습니다. 강조점을 작품에 담아낼 수 있는 가장 좋은 방법은 작품에서 핵심적인 역할을 하는 단순한 표현을 강조하는 것입니다. 이렇게 하면 작품에 담긴 의도에 힘이 실리게 됩니다.

강조점을 예로 설명하자면, 먼저 (A)가 이번 실습에서 다루는 작품의 완성본이고, (B)는 완성본의 구성을 바꾸었을 때의 모습이며(38단계와 39단계에서 작업하게 됩니다), (A)와 (B) 둘을 그레이스케일로 전환한 뒤 노이즈 감소 필터를 적용한 모습입니다(C와 D). 이때 사용한 노이즈 감소 필터는 화면 속 작은 디테일과 질감을 흐리게 해서 화면에 담긴 강조점이 나타나게 하는 기능입니다.

완성본에서는 시각적인 요소들이 부산스럽게 배치되어 있지만 그 기저에는 명도와 형태, 테두리라는 강조점이 아주 단순하게 제시되어 있습니다. 특히 화면 속에서 중요도가 높은 지점에서 이 세 가지 대비를 집중적으로 표현하고 나머지 영역에서는 대비를 줄여서 상대적으로 시선이 덜 가도록 했습니다. 만약 강조점을 염두에 두지 않고 작업했다면 완성된 작품은 여기저기 기운 것처럼 난잡한 모습이었을 것입니다.

(D)에서는 이 강조점이 더욱 잘 드러납니다. (D)를 작업할 때 저는 화면 속에서 눈에 보이는 행위를 줄이고 감정의 강도를 늘리는 선택을 했습니다. 그 결과 원본보다 훨씬 단순한 작품이 완성되었습니다.

A. 완성본

B. 완성본의 구성을 바꾼 모습

C. 완성본에 필터를 적용해 강조점이 드러난 모습

D. (B)에 필터를 적용해 강조점이 드러난 모습

11 형상 겹치기

겹쳐서 나타나는 형상은 깊이감을 만들어내고 시
각적으로 흥미를 불러일으키는 데 핵심적인 역할
을 수행합니다. 그래서 저는 중경에 큼직한 궁전의
형상을 배치했습니다. 겹쳐서 나타나는 두 개의 궁
전 형상은 이 부분으로 관객의 시선을 유도하는 역
할을 합니다. 나아가 수평선을 따라서 화면의 외곽
에도 추가적인 건물 형상을 배치해서 화면 속 균형
을 맞추었습니다. 전경은 관객의 시선을 유도하고
작품에 관객이 이입할 수 있도록 해야 하므로 이 시
점에서 조금 더 공을 들여 표현해야 합니다. 그래서
저는 주황색으로 굵직하게 스트로크를 그어서 하
늘에서 비추는 빛이 반사되는 느낌을 표현했습니
다. 한편 스트로크가 구도선을 넘어서지 않게 하고
스트로크의 방향도 시선의 종착지에 있는 궁전을
가리키도록 해서 관객의 시선을 유도했습니다.

12 빛과 깊이감 더하기

화면의 중앙에 조금 더 시선이 집중될 수 있도록 궁
전의 바로 뒤편 하늘에 밝은 빛을 추가하고, 그 밑
에 있는 수면에 빛이 반사되도록 표현했습니다. 지
금 더한 빛은 궁전의 전면 아래쪽을 감싸고 궁전의
뒤편에서 사라지는데, 이는 깊이감을 간접적으로
드러내는 중요한 장치로 작용합니다. 더불어 중경
에 있는 궁전의 전면에도 약간의 빛을 더해서 명암
이 흥미로운 형태로 나타나도록 표현했습니다. 또
한 하늘에서도 깊이감이 느껴지도록 표현했습니
다. 이 작품에서는 원근에 따른 깊이감이 중요한 역
할을 하므로 전경의 하늘에서 중경으로 흐르는 듯
한 형상을 추가했습니다. 이때의 형상은 전경에서
는 크기가 크고 어둡다가 수평선에 가까워질수록
크기가 작아지고 밝기도 밝아지는 것으로 표현했
습니다.

11 이번 단계에서는 전경에 관객의 시선을 유도하는 요소를 추가하고,
중경에는 배경 속 궁전과 중첩되는 형상을 추가했습니다.

12 밝은 빛을 추가하고 하늘에 원근의 차이를 준 구름 형상을 더해서 구조를 강조한 모습입니다.

13 디테일을 산개해서 표현하고 형태를 간접적으로 표현하는 것으로 색상 콤프는 마무리합니다.

13 시선을 끄는 요소 더하기

다음으로는 전반적인 조명을 완성하고 시선을 유도하는 요소를 더할 차례입니다. 겉보기에 밋밋하게 보이는 부분에 나무 형태를 일부는 명부에, 일부는 암부에 산개해서 배치했습니다. 또한 중경에 있는 궁전을 비추는 빛을 통해 궁전 건물의 형태와 디테일이 간접적으로 드러나도록 표현했습니다. 다음으로는 구름을 아래에서 비추는 빛을 표현했습니다. 작품에서 태양은 수평선의 아래에 위치하기 때문에 구름의 아래쪽에 빛을 지그재그 형태로 긋는 것으로 표현해서 깊이감이 드러나도록 했고, 더불어 배경에 있는 궁전으로 시선이 향하도록 유도했습니다. 나아가 배경의 궁전에 있는 첨탑의 명암을 조절해 궁전이 강조되도록 표현했습니다. 하이라이트의 역할이 중요한 몇 군데에 하이라이트를 추가해서 표현해 주면 색상 콤프는 이제 완성입니다.

14 콤프 분석하기

이제는 콤프를 분석해서 처음 설정한 목표가 콤프에 잘 담겼는지 확인할 차례입니다. 오른쪽 예제 14에서 보이는 청자색 선은 수평선입니다. 배경에 있는 궁전의 위치는 중간의 구멍이 수평선에 맞춰져서 강조되어 보이는 효과를 내도록 의도적으로 배치한 것입니다. 하늘의 구름과 지상에 있는 요소들의 형태는 원근감이 서로 일치하여 빨간색 선으로 표시된 경로를 따라 이동한다는 느낌을 한층 강조합니다. 여기에 더해서 노란색으로 표시된 물과 맞닿는 해안의 형태가 하늘에서 밝은 빛을 받는 구름의 형태에서 반복되도록 표현했습니다. 이렇게 함으로써 전경과 배경에 깊이감이 더해지고 화면의 규모가 더욱 잘 드러납니다.

15 선도 그리기

다음으로는 색을 배치하는 과정을 끝내고 실제로 작품을 그릴 차례입니다. 앞서 색상 콤프를 구성할 때와 마찬가지로 난색으로 먼저 화면을 칠할 예정이지만, 전에 사용했던 짙은 주황색이 지나치게 채도가 높았다는 생각이 들었습니다. 그래서 이번에는 전보다 밝고 약간 중성색에 가까운 색을 선택했습니다. 이번 단계에서 중요한 요소는 선도(線圖)입니다. 러프 스케치와 색상 콤프는 자유롭게 그렸지만, 이번에 그리는 선은 작품으로 이어지기 때문에 화면 속 요소를 제대로 그리기 위해서 매우 꼼꼼하게 획을 그어야 합니다. 가장 먼저 그은 선은 수평선입니다. 위의 색상 콤프 속에서 기호로 표시했듯이 배경 속 궁전의 위치와 연계된 선입니다. 그런 다음 조심스럽게 구름의 흐름을 표현할 레이아웃을 설정하고 전경에서 중경으로 이어지는 원근감을 표현할 참고선을 그렸습니다. 앞서 서로 겹쳐 있는 요소가 왜 중요한지 설명했는데, 이 겹쳐 있는 요소를 표현하기 위해서 전경에서 중경으로 이어지는 위치에 나무와 항구 근처의 섬이 들어갈 구획을 추가했습니다.

14 화면 속 주요한 공간과 요소의 움직임을 기호로 표현한 모습입니다.

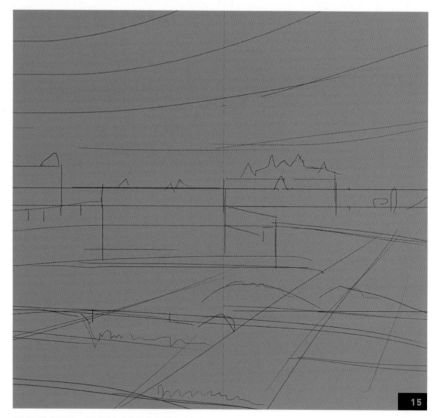

15 정교하게 선도를 그려서 화면 속 레이아웃을 설정했습니다.

16 전반적인 색과 빛의 구획은 일종의 언더페인팅으로 작용해 화면에서 중요하게 작용합니다.

16 단순한 강조점

선도를 기준으로 화면에 큼직하고 단순하게 강조점의 위치를 잡았습니다. 이 단계에서는 명도와 색의 변화가 중요한 역할을 합니다. 석양은 창백한 노란색에서 화면의 위쪽으로 갈수록 점차 어둡고 중성 색조를 띠는 파란색으로 바뀌고, 하늘의 가운데에서는 두 개의 색이 섞여 진한 중성 색조의 초록색이 나타납니다. 갑작스럽게 등장하는 초록색은 석양이 부리는 마법이기도 하지만, 동시에 화면에서 핵심적인 역할을 하는 색이기도 합니다. 수평선의 바로 위쪽에는 저무는 태양의 빛이 산란하며 바탕에 깔린 주황색이 묻어나오는 연무가 자리하고 있습니다. 그리고 수평선의 아래에서는 난색 계통의 중성색이 어둡고 한색의 중성색으로 바뀌다가 전경에 이르러서는 결국 어두운 난색으로 바뀝니다. 또한 바탕에 깔아 놓은 주황색이 노출되게 해서 하늘에서 직접 비추는 밝은 빛의 반사광을 표현했습니다. 색상 콤프로 봤을 때는 이러한 색의 배치가 효과가 좋았으니 작품에서도 활용해 보고자 합니다. 언더페인팅은 이후의 작업 전체에 영향을 주기 때문에 언더페인팅을 잘 칠하는 것이 중요하다는 점을 강조하고 싶습니다.

17 형상의 구획 잡기

이제 건물의 구획을 잡아줄 차례입니다. 저는 포토샵에 있는 올가미 도구를 사용해서 형상을 그려준 뒤에 마스크처럼 작동하도록 했는데, 이렇게 하면 실루엣을 쉽고 효율적으로 깔끔하게 그릴 수 있습니다. 또한 마스크 안에서 물감으로 그림을 그리듯 활기차게 스트로크를 그어서 건물이 구조적으로 정확하고, 동시에 심미성을 충족할 수 있도록 했습니다. 역광으로 인해 주변의 대기 중으로 빛이 산란되는 글로우 효과를 한층 돋보이게 하기 위해서 건물은 밝게 표현하고, 건물 주변의 명부는 난색으로 칠한 다음 건물에서 거리가 멀어질수록 난색의 색조가 뚜렷해지고 명도도 점차 어두워지게 표현했습니다. 이 시점에서 명암은 아주 미묘하게 구분되지만 대체로 관찰자의 위치에 가까워질수록 어둡게 보이도록 했습니다.

17 마스크를 만든 다음 마스크 안에서 색을 칠하는 방식으로 건물 실루엣을 표현했습니다.

143

18 계속해서 실루엣을 더해주고 중요도가 높은 부분의 대비를 높였습니다.

시각적 대비

아티스트라면 모름지기 관객의 시선을 유도하고 감정 이입을 유발하는 시각적 대비를 만들어내는 데에 도가 터야 합니다. 시각적 대비에는 어떤 것들이 있을지 생각해 보고 목록을 만들어 보는 것을 권합니다. 이때 만드는 목록에 담기는 시각적 대비는 최소 10가지 이상이어야 합니다. 이 방법을 통해서 다른 아티스트가 생각하지 못했던 자신만의 시각적 대비를 창작할 수 있게 됩니다. 나아가 작품 자체에도 독창성을 불어넣는 계기가 될 수도 있습니다. 가장 기본적인 시각적 대비에는 '난색과 한색의 대비', '질감의 대비', '크기의 대비', '뾰족함의 대비' 등이 있습니다.

18 대비 더하기

앞선 단계와 마찬가지로 마스크를 만들고 마스크 안에서 색을 칠해 정교하게 표현한 형상을 추가했습니다. 또한 이번 단계에서 일부 영역에서는 대비를 높이고 중요도가 떨어지는 부분에서는 대비를 낮추었습니다. 이 작품에서는 관객의 시선이 풍경 전체를 훑으면서 지나가기 때문에 중심이 되는 화면 중앙 부분은 다른 부분에 비해서 훨씬 관객의 시선을 잘 유도해야 합니다. 중앙 부분에 관객의 시선이 몰리도록 저는 세 가지 방법을 사용했습니다. 첫 번째로 중앙부에 명도와 형태, 테두리의 대비를 더했고, 두 번째로는 다른 부분의 대비를 낮추었고, 마지막으로 명도와 형태, 테두리라는 세 가지 요소를 화면의 외곽을 따라서 그룹 단위로 묶었습니다. 이런 방법을 사용하지 않았다면 정해진 경로를 따라서 떠나는 여정이라는 작품의 목적이 실종되어 작품을 이해하는 것이 어려웠을 것입니다. 예를 들어, 전경에 야자수와 뾰족한 형상을 집중적으로 배치했는데, 이 부분으로 시선을 유도하고 결과적으로 궁전으로 시선이 향하도록 할 수 있습니다.

마법의 지그재그

좋은 구도를 구성하는 데에는 왕도가 없다고 하지만 '마법의 지그재그'는 제가 세 가지 주요한 아이디어를 한 번의 스트로크로 담아낼 때 사용하는 기법입니다. 그 중 첫 번째 아이디어는 바로 **원근법**입니다. 원근법을 사용하면 깊이감과 부피감을 화면에 불어넣어서 관객이 출발점의 위치가 어디인지 파악할 수 있게 합니다. 출발점이 설정되지 않는다면 관객의 시선을 화면 속 종착지로 유도할 수는 없을 것입니다.

두 번째 아이디어는 **중첩**입니다. 하나의 사물 앞에 많은 사물을 중첩해서 배치하면 공간감과 깊이감은 배가됩니다. 지그재그로 그은 선이 코너에 이르러 꺾일 때마다 하나의 선이 다른 선 앞에 있다는 인상이 생겨나고, 이에 따라서 중첩이 발생하게 됩니다.

세 번째 아이디어는 **움직임**입니다. 움직임은 특히나 그림의 구도에서 중요한 역할을 하는데, 2차원의 이미지에는 실제로 움직이는 사물이 담기지 않기 때문입니다. 따라서 아티스트는 화면 속에서 움직인다는 인상을 주어서 이미지에 생동감을 불어넣고 관객이 작품에 이입할 수 있도록 방법을 찾아야 합니다. 그리고 지그재그로 그어진 선을 통해 관객은 화면 속 이미지가 역동적이며, 화면 안에 모험이라는 요소가 담겨있는 것으로 파악하게 됩니다.

예시로 제시된 두 개의 콤프와 최종적으로 완성된 작품에 제가 어떻게 '마법의 지그재그'를 활용했는지 표시했습니다. 구름이 지그재그 형태로 배치되어 있고, 지면에서는 이 지그재그 형태의 선이 훨씬 큼직하게 제시되어 있어 화면에는 관객의 흥미를 유발하는 요소로 가득하게 됩니다. 또한 작품의 일부를 확대한 모습도 제시되어 있는데 여기서는 단순하지만 중요한 요소인 중첩이 잘 표현되어 있습니다. 탑의 형태를 간접적으로 표현한 뒤에 스트로크를 탑의 앞으로 향하다가 탑을 둘러싸고 뒤로 향하게 긋고, 반대로 탑의 뒤를 향하다가 탑을 둘러싸고 앞으로 향하게도 그었습니다. 이렇게 하면 관객의 시선이 탑의 앞에서 중앙으로, 그다음 뒤로 향하다가 반대 방향으로 향하게 되어 다섯 개의 요소가 중첩되어 있다는 착각을 유발합니다.

러프 스케치에서 지그재그를 활용한 모습입니다.

하늘과 지면에서 지그재그가 사용된 모습입니다.

하나의 사물을 앞에서 뒤로 선이 감싸면서 중첩을 만들어내고 있습니다.

19 전경에서 중경으로

이제 전경과 중경을 연결할 차례입니다. 먼저 전경이 항구와 만나는 지점에 주황색 반사광을 더한 뒤에 조금 더 밝고 화사하게 중경의 궁전을 비추는 반사광으로 연결되도록 했습니다. 동시에 수면에 반사되어 궁전의 전면부를 비추는 반사광을 조금 더 밝게 표현했습니다. 이 시점에서 반사광의 역할이 중요하므로 암부에 들어가는 일부 영역을 수면에 반사되는 반사광이 비추는 것으로 표현했습니다. 이렇게 하면 하늘을 배경으로 해서 배경에 자리한 궁전의 실루엣이 보이게 되어 전경과 중경이 훨씬 가시적으로 연결됩니다. 그리고 전경과 중경을 연결하면 여정과 모험이라는 작품의 목적이 명확하게 드러납니다!

20 스트로크와 대비

직전 단계에서 사용한 기법을 조금 더 자세히 살펴보겠습니다. 특히 스트로크가 중요한데 네 가지 종류의 대비를 동시에 표현하기 때문입니다. 다시 말하자면, 스트로크로 명도와 질감, 색, 움직임의 대비를 표현한 것입니다. 건물을 칠할 때 중간에 틈이 있는 브러시를 사용해서 건물의 표면을 따로 작업하지 않고도 건물의 디테일을 표현했습니다. 또한 같은 브러시에 평붓 효과를 주어 중경의 궁전을 감싸고, 중경을 전경과 연결하는 항구 근처의 반사광을 표현했습니다. 전경에서 항구와 만나는 부분에 있는 나무와 언덕의 뚜렷한 실루엣 역시 스트로크로 표현했습니다. 이렇게 스트로크로만 대비를 표현하는 방식은 그 효과가 약할 수는 있지만, 자신감 있게 그은 스트로크와 지면에 나타나는 원근감이 일치하면서 화면 속 대비는 보다 사실적으로 보이게 됩니다.

19 빛과 반사광을 활용해서 전경을 중경 및 배경과 연결했습니다.

20 중경에 빛을 더할 때 사용한 기법을 확대해서 본 모습입니다.

서사의 한 요소로 본 대비

아티스트의 작업 대부분은 대비를 설계하는 것이라고 설명할 수 있습니다. 예를 들어, 막대한 권력을 지닌 왕을 둘러싼 군중을 묘사하는 장면을 그린다고 가정하겠습니다. 관객이 왕이 지닌 권력을 이해하기 위해서는 왕은 군중과 확실하게 동떨어져서 표현되어야 합니다. 즉, 시각적인 대비가 있어야 합니다. 왕은 밝은 흰색의 로브를 걸치지만, 군중은 칙칙한 옷을 입은 것으로 명도의 대비를 유발할 수도 있습니다. 혹은 왕이 장식이 가미된 왕관을 쓰고 화려하게 수가 놓인 로브를 입은 것으로 표현해 형태의 대비를 만들어낼 수도 있습니다. 어두운 배경 앞으로 왕의 테두리를 뚜렷하게 표현해서 대비를 유발하거나, 곱슬머리와 장식으로 질감의 대비를 유발하는 것도 방법입니다. 이도 아니라면 형형색색의 문장을 집어넣어서 색상과 포화도의 대비를 동시에 유발할 수도 있습니다.

이러한 요소들은 하나로 합쳐져 관객의 시선을 유도할 수 있습니다. 그리고 동시에 이런 대비를 사용하면 확실하게 관객에게 어떤 요소가 가장 중요한지 각인되게 할 수 있습니다. 같은 논리로 작품 속 어떤 부분에서 대비가 모자라면 중요도도 감소하게 됩니다. 작품은 위계를 기반으로 구성되기도 합니다. 화면 속 어떤 요소는 중요도가 훨씬 크지만, 다른 요소는 중요도가 떨어져 서사에서 어떤 역할도 수행하지 않기도 합니다. 대비에는 여러 종류가 있지만 그중에서도 가장 중요한 여섯 가지를 꼽는다면 명도와 형태, 테두리, 질감, 색상, 색 포화도를 꼽을 수 있을 것입니다.

다시 왕과 군중의 얘기로 돌아가 보자면, 왕실의 주교가 화면에 있다면 아마도 왕에 이어서 두 번째로 중요한 인물일 것입니다. 즉, 주교도 충분히 대비를 주어 표현해야 하는 것인데, 왕보다는 대비의 정도가 작아야 합니다. 여기에 더해서 왕이 접견하는 인물이 화면에 등장한다면, 이 인물 역시도 여타 군중보다 시각적으로 중요하게 표현되어야 할 것입니다.

명도와 형태, 테두리의 대비

질감과 색의 대비

21 전경 꾸미기

전경에는 세 가지에 집중해서 디테일을 더해주었습니
다. 먼저 관객이 화면에 더욱 집중할 수 있게 원근감을
유발하는 요소를 추가했고, 다음으로는 실루엣을 추가
하고, 마지막으로 고유색을 추가했습니다. 중앙 하단의
구도선을 따라서 나무에 대비를 주어 관객의 시선을 유
도해서, 화면의 아래쪽을 기점으로 관객의 시선이 작품
을 상하로 가로지를 수 있도록 설정했습니다. 배경에 있
는 궁전을 마주 보고 있는 지면의 지점을 시선이 출발하
는 지점으로 삼아서, 화면의 강조점이 자리하고 있는 하
늘과 땅이 만나는 지점으로 향하게 했습니다. 좌측 하
단에는 구도선을 따라서 나무의 실루엣을 추가해서 실
루엣이 레이어를 이루게 했습니다. 또한 화면 하단의 양
측면에는 고유색을 칠해서 초록색 풀밭이 펼쳐져 있는
장면을 연출했습니다. 이때 사용된 초록색은 하늘에 나
타나는 초록색이 지면에 반복된다는 느낌을 주어 색이
조화를 이루게 됩니다.

22 운경의 구도

이제는 하늘을 작업할 차례입니다. 초보 아티스트는 하
늘이나 구름을 묘사할 때 엄청난 기술이 필요하다고 생
각하기도 합니다. 구름의 모습, 즉 운경(雲景)을 표현할
때는 기술도 물론 중요하지만, 그보다는 구도와 디자인
이 더 중요합니다. 먼저 운경의 구도를 설명하자면, 하
늘에서 가장 중요한 요소는 검은색을 띠는 구름 뒤편에
서 빛을 받아서 흰색의 띠 형태로 나타나는 구름입니
다. 한 가지 유념해야 할 점은 이 작품에서는 화면에 나
타나는 요소들이 보이는 복잡한 배치가 하늘에서 어느
정도 반복되도록 표현해서 운경이 전체적으로 작품에
나타나는 시선의 흐름과 일치되도록 해야 한다는 것입
니다. 이 작품처럼 화면에 담긴 풍경 자체가 복잡한데,
거기에 더해서 하늘의 모습까지 복잡다단하다면 작품
은 정말 난해하고 정신없어 보일 것입니다. 따라서 구
름에 비친 빛을 띠 형태로 표현한다면 항구와 반사광이
만나는 지점에서 나타나는 형태가 하늘에서도 반복되
는 모습을 보일 것입니다. 이렇게 하면 전체적으로 복
잡한 화면이 정리되어 통일감을 주게 됩니다.

기술 얘기로 돌아가 보면, 구름을 표현할 때는 원근감
을 잘 지키면서 위쪽에는 개방감을 주고 아래쪽은 저물
어가는 태양을 배경으로 저 멀리 있는 수평선에서 사라
지는 것처럼 표현하면 됩니다. 또한 빛이 띠의 형태로
나타나는 부분을 제외한다면 석양에서 멀어질수록 어
둡게 표현하면 됩니다. 이번 작품과 같은 운경을 표현
할 때는 유기적인 형태를 지닌 소프트 브러시를 사용하
는 것이 가장 좋습니다.

21 형태와 색, 원근을 사용해 전경을 꾸몄습니다.

22 색상 콤프에 배치했던 디자인과 원근감을 적용해 그린 구름의 모습입니다.

23 구름의 아래쪽이 빛이 나도록 표현하고, 화면 전체적으로 태양광을 받을 법한 곳에는 반짝이는 듯한 하이라이트를 더해주었습니다.

23 색온도와 빛

다음으로는 앞서 그린 구름의 형상에 석양의 따뜻
한 빛이 구름의 아래를 갈퀴질하듯이 비추는 모습
을 표현할 차례입니다. 앞서 사용했던 것과 똑같이
유기적인 형태의 소프트 브러시를 사용해서 전체
적인 형태와 원근감을 고려해서 구름에 색을 칠했
습니다. 또한 섬과 나무 중에서 빛을 받아서 반짝일
수 있겠다 싶은 곳에도 점 형태로 하이라이트를 더
해서 지상에 있는 사물도 조금 더 시각적으로 흥미
를 유발할 수 있게 해주었습니다. 여기에 더해서 저
무는 태양의 빛을 받을 정도로 지면에서 솟아 있는
사물에도 약간의 빛을 표현했습니다.

24 빛을 발하는 구름을 강조점으로 표현한 모습입니다.

24 구름 확대하기

앞서 구름이 빛을 받아 빛나는 모습을 표현했는데, 이 작업이 복잡해 보일 수도 있지만, 사실 그렇지 않습니다. 따지고 보면 구름은 제각기 다른 형태를 지니며, 화면의 위쪽에 층을 이루며 덮다가 수평선에 이르면 사라지는 일종의 덮개라고 볼 수 있습니다. 구름에서 나오는 빛은 구름을 통과하는 태양광이 태양이 있는 위치에서부터 구름의 형태를 감싸는 것으로 생각할 수 있습니다. 그렇다면 이 작품에서 구름은 전경의 위쪽으로 갈수록 어두워지고, 수평선에 가까울수록 난색이 나타나는 것으로 표현하면 되겠죠.

25 정보와 디테일

이번 단계에서는 화면 속 풍경에 정보를 담아보겠습니다. 작품 속 제국의 영토가 화면에 담기는 것보다 훨씬 먼 곳까지 펼쳐져 있다는 것을 암시하도록 배경의 저 멀리 수평선 인근에 원경을 추가했습니다. 중경의 궁전에는 아랍인이나 무어인이 건축한 건물에서 흔히 나타나는 돔을 추가하고 건물 장식과 같은 디테일도 추가했습니다. 전경 또한 조금 더 원근감이 표현되어야 하고 초록색의 고유색이 모자라다고 느껴져서 이걸 담아낼 수 있는 요소를 추가했습니다. 전경에 표현된 입구의 양측에는 탑을 배치해서 설화 속 나오는 세계로 향하는 차원문 같은 느낌을 표현했습니다.

25 전경과 중경, 배경에 원근감을 주는 요소와 장식을 추가한 모습입니다.

26 전경에 고유색과 반짝이는 빛을 추가한 모습입니다.

26 전반적인 화면 개선하기

화면에 반드시 담겨야 하는 요소는 모두 채워 넣었으니, 이제는 시각적인 흥미를 더해줄 요소를 추가할 차례입니다. 우선 중경의 궁전을 비추는 빛과 궁전에서 반짝이는 빛을 강조해서 표현한 다음 수면에서 반사되는 빛도 거기에 맞추어 밝기를 높였습니다. 전체적으로 보면 똑같은 난색과 한색이 반복

되는 양상이라 고유색을 더해주면 좋을 것 같습니다. 그래서 전경의 나무에 분홍색을 칠해서 꽃이 만개한 모습을 표현했습니다. 또한 화면 전체적으로 하얀색으로 반짝이는 빛을 추가해서 화면이 단조로워 보이지 않게 했습니다. 특히나 전경의 입구와 중경의 궁전, 중경을 감싸는 호수 근처에 집중적으로 반짝이는 빛을 배치했습니다.

27 전경을 확대한 모습입니다.

27 전경
확대하기

전경을 확대해서 보겠습니다. 적당히 모호하고 단순하게 표현된 모습입니다. 나무가 아직은 적당히 색을 펴 바른 느낌이라 수정이 필요한데 조심스럽게 접근하려 합니다. 나무의 고유색은 난색이고 한색의 천공광이 하늘에서 비치고 있다는 것을 고려해서, 아래쪽은 위쪽보다 어둡게 표현해 통 모양의 형태가 강조되도록 해야 합니다. 그 외에도 나무의 형태로 인식될 수 있게 수직 방향의 실루엣을 더해주고 원근감이 느껴지도록 하는 요소도 추가했습니다.

28 열기구 추가하기

러프 스케치 중에 열기구를 집어넣었던 버전이 있었는데, 이번 단계에서 열기구라는 아이디어를 작품에 표현해 보겠습니다. 우선 빠르고 단순하게 구획을 잡아주었는데, 배치할 위치는 신중하게 고민해야 합니다. 중경에 있는 궁전의 왼쪽 부분에 시선이 몰리기 때문에 가장 크기가 크고 관찰자와의 거리가 가까운 열기구를 화면의 우측 상단에 배치해

28 화면에 열기구를 추가한 모습입니다.

서 균형을 맞추었습니다. 열기구가 딸랑 하나만 있다면 생뚱맞아 보일 수 있기 때문에 화면 곳곳에 나누어 배치하고 배경에도 몇 개를 추가했습니다. 지금 단계에서 보면 열기구는 하이라이트만 살짝 그려진 어두운 형태에 불과합니다. 하지만 다음 단계에서 빛을 추가하면 이 정도만 작업해도 설득력 있는 모양새가 될 것입니다.

29 디테일
추가하기

이번 단계에서는 전경의 입구 부근에 디테일을 대거 추가했고, 열기구와 열기구의 바구니를 마무리한 뒤에 초록색으로 깃발을 칠해서 고유색을 더하고, 항구 근처에 돛단배를 채워 넣었습니다. 돛단배의 돛은 청자색으로 칠했는데, 청자색이 강조색의 역할을 해서 전경의 입구에서 배경의 궁전으로 독자의 시선이 흘러가는 것을 유도했습니다. 또한 전경에 폭포를 추가해서 모험이라는 테마를 강조했

습니다. 이렇게 하면 얼추 작업이 마무리된 것 같습니다. 여기서 무언가를 더 추가하면 화면이 너무 번잡해 보일 것 같았기 때문입니다. 하지만 제가 의도했던 마법으로 가득한 모습은 아직 조금 모자란 것 같습니다. 작품을 기획할 때부터 여정을 떠나는 느낌이 작품의 핵심이었는데, 이 부분이 모자라서 다음 단계에서 이걸 채우도록 하겠습니다.

29 중요한 요소와 항구 주변의 돛단배의 디테일을 작업한 후의 모습입니다.

균형과 리듬

작품의 복잡도를 조절할 때 추가로 사용할 수 있는 기법에는 균형과 리듬이 있습니다. 균형과 리듬은 아주 단순한 개념이기 때문에 유용하게 활용할 수 있습니다.

균형은 어디에나 있습니다. 우리가 움직이는 매 순간, 우리의 삶은 중력과 균형을 이루고 있는 것입니다. 균형은 언제나, 어디에나 존재하므로 균형 잡힌 작품을 인간이 좋아하는 것도 자연스러운 일입니다. 이번 작품에서 저는 시각적으로 흥미를 유발하는 요소의 개수가 화면의 양쪽에 서로 비슷하도록 배치했습니다. 오른쪽의 예제에서 빨간색 원은 유의미하게 대비가 발생하는 지점을 표시한 것인데, 화면의 양쪽에 배치한 원의 개수가 거의 비슷하다는 것을 확인할 수 있습니다. 그리고 검은색 세로선은 화면에서 보이는 균형의 중심을 표현한 것입니다.

리듬은 화면 속에서 등장하는 유의미한 요소의 반복이라고 설명할 수 있습니다. 인간은 본능적으로 리듬을 선호합니다. 리듬이 있다면 구조감이 느껴지고, 리듬을 통해서 우리는 다음에 무엇이 있을지 예측할 수 있으며, 통일감을 느낍니다. 이번 작품에서는 대부분의 요소가 화면을 가로지르는 곡선을 기준으로 전경에서 중경, 하늘로 상승하는 흐름 속에서 리듬이 나타나도록 표현했습니다. 또한 화면을 가로지르는 곡선을 중심으로 화면 속에서 유의미한 요소들이 반복되며 화면에 통일감을 부여합니다.

균형: 화면을 좌우로 나누어 보면 중요도가 높은 사물들의 개수가 양쪽에 서로 비슷하게 있다는 것이 보입니다.

리듬: 화면 전체에서 곡선을 중심으로 유의미한 요소가 반복되고 있습니다.

30 확대해서 보면 항구 근처에 있는 돛단배의 모습을 어떻게 표현했는지 알 수 있습니다.

31 종착지의 느낌이 강화된 모습입니다.

30 돛단배 확대하기

다음 단계로 넘어가기에 앞서서 항구 근처에 있는 돛단배를 확대해서 보겠습니다. 한눈에 보기에도 단순하게 표현되어 있습니다. 이전 단계에서 포토샵의 패턴 브러시를 활용해 돛 모양을 만들고 항구 주변 곳곳에 배치해 항구에 조금 더 시선이 가도록 유도했습니다. 그런 다음 돛 아래에 어두운색으로 배의 형상을 칠하고 수직으로 선을 그어 돛대를 표현한 뒤 반사광을 추가했습니다.

31 시각적 강조점 만들기

다음으로는 궁전과 항구가 만나는 화면의 중앙에 섬광탄을 터뜨린 듯한 강렬한 빛을 추가했습니다. '이게 뭔데? 어디서 나타난 빛인데?'라는 생각이 들지도 모르겠지만, 뭐 어떻습니까?! 눈으로 보고 가슴으로 느꼈을 때 맞는 것 같다면, 자잘한 것은 따지지 않는 과감함도 필요합니다. 여기에 더해서 똑같은 이유로 수평선의 밝기도 크게 높이고, 전경과 중경에 시각적인 강조점을 추가했습니다.

TUTORIALS

마무리 작업

이제 마지막으로 강조색을 조금 추가하고 시
선을 분산하는 요소를 제거하면 작업은 마무
리됩니다. 이 마지막 단계를 저는 '추적 섬멸
작전'이라고 부르는데, 뚜렷한 이유 없이 대
비가 나타나 관객의 시선을 분산시키는 부분
이 어느 작품이든 꼭 있기 때문입니다. 작품
을 샅샅이 살펴보면서 이런 부분이 있는지 확인
하고 없앤 뒤에 대비를 높여주어야 하는 부분
을 작업했습니다. 대비를 높일 때는 저는 주
로 림 라이트를 활용합니다. 이번 작품은 전
반적으로 석양의 빛이 왼쪽에서 비치고 있지
만, 약간의 꼼수를 써서 중경에 위치한 궁전
상단의 뒤쪽 테두리에 림 라이트가 나타나도
록 표현했습니다. 이렇게 하면 실루엣이 훨씬
뚜렷하게 나타나고 중경 속 궁전의 중요도가
강조되는 효과가 있습니다. 같은 방법으로 바
다와 육지가 만나는 부분과 전경의 입구에 있
는 탑에도 림 라이트를 더해주었습니다. 이렇
게 약간의 마무리 작업을 해주면 작품이 완성
됩니다.

ARABIAN PORT

마무리 작업을 한 후의 모습입니다.

156　　Final image © Nathan Fowkes

32 중심 목표

이제 작품이 완성되었으니 조금 더 자세하게 작품의 구도와 서사를 들여다보겠습니다. 이번 실습 과정에서 강조점을 강렬하고 단순하게 설정해야 한다는 얘기를 여러 번에 걸쳐서 말했는데, 이번에는 이번 작품의 중심 목표에 집중해서 강조점이 어떻게 작동하는지 알아보겠습니다. 이번 작품은 화면 속에서 여러 가지 행위가 발생하고 있습니다. 그래서 저는 관객의 시선이 닿을만한 지점 곳곳에 흥미를 유발할 만한 강조점을 배치했습니다. 그러나 그 중에서도 가장 핵심적이면서 강렬하고 단순한 강조점은 바로 화면의 하단에 위치한 관문에서 출발해 지그재그를 그리며 항구를 거쳐서 중경과 배경에 있는 궁전으로 이어지는 시선의 흐름입니다. 하늘에서도 비슷한 흐름이 나타나는데, 구름의 형태가 자연스럽게 관객의 시선을 중경과 배경의 궁전으로 유도합니다. 바로 이 시선의 흐름이 작품에서 가장 핵심적인 강조점입니다.

33 프레이밍

강조점과 더불어 관객의 시선을 화면 중앙에 있는 종착지로 유도하기 위해서 저는 프레이밍을 활용하기도 했습니다. 하늘에서는 열기구가 일종의 프레임으로 작동하도록 배치했습니다. 화면의 아래쪽과 측면에서는 사물이 점차 어두워지고 테두리가 희미해지게 표현해서 역시 프레임 역할을 하도록 했습니다. 물론 이런 기법을 과도하게 사용하면 너무 인위적이라는 인상을 줄 수도 있고 모든 작품에서 활용할 수 있는 것도 아니지만, 이번 작품에서는 프레이밍을 활용하니 작품의 주제가 훨씬 강조되는 모습입니다.

32 화면 속 강조점을 기호로 나타낸 모습입니다.

33 화면 속에서 은은하게 프레임이 생겨나는 것을 표현한 모습입니다.

34 보라색 원은 관객의 시선을 유도하는 요소가 배치된 지점입니다.

34 대비와
시각적 흥미 요소

작업 과정에서 전반적으로 보았을 때 화면이 시각
적으로 흥미롭게 보이도록 곳곳에 사물을 배치해
서 관객의 이입을 유도했습니다. 동시에 이렇게 관
객의 시선을 유도하는 요소 대부분을 작품의 서사
가 발생하는 강조점을 중심으로 배치해 관객의 시
선이 궁전의 정면과 윗부분에 집중되도록 유도했
습니다.

35 전경과 중경을 확대한 모습입니다.

35 색의 사용

화면의 곳곳을 이번 단계와 다음 몇 단계에서 확대
해서 보여주려고 하는데, 화면을 확대해서 보면 이
번 작품에서 사용한 기법을 잘 확인할 수 있습니다.
전경은 대체로 중성색으로 칠했지만, 포화도가 높
은 고유색으로 돛단배의 돛을 칠하는 등 전경의 중
간중간에 종착지인 중경의 궁전으로 향하는 시선
의 흐름을 강조하는 요소를 배치했습니다. 또한 전
경은 대체로 중성색으로 칠하면서 다른 색도 약간
추가했습니다. 그림자로 표현된 실루엣 중 다수에
중성 색조의 빨간색과 초록색이 군데군데 나타나
는 것이 그 예입니다.

36 궁전 확대하기

중경의 궁전을 확대한 모습입니다. 전체적으로 선
명도는 떨어지지만, 명부와 캐스트 새도우는 꼼꼼
하게 묘사된 것을 확인할 수 있습니다. 여기에 더해
서 초록색과 보라색을 강조색으로 사용해서 칙칙
한 색이 화면 전체에 걸쳐서 반복적으로 나타나는

것을 피했습니다. 초록색과 보라색을 깃발과 휘장
을 나타내는 색으로 사용해서 궁전에서 화려한 행
사가 열리고 있다는 것을 암시했습니다.

37 스트로크 확대하기

전경의 우측 하단을 확대한 모습입니다. 이 부분의
스트로크는 대체로 빛을 받는 사물의 형태를 실루
엣으로 나타내는 데 사용했습니다. 이때 사용한 브
러시는 한쪽은 투명도가 낮고 질감이 거칠게 나타
나고, 반대쪽은 투명도가 높고 부드러운 질감을 지
니도록 설정했습니다. 이렇게 설정한 브러시를 사
용하면 사물의 한쪽 면은 빛이 강렬하게 내리쬐면
서도, 다른 쪽에서는 부드럽게 사물 전체를 감싸며
내리쬐는 모습을 표현할 수 있습니다. 이런 느낌의
디테일이 필요한 부분에서는 작품 전체적으로 이
브러시를 사용했습니다.

36 중경의 궁전을 확대한 모습입니다.

37 제가 설정한 브러시의 스트로크를 잘 보여주는 부분입니다.

38 마법이라는 테마를 강조해서 표현한 버전입니다.

38 마법 세상

이제는 완성된 작품을 기준으로 서로 다른 느낌을 주는 두 개의 버전을 만들어서 작품의 구상을 다르게 했다면 어떤 작품이 탄생했을지 알아보겠습니다.

우선 거의 마법 세계의 모습에 가깝도록 신비로운 느낌이 대폭 강화된 화면을 구성해 보겠습니다. 이번 버전에서는 작품의 방향을 거의 판타지에 가깝도록 바꾸어 보았습니다. 사실 기존에 완성한 작품에서 무언가를 더하기보다는 작품 속 요소를 조금 빼내면 마법으로 가득 찬 느낌을 줄 수 있습니다. 하나의 테마에 집중하면 그 테마에서 나오는 인상은 더욱 강조되어 표현됩니다.

우선 효과 주기 기능을 활용해서 화면을 어둡게 한 뒤에 암부에서 보이는 명도 중 중간 범위의 명도로 청록색 계열의 명청색을 칠했습니다. 청록색을 선택한 이유는 무언가 초자연적인 인상을 주는 빛을 표현하려면 자연에서는 관측되지 않는 신비로운 색을 사용해야 했기 때문입니다. 여기에 더해서 전경의 입구에 솟아 있는 탑과 중앙에서 폭발하듯이 빛나는 섬광, 배경의 궁전 가운데 있는 창문에 청자색의 빛을 칠했습니다. 이렇게 하면 마법 속 세상에 나오는 모습이 완성됩니다.

39

39 이번 버전에서는 한밤중의 도시로 서사가 바뀌었습니다.

39 밤의 풍경

다음은 단색으로 칠해서 분위기가 강조되고, 서사적으로는 한밤에 무언가 일어나거나 고딕풍의 음산한 이야기가 펼쳐지는 느낌을 표현해 보겠습니다. 먼저 화면의 전체적인 색을 음산한 느낌이 드는 초록색으로 바꾼 뒤에 전경에 중성 색조로 빨간색에 가까운 보라색을 칠했습니다. 전경에서부터 배경까지 화면의 색을 이렇게 바꿔주면 단순히 필터를 적용했다는 느낌은 줄어들고 깊이감이 잘 전달되며 대기 중에 짙은 안개가 껴 있는 인상을 줄 수 있습니다. 또한 배경인 궁전 뒤로 달의 실루엣을 그려서 으스스한 한밤의 느낌을 강조했습니다. 그런 다음 반짝이는 달빛의 반사광을 수면과 지상에서

달빛을 받을만한 부분의 표면에 표현한 후 창문에 빨간색 빛을 칠하고 창문에서 나오는 빛의 반사광을 표현하는 것으로 마무리했습니다.

마지막으로 기억할 것

이번처럼 복잡한 작품을 작업하는 일은 즐겁기도 하지만 동시에 작업 과정에 많은 어려움이 있기도 합니다. 그리고 이런 작품처럼 복잡한 주제로 그림을 그릴 때 〈구도〉 단원에서 배운 법칙을 기억한다면 작품의 서사와 목표를 더욱 유의미하게 관객에게 전달할 수 있습니다.

구도를 다르게 말하면 잘 된 디자인이라고도 할 수 있습니다. 잘 설정된 구도는 작품 속의 많은 실수를 감출 수 있습니다. 색이나 선, 테두리, 명도, 채색 모두 애매한 경우에도 구도를 잘 설정했다면 훌륭한 작품이 탄생할 수 있는 것입니다. 반면에 색과 명도, 테두리, 질감, 선 모두를 훌륭하게 표현했더라도 구도가 약하거나 아티스트가 원하는 바를 관객에게 제대로 전달하지 못한다면 실패한 작품이라고 할 수 있을 것입니다. 미국의 일러스트 작가인 앤드류 루미스는 구도를 일컬어 "작업이 완료된 이후에 작품의 품질을 결정하는 요소"라 했고, 저 역시도 이 말에 동감합니다.

이번 실습에서는 관객의 시선을 붙잡는 흥미로운 서사를 지닌 작품을 어떻게 고르고, 구성하며, 그리는지 그 과정을 하나하나 설명할 예정입니다.

LONE RIDER
조슈아 클레어 Joshua Clare

01 주제 찾기

작품을 통해 무슨 이야기를 전달하려는지 결정하는 것은 창작 과정에서 가장 중요한 부분입니다. 하지만 가끔은 가장 어려운 과정이 되기도 합니다. 아티스트라면 모두 관객과 공유하고 싶으며 아티스트 본인에게 정말로 중요한 무언가를 하나쯤 가지고 있습니다. 캔버스에 붓을 대기 전에 작품을 통해 무슨 이야기를 전달하려는 것인지 곰곰이 생각해 보고 그다음 작업을 시작하는 것이 좋습니다. 그렇게 하면 더 나은 작품이 탄생할 수 있습니다.

올해 저는 주로 개척자를 주제로 그림으로 그렸습니다. 제 선조 중에는 신앙심과 더불어 가족과 이웃을 돕겠다는 일념으로 정말 어려운 일을 자처한 사람이 많았습니다. 이들의 삶을 체험해 보고 그림으로 옮기는 작업은 쉽지 않았지만, 전에 해보지 않았던 것을 경험하고 그 과정에서 배워나가면서 아티스트로서 자신이 성장하는 것을 느낄 수 있었습니다. 그리고 이번 실습에서 그릴 작품은 바로 제 핏줄에 흐르는 개척자 정신에 관한 것입니다.

02 참고 자료 모으기

일단 무엇을 그릴지가 정해졌다면 저는 참고 자료로 사용할 사진을 새로 찍거나 기존에 모아둔 자료 중에 주제와 관련된 자료를 찾습니다. 이번 작품에서는 몇 년 전에 친구들과 떠났던 승마 여행에서 찍은 사진을 활용하기로 했습니다. 사진첩을 뒤적이면서 참고 자료로 사용할 수 있는 사진을 고르는 중에 완성될 작품의 모습과 작업 과정을 떠올리면서 기대감이 고조되는 것을 느꼈습니다. 승마 여행에서 찍은 사진을 보면서 내심 즐겁기도 했습니다. 제가 찾으려는 참고 자료는 이미지에서 구체적인 이야기가 전달되는 것이 아니라 감정을 유발하는 것이었는데, 사진첩 속의 사진이 바로 이런 방식으로 서사가 전개되는 이미지였기 때문입니다. 저는 이번 작품에서 수많은 사람이 서부의 드넓은 평야를 지나며 자신의 미래를 꿈꾸었던 영겁과 같은 시간이라는 주제가 느껴졌으면 했습니다. 그리고 이 주제를 중심으로 이번 작업에서 활용할 수 있는 사진을 골랐습니다.

01 작품의 주제를 정할 때 여러분 스스로가 깊게 공감하는 것을 고르는 것이 좋습니다.

좋은 디자인 모으기

본인의 눈에 아름답다고 느껴지는 예술 작품을 평가하고 분석하는 일이 디자인 감각을 기를 때 도움이 됩니다. 작품을 보았을 때 균형감이 느껴진다면 무엇 때문에 작품에서 균형감이 느껴지는지 스스로에게 물어보는 식이죠. 예를 들어, '작품에 초점이 있나?', '화면 속 형태의 다양함은 작품의 디자인에 어떻게 영향을 주지?'와 같은 질문을 던져보는 것입니다. 그리고 주위의 모든 것에서 좋은 구도를 이루는 것을 찾아보는 것도 좋습니다. 잡지를 뒤적여보거나, 박물관을 찾아가거나, 비평을 읽거나, 제품의 라벨에서 구도 디자인이 잘 된 사례를 찾아보는 것이죠.

그런 다음 여러분 눈에 좋은 디자인이라고 여겨지는 것을 골라서 모음집을 만드는 것도 좋습니다. 컴퓨터로 사진을 옮겨서 폴더로 모아 놓아도 되고, 책이나 잡지에서 스크랩하는 것도 좋습니다. 세상을 전보다 의식적으로 목적을 가지고 바라본다고 해도 좋습니다. 그리고 이렇게 함으로써 디자인에서의 균형과 아름다움을 판단할 수 있는 자신만의 기준이 생기게 됩니다.

02 이번 작품의 콘셉트에 맞는 참고 사진을 찾는 과정입니다.

03 이 사진 속 말과 기수의 제스처에서 무언가 느껴져서 참고 자료로 골랐습니다. 황량하고도 단순한 형태와 인물의 등에서 보이는 미묘한 곡선에서 아름다움과 영감이 느껴졌고,

그래서 이 사진에서 평화로움과 목적의식이 느껴졌습니다. 사진 속 사물의 형태와 색만으로도 이러한 감정이 유발되는 것이 놀랍기도 합니다.

03 참고 자료 고르기

이전 단계에서 모아 놓은 참고 자료 중에서 작업에 활용할 사진을 한 장 고르겠습니다. 우선 괜찮아 보이는 사진은 모두 선택해서 한 번 사진을 걸러내고 그중에서 더 괜찮아 보이는 사진을 선택하는 방식으로 조금씩 사진을 걸렀습니다. 대여섯 번 정도 같은 과정을 반복해서 실제로 작업에 활용할 참고 사진을 골랐습니다. 참고 자료를 고를 때는 여러 가지를 고려합니다. 색이 가장 중요할 때도 있고 밑그림이 중요할 때도 있습니다. 때에 따라서는 사물의 형태나 인물의 제스처, 선의 형태가 중요할 때도 있습니다.

이렇게 참고 자료를 고를 때 저는 처음에는 왜 어떤 자료가 마음에 드는지 깊이 생각하지 않습니다. 하지만 몇 번 자료를 걸러냈다면, 그다음에 구체적으로 왜 그 자료가 특히 마음에 들었는지 분석합니다. 그리고 그 이유를 알고 난 다음에는 최종적으로 활용할 이미지를 선택하는 일이 훨씬 쉬워집니다.

전하고 싶은 이야기 정하기

전하고 싶은 이야기가 무엇인지 먼저 정한 다음에 이야기를 전개하세요. 작품을 디자인할 때 작품을 통해 무슨 이야기를 전달하려 하는지 작가 본인이 확실히 아는 것이 가장 중요합니다. 전달하려는 이야기나 감정에 기반해서 작품에 담길 요소를 선택해서 디자인하면 됩니다. 도달하려는 지점이 어디인지 분명히 알지 못한다면 드넓은 색과 명도, 선택지의 바다를 헤치고 항해하는 것은 불가능하겠죠.

몇 년 전에 저는 개척자를 주제로 그림을 그렸던 적이 있습니다. 참고 사진에서 약간의 영감을 받기는 했지만, 정확하게 제가 전달하려고 하는 이야기가 무엇인지 제대로 파악하지 않은 채로 작업에 들어갔습니다. 너무 성급하게 작업을 시작했고, 오래 지나지 않아서 좌절했습니다. 일례로 하늘이 무언가 이상해 보였는데, 이유를 알 수 없었습니다. 그래서 뭉게구름을 그려 넣어 하늘이 조금 더 어둡고 우중충한 느낌을 주도록 해보았지만 여전히 무언가 이상했습니다. 그래서 이번에는 구름의 형태와 위치를 바꿔서 균형감이 느껴지도록 해보기도 했습니다. 그러나 오히려 전보다 더 이상하게 보이기만 했습니다. 그리고 마침내 제가 이 그림을 왜 그리고 있는지 알지 못한다면, 무언가 부족해 보이는 이 느낌을 해결할 수 없겠다는 생각이 들었습니다. 따지고 보면 제 앞에는 무수한 문제

와 이를 해결할 수 있는 해결책이 있는 셈이었습니다. 구름을 극적으로 보이게 해야 할지, 아니면 사실성을 강조해 표현해야 할지 결정해야 했고, 구름의 개수를 몇 개 그릴지도 결정해야 했습니다. 그것도 아니라면 맑게 갠 하늘을 표현할지, 아니면 먹구름이 잔뜩 낀 하늘을 표현해야 할지 역시도 결정해야 합니다. 이 외에도 수많은 선택지를 마주했을 것입니다. 결국 제가 '왜' 이 그림을 그리는지 알지 못한다면 작업 과정에서 마주할 수 있는 무수한 선택지 앞에 결정을 내리지 못했을 것입니다. 따라서 '왜'라는 질문에 대한 답이 없다면 길을 잃은 것이나 마찬가지였죠.

이 '왜'에 대한 대답을 오랜 시간 고민한다면 하나의 문장 또는 단어, 감정 단위로 응축해서 표현할 수 있게 됩니다. 이 정도로 작품의 의도를 명확하고 간결하게 표현할 수 있게 된다면 하늘의 밝기나 배경 속 인물의 숫자, 전경의 모습과 같은 선택지에 마주했을 때 훨씬 쉽게 선택할 수 있게 됩니다. 따라서 작품을 창작할 때 작품을 통해 무엇을 전달하고 싶은 것인지 곰곰이 생각해 보세요. 그러면 여기에 대한 대답이 자연스레 작업 과정에서 마주하는 선택지에 대한 답이 되어줄 것입니다.

Together, 18 x 18, 유화

저에게 가족은 가장 중요한 존재입니다. 제가 그리는 그림의 주제는 전부 가족이기도 합니다. 옆에 제시된 작품을 구상할 때 저는 화면 속 모든 요소가 초점에 있는 어머니와 아이를 향하도록 했습니다. 어머니와 아이가 서로 가까이에서 함께 걸으면서 보이는 애정과 즐거움은 우리가 가족에게서 느끼는 감정이기도 합니다.

04 작품을 창작하는 동기와 이유, 즉 작품에 담아낼 요소를 알아가는 과정입니다.
작품을 통해서 어떤 서사 또는 개념을 관객에게 전달하고 싶나요?

05 유화는 영속성을 지니는데 이번 작품에 담길 서사와 궁합이 잘 맞는 성질입니다.

04 '왜'라는 질문에 답하기

'선조의 개척자 정신을 그림으로 옮기기'라는 주제는 너무 광범위해서 이번 작품을 그리는 과정에서 마주할 수 있는 수많은 선택지 사이에서 정답을 알려주지 못합니다. 따라서 이번 작품을 그리는 이유를 명확하고 간결하게 설명할 수 있는 '왜'라는 질문에 답이 되어줄 수 있을 정도로 주제의 범위를 좁혀야 합니다. 작품의 동기를 한 문장, 또는 하나의 단어로 간결하게 설명할 수 없다면 만족할 만한 작품은 탄생할 수 없을 것입니다. 명확한 목표가 없다면 올바른 방향으로 작품을 그려가고 있는지 아티스트 본인도 판단할 수 없을 것이기 때문입니다. 그리고 작품을 통해 전달하려는 내용에서 '왜'라는 질문에 대한 답은 아티스트 자신이 개인적으로 공감할 수 있어야 하며, 여기에 대한 답은 몇 개가 되든 상관이 없습니다. 작업을 시작하기에 앞서 시간을 들여서 작품을 '왜' 그리는 것인지 곰곰이 생각해보세요.

이렇게 시간을 들여서 고민해 본 뒤 저는 이번 작품을 그리는 이유가 조용하게 결심을 내리는 순간을 묘사하기 위해서라는 결론에 이르렀습니다. 작품을 보는 관객이 무수한 어려움과 좌절에도 불구하고 밝은 내일이 다가오리라는 희망을 잃지 않으며 걸음을 멈추지 않고 전진하던 역사 속의, 그리고 현재에도 존재하는 멋진 사람들을 떠올리길 바랐습니다. 그리고 이런 느낌을 강조하기 위해서는 구도와 색, 테두리, 명도, 질감을 사용해야 하겠죠.

05 도구 선택하기

작업 과정에서 내리는 모든 선택과 마찬가지로 어떤 도구를 활용해 작품을 그릴 것인지 선택하는 일 또한 앞에서 설정한 작품을 그리는 이유에 기반해야 합니다. 저는 유화 물감으로 그리기로 했는데 손을 뻗어서 표면을 만져보면 표면에서 거친 느낌을 주는 유화 특유의 촉감을 자극하는 특징을 좋아하기 때문입니다. 그리고 이 유화 물감이 여러 번에 걸쳐서 덧칠되고 글레이징(glazing)[1]과 스컴블링(scumbling)[2]을 거치며 만들어지는 미묘한 질감을 좋아하기 때문이기도 합니다. 박물관에 가면 으레 찾아볼 수 있는 것이 유화라서 유화는 오래되었다는 인상을 줍니다. 그러나 사실 유화라는 도구 그 자체에도 영속성이라는 성질이 담겨있기도 합니다. 그리고 이러한 유화의 영속성을 활용하면 조용하게 결심을 내리는 순간을 작품에 담아낼 수 있겠다고 생각했습니다.

---

1 역주 : 오일의 양을 늘려서 묽은 물감으로 채색을 하는 기법을 가리킵니다.

2 역주 : 밑에 있는 물감이 들여다보이도록 하기 위해 불규칙적으로 불투명한 어두운색 위에 불투명한 색을 바르는 기법을 가리킵니다.

06 정사각형 프레임으로 행위가 발생하는 부분과 행위가 그렇지 않은 부분 사이의 균형을 맞출 수 있습니다.

06 캔버스의 크기 정하기

다음으로는 이번 작품의 크기와 캔버스의 치수를 정할 차례입니다. 특정한 작품의 크기나 가로세로의 비율이 좋은 구도를 지닌 작품을 보장하지는 않습니다. 그래서 저는 작업실에 남는 프레임이나 캔버스 크기에 맞춰 작업을 하기도 합니다. 그러나 그렇다고 우연으로만 작품의 크기를 정하라는 것은 아닙니다. 작품을 통해 전달하려는 것에 기반해서 작품의 크기와 비율을 정하는 것이 가장 좋습니다. 저는 이번 작품을 24 x 24인치 캔버스에 그리려고 합니다. 정사각형이 주는 안정감이 작품을 통해 전달하려는 감정과 잘 맞아떨어진다는 생각이 들었기 때문입니다. 또한 이번 작품에서는 말과 기수가 구도에서 중심 역할을 해야 하지만 동시에 눈이 잠시 멈추어 쉴 수 있는 공간도 화면에 많이 담겨야 합니다.

07 사진을 잘라내는 것으로 디자인 시작하기

캔버스에 점이 찍히는 그 순간 시각적인 공간을 나누는 작업과 구도를 구성하는 작업이 시작됩니다. 이런 점에서 사진을 잘라내는 작업은 캔버스의 공간을 나누는 작업에 비유할 수 있습니다. 먼저 저는 스케치북에 스케치를 그리는 과정은 건너뛰고 컴퓨터로 노탄(濃淡)[3] 아트를 하듯이 일종의 섬네일처럼 스케치를 그리는 것으로 작업을 시작했습니다. 먼저 포토샵에서 빈 화면을 만든 다음 화면의 크기를 가로세로 모두 24인치로 설정한 뒤에 참고 사진을 드래그 가져옵니다. 사진의 위치를 조금씩 조절하고 확대해서 원하는 구도가 나오도록 했습니다. 아티스트에게 그래픽 프로그램은 정말 여러모로 유용한 도구입니다. 포토샵을 사용하면 여러 구도를 레이어 단위로 각각 만든 다음 레이어를 껐다 켜면서 구도를 서로 비교하고 어떤 구도가 제일 좋은지 결정할 수 있습니다. 좋은 디자인은 수많은 시행착오가 있은 다음에야 탄생하기도 합니다. 즉, 화면 속 형태를 가장 아름답게 배치하기 위해서는 수많은 편집과 수정이 필요하다는 것입니다.

08 구도를 정할 때 결정해야 하는 사항

말과 기수가 화면에 가득 차 보이게 하기 위해서 참고 사진을 잘라냈습니다. 사진을 자른 다음에는 말과 기수를 화면의 왼쪽으로 옮겨 보았는데 구도가 무언가 이상해 보였습니다. 그래서 이번에는 오른쪽으로 옮겨 보았는데, 곧바로 훨씬 나아 보였습니다. 말이 왼쪽으로 회전하기 직전의 모습이 강조되어 있기 때문에 움직일 수 있는 공간을 줘야 했던 것입니다. 시간을 들여 연습을 반복하다 보면 직관적으로 무언가 잘못되었을 때 즉각 알아차릴 수 있

07 참고 자료를 자르면서 구도를 조정해 섬네일을 만드는 모습입니다.

08 사진의 구도를 실험해 보는 과정입니다.

게 됩니다. 아티스트는 모두 이런 직감을 훈련하고 개발할 수 있는 잠재력을 있습니다. 여기에 더해서 저는 사진에 따뜻한 느낌의 필터를 적용해서 전체적인 색감을 통일했습니다.

---

3 역주 : 빛과 어둠을 대비하여 농담(濃淡)을 활용해 대상을 표현하는 일본 미술을 뜻합니다.

09 그래픽 프로그램으로 스케치 그리기

화면의 크기를 정하고 말과 기수를 배치했다면 이제 그래픽 프로그램을 활용해 사진 위에 그림을 그릴 차례입니다. 이번 단계에서는 크기가 큰 형상이 중요하기 때문에 거칠고 투박한 브러시를 적용한 뒤에 과감하게 마우스를 활용해 색을 칠했습니다. 큼직한 형상을 표현하기 전에 작은 사물의 모습을 다듬는 일은 비유하자면 케이크를 굽기도 전에 장식을 올리는 것과 마찬가지입니다.

작품을 디자인할 때 저는 직관에 의지하는 편입니다. 다른 아티스트들은 논리적으로 구도를 분석하기도 하는데 저는 그러지 않죠. 이번 작품에서도 직관적인 판단에 기반해 기수가 쓴 모자와 반대 방향으로 각을 이루도록 언덕의 각도를 조정했고, 기수의 어깨도 왼쪽으로 기울어지게 했습니다. 어깨의 위치는 여러 번에 걸쳐서 실험을 해보면서 가장 적당한 위치를 찾았습니다. 그런 다음 다른 사물을 칠했습니다. 그래픽 프로그램을 사용할 때는 레이어를 새로 만든 뒤 작품에 변화를 주면 되기 때문에 수정이 아주 빠르게 이뤄집니다.

10 구름과 산

언덕이 오른쪽으로 기울어지도록 바꾸고 나니 화면이 왼쪽에 지나치게 치중되어 있어 균형을 맞춰야 할 필요가 생겼습니다. 멀리 배경에 산과 구름을 추가해 전제석인 구도에 균형감을 불어넣도록 하겠습니다. 먼저 하늘에 구름을 그려 넣어 보았는데 각기 다른 모양을 실험해 보았지만, 하늘에 너무 과하게 행위가 발생하면 초점으로 향해야 하는 시선이 분산된다는 것을 알게 되었습니다. 그래서 다시 초점 영역에 관객의 시선을 붙잡아 둘 수 있게 구름을 하나만 단순하게 그리기로 했습니다.

실제로 시도하기 전까지는 어디까지가 작품에 담길 수 있는 한계인지 알 수 없습니다. 그래서 저는 극단까지 과장해서 사물을 표현해 본 뒤에 이전으로 돌아오기도 합니다. 이렇게 과장해서 표현한 뒤에 다시 돌아오는 과정은 작품의 구도를 구성할 때 제가 아주 중요하게 여기는 부분입니다. 색도 극단까지 표현했다가 되돌아오고, 테두리의 선명도도 끝까지 높였다가 다시 끝까지 낮추기도 합니다. 그 외에도 크기나 제스처, 선까지도 이런 과정을 거칩니다. 이런 실험을 통해서 과소함과 과도함 그 사이 최적의 지점을 찾을 수 있습니다. 그리고 작품에 담기는 최적점은 과소함과 과도함이라는 극단까지 표현하는 실험을 통해서만 찾을 수 있습니다.

09 언덕이 오른쪽으로 내리막을 이루도록 바꾸어 기수가 쓴 모자와 반대 방향으로 각을 이루도록 했고 기수의 어깨도 왼쪽으로 기울어지도록 바꾸었습니다.

10 초점 영역에서 시선을 분산시키지 않는 정도로만 산과 구름을 추가한 모습입니다.

균형

균형은 제가 그림을 그릴 때 항상 마음에 새겨 두는 세 가지 디자인 원칙 중 하나입니다. 저는 균형을 하나의 화면 안에 무게가 균등하게 배치된 상태로 정의합니다. 그리고 균형은 수학적으로 측정하는 것이 아니라 화면에 보이는 명부와 암부의 형태를 통해 느껴지는 것으로 판단합니다. 또한 시각적으로 무게감이 느껴지는 암부와 명부의 형태만 균형에 영향을 주는 것이 아니라 색 역시도 무게감을 지니고 있기 때문에 색을 배치할 때도 균형과 형태를 고려해야 합니다. 예를 들어, 강렬한 색은 중성색이나 회색에 비해서 시각적으로 무게감이 더 크게 느껴집니다.

화면의 '황금비'에 해당하는 부분에 있는 사물은 균형이 잘 맞는다는 인상을 주기도 합니다(〈구도〉 단원 중 16페이지의 내용 참고). 균형과 심미성, 구도에 영향을 주는 황금비와 같은 법칙을 활용해 작품을 구상할 수 있습니다. 치수를 재가면서 화면 속 균형을 맞추는 방법 말고도 단순하게 화면 속 균형을 '느끼는' 방법도 있습니다. 이 방법은 경험이 쌓인 아티스트들이 시도할 수 있는 방법입니다.

우리의 내면 깊숙한 곳 한 편에는 사고와 사랑, 욕망을 담당하는 부위가 있습니다. 그리고 바로 이 부분에서 우리는 작품의 디자인이 괜찮은지 '느껴서' 평가할 수 있습니다. 그리고 바로 저는 거기서 느껴지는 것으로 작품의 균형을 맞춥니다. 저는 저의 이 느낌을 신뢰하기 때문에 느껴지는 것을 기반으로 작품이 균형감을 주고, 평온하고, 올바르게 보이도록 할 때 이 느낌을 활용합니다. 아름답게 균형이 맞는 작품을 창작하는 일은 외줄타기나 카드로 탑을 쌓는 것만큼 어려운 일입니다. 그리고 작품에 균형감을 불어넣는 일을 숙달하려면 다른 능력을 기를 때와 같은 방법을 활용하면 됩니다. 바로 연습이죠.

낡은 회색(The Old Grey), 48 x 48, 유화

균형감이 잘 드러나는 작품입니다. 그리고 이 균형감을 만들기 위해서 여러 차례 수정을 거쳐야 했습니다. 헛간 건물의 왼쪽과 오른쪽에 있는 나무의 외곽선은 균형을 이루지는 않지만 암부에 보이는 어두운 형태는 균형을 이룹니다(B 참고). 이는 시각적인 무게감이 단순히 물체의 외곽선이 아니라 명도의 형태로 인해 발생하기 때문입니다. 만약 왼쪽에 있는 나무의 명도를 높이고(C 참고) 태양광을 받는 명부와 그룹을 이루도록 했다면, 화면 속 나타나는 균형은 무너지고 왼쪽에서 더욱 무게감이 느껴졌을 것입니다.

11 몇 가지 문제는 남겨두기

이번 단계에서는 구름과 같은 사물의 형태를 적당한 정도로만 가다듬어서 시간을 절약했습니다. 스케치를 그리는 단계에서 너무 시간을 많이 투자해서 실제로 작품을 그릴 때 쏟아야 할 에너지가 낭비되지 않도록 하는 것이 중요합니다. 구도를 설정하는 것과 그래픽 프로그램으로 사진 위에 덧칠하는 것이 이번 단계의 핵심인데, 이 단계에서는 구도와 관련된 문제를 모두 해결하지 않는 것이 좋습니다. 몇 가지 문제는 해결하지 않고 남겨두면 캔버스 위에 실제로 작품을 그리며 피와 땀, 눈물을 쏟을 때 이러한 문제점들이 자연스레 서로 균형을 이루며 해결되기 때문입니다. 다른 아티스트의 작품을 볼 때면 이들이 작품에서 보이는 균형을 달성하기 위해서 얼마나 노력했는지가 눈에 선하게 보이고, 그런 노력에 감동하고는 합니다. 그래서 저도 작업 과정에서 즉흥적으로 문제를 해결할 수 있는 여지를 남겨두는 편입니다. 바로 이런 점이 물감을 사용해 그린 작품에 알게 모르게 아름다움을 더해주는 요소이기 때문입니다.

11 문제점 중 일부만 수정하고 나머지는 채색 단계에서 해결할 수 있게 남겨두었습니다.

12

티타늄 화이트(TITANIUM WHITE)	퍼머넌트 레드 미디엄(PERMANENT RED MEDIUM)	디옥사진 퍼플(DIOXAZINE PURPLE)
네이플스 옐로우(NAPLES YELLOW)	알리자린 크림슨(ALIZARIN CRIMSON)	샙 그린(SAP GREEN)
카드뮴 레몬(CADMIUM LEMON)	코발트 블루 휴(COBALT BLUE HUE)	번트 시에나(BURNT SIENNA)
옐로우 오커(YELLOW OCHRE)	울트라마린 블루(ULTRAMARINE BLUE)	
카드뮴 오렌지(CADMIUM ORANGE)	비리디안 휴(VIRIDIAN HUE)	

13 팔레트에 배치한 색입니다.

13

12 화구

캔버스를 지탱하는 화판으로는 매끈한 흰색을 띠는 젯소를 코팅한 젯소 하드보드지를 사용했고 캔버스의 뒷면에 그림을 그렸습니다. 또한 셸락을 사용해 캔버스와 하드보드지를 고정했고, 페인트 롤러로 젯소 코팅을 두 번해서 캔버스에 질감을 더해주는 것으로 마무리했습니다. 저는 대체로 짧고 뻣뻣한 평붓과 필버트 붓을 사용하고, 여기에 더해서 크기가 작은 사물을 그릴 때는 인조모로 만든 필버트 붓과 환필붓을 사용합니다. 또한 무향 미네랄 스피릿과 테레빈유, 스탠드유, 댐머 바니시를 섞어서 미디엄을 담는 컵에 넣어서 비치해 줍니다(실제로 사용하는 경우는 거의 없습니다). 이젤의 포켓에는 실리콘 재질의 스크래퍼와 팔레트 나이프도 준비해 놓습니다.

13 팔레트

이번 작품에서는 윈저앤뉴튼(Winsor-Newton)사와 렘브란트(Rembrandt)사에서 나온 물감을 사용했습니다. 저는 팔레트를 작품마다 다르게 구성합니다. 아티스트라는 커리어를 시작하고 첫 4년 동안은 빨간색과 노란색, 파란색, 하얀색 물감만 사용해서 혼색으로만 색을 만드는 법을 배우기도 했습니다. 그 이후부터는 조금 더 편하게 색을 내고, 더 강렬한 색을 내기 위해서 다른 색도 팔레트에 추가하긴 했지만, 여전히 저는 색을 빨간색과 노란색, 파란색이 혼합된 결과물이라고 여깁니다.

14 포토샵에서 그리드를 사용해서 캔버스로 이미지를 옮긴 모습입니다.

14 이미지 옮기기

가끔 저는 스케치를 그리지 않고 곧바로 채색에 들어가기도 합니다. 채색으로 밑그림을 그리고 점차색을 채워 넣어 작품을 완성하는 것이죠. 그러나 그래픽 프로그램으로 작품을 구상했을 때는 그리드를 활용해서 이미지를 캔버스에 옮기기도 합니다. 포토샵에서 이미지의 크기가 캔버스의 크기와 맞는지 재차 확인한 다음 설정에서 1인치나 2인치 간격으로 선이 그어지도록 그리드를 설정합니다. 이

렇게 하면 빠르고 정확하게 그리드를 생성할 수 있고 그리드 위에 이미지를 옮겨서 밑그림을 그릴 수 있습니다. 지금 단계에서 디테일은 중요하지 않습니다. 대신에 완성될 작품의 모양새를 결정하는 첫 단계이니 큼직한 형상이 올바른 위치에 있도록 하고 크기를 제대로 표현하는 것이 더 중요합니다.

15 색을 처음 배치했을 때의 모습입니다. 전체적으로 난색조의 색감을 내는 것이 목표입니다.

16 구름과 풀을 시작으로 주조색을 배치한 모습입니다.

15 캔버스에 바탕색 칠하기

일반적으로 저는 캔버스에 바탕색을 칠하지 않는데, 흰색 캔버스 위에서 색을 비교하고 어떤 색이 적당한지 고르는 것이 훨씬 편하기 때문입니다. 그러나 이번 작품에서는 검은색과 번트 시에나, 옐로우 오커를 미네랄 스피릿과 함께 사용해 '위시 기법' 인젱싱으로 따뜻한 느낌이 나도록 칠했습니다. 이렇게 하면 작품의 전체적인 색감이 난색조를 띨 것입니다. 이렇게 바탕색을 칠하면 그러지 않았을 때보다 전체적으로 화면이 난색이 됩니다. 다만 처음 색을 배치했을 때는 하늘에서 난색이 스며 나오며 생동감이 넘치는 모습이 나와서 좋았는데 다 칠하고 나니 너무 과하게 칠했다는 것을 알게 되었습니다. 바탕색이 전체적인 색감을 난색조로 만들기는 했지만, 다른 색도 배치하니 색이 서로 잘 어울리는 모습이 되어 만족스러웠습니다. 이렇게 서로 다른 색이 모여서 제가 의도했던 '조용하게 결심을 내리는 순간'이 드러납니다.

16 색 배치하기

이제 색을 본격적으로 배치할 예정인데, 이번 단계에서는 참고 사진에서 보이는 색과 가장 가까운 색과 명도를 표현해서 색과 명도가 서로 어울리는지, 아니라면 보완할 수 있는지 여부를 확인하는 것이 목표입니다. 이후 단계에서 화면 속 거의 모든 요소를 덧칠할 가능성이 높기 때문에 지금 시점에서는 굳이 완벽하게 채색을 한다는 생각을 하지 않고 작업했습니다. 적당하게만 색을 칠하고 다음 사물을 칠하는 접근법을 취했다고도 할 수 있습니다. 또 지금 시점에서는 너무 많은 색을 사용하지 않으려고 의식적으로 노력했는데, 초반에 색을 너무 많이 사용하면 이후 단계에서 제가 작품을 구상할 때 의도했던 물감이 층을 이룬 느낌을 낼 수 없을 정도로 이미 화면에 색이 가득하게 되어버리기 때문입니다.

가장 먼저 색을 칠한 사물은 구름의 흰색인데 가장 빠르고 단순하게 올바른 색과 명도를 파악할 수 있기 때문입니다. 그런 다음 산과 중경, 전경의 풀을 칠했습니다.

17 하늘과 서사

빠르게 하늘에 색을 칠한 다음 하늘에 칠한 색이 전체적인 풍경에 어떤 영향을 주는지 확인했습니다. 여담이지만 저는 하늘의 색이 전체적인 작품의 분위기에 이렇게 극적으로 변화를 줄 수 있다는 점에 매번 놀라곤는 합니다. 지금 하늘은 살짝 어둡다는 느낌이 들어서 명도를 한 단계 정도 높였습니다. 그러니 하늘이 빛을 발하는 느낌이 만들어졌고 제가 원하는 모습이 되었습니다. 이런 식으로 이것저것을 실험해 보면 하늘의 명도와 색이 변함에 따라 작품에서 유발되는 감정이 달라진다는 것을 확인할 수 있습니다. 의도했던 인상을 주는 작품과 무언가 이상하다는 느낌이 드는 작품의 차이는 하늘에서 기인하는 경우가 많습니다.

18 같은 속도로 화면 속 요소를 마무리하기

이번 작품에서는 화면 속 모든 요소를 각각 따로따로 완성하는 것이 아니라 한 번에 완성할 수 있도록 속도를 조절하려 합니다. 두 방식 중에 어떤 것이 더 낫다고 할 수는 없습니다. 작업 방식의 차이일 뿐이죠. 저는 작품을 통해 전달하려는 인상이나 혹은 단순하게 작업할 때의 기분에 따라서 작업 방식을 선택하는 편입니다. 이렇게 천천히 모든 요소를 한 번에 완성하는 방식은 어떤 아티스트에게는 고문일 수도 있습니다. 화면 속 모든 요소를 오래도록 완성되지 않은 상태로 방치해야 하기 때문입니다. 다만 이 방식으로 작업을 하면 화면 속 크기가 큰 요소, 즉 전체적인 디자인이나 색의 배치와 같은 부분에 집중할 수 있다는 것이 장점입니다. 또한 작업 초반에 작은 형상이나 디테일에 사로잡혀 큰 그림을 놓치는 것을 방지할 수도 있습니다. 15~20분에 걸쳐서 큼직하게 칠해진 부분을 재작업하는 것이 사흘에 걸쳐서 작업한 부분을 지우고 다시 칠하는 것보다는 심적인 고통이 덜하기도 하죠.

17 하늘의 명도를 조금 바꾸어 보았는데, 작품의 전체적인 분위기가 달라졌습니다.

18 화면의 작은 부분을 하나씩 완성하는 것 대신 큰 그림을 보면서 화면 속 모든 요소를 한 번에 완성한다는 마음으로 작업을 하고 있습니다.

19 안장과 기수의 다리를 디테일을 최소화해서 표현했습니다. 소소익선이 적용될 때가 있는 법입니다.

19 작으면 작을수록 더 좋다

화면 속 요소를 덜어낼수록 더 좋다는 것을 알게 된 후로부터 저는 꼭 필요하지 않은 디테일은 화면에서 덜어내려고 합니다. 제가 그리려는 것이 빽빽하게 들어찬 그림이 아니기 때문입니다. 대신에 함축적으로 작품의 내용을 전달하는 방식을 택했습니다. 작품에 너무 많은 디테일이나 정보가 가득하다면 관객과 작품의 거리가 멀어지고, 창의력을 활용해서 아티스트가 의도적으로 남겨둔 공간을 능동

적으로 채워 넣는 과정이 발생하지 않습니다. 아티스트가 공간을 남겨두어 관객이 스스로 공간을 채워 넣을 때의 즐거움도 상당하다는 것을 상기하면 좋습니다.

이 점을 염두에 두고 저는 약간의 표현만으로 안장과 기수의 다리, 안장 담요가 암시되도록 묘사했습니다. 이렇게 묘사한 부분은 작품이 완성될 때까지 큰 변화를 주지 않을 예정입니다. 이 부분을 이렇게

느슨하게 표현한 이유는 먼저 디테일이 크게 중요하지 않은 부분이기도 하고, 너무 디테일을 많이 표현하면 오히려 전체적인 작품에 방해가 되기 때문입니다. 작품을 통해 전달하려는 것이 안장이나 기수의 다리, 박차에 대한 이야기가 아니라, 조용한 결심의 순간이기 때문입니다.

20 색 사이의 관계

이제 화면에 들어갈 색은 거의 다 칠했으니 서로 다른 요소가 어떻게 상호작용을 하는지 알아보겠습니다. 말에 줄무늬 모양으로 번트 시에나 색을 칠하니 화면이 조화롭게 보이기 시작합니다. 채색은 카드로 탑을 쌓는 과정에 비유할 수 있습니다. 채색 작업을 한 형상과 선택한 색이 화면 속 다른 요소가 서로 잘 어울리는지 여부는 주변에 있는 형상과 색에 의해 좌우됩니다. 채색은 단순하게 잘 어울리는 색과 명도를 배치하는 과정이기보다는 색과 명도 사이의 관계를 맞추는 일에 가깝습니다. 색과 명도 사이의 관계는 색을 몇 개 칠하고 나서야 판단할 수 있습니다.

화면에 처음 놓이는 색을 너무 성급하게 결정하는 것도 좋지 않지만, 처음 칠한 색을 완벽하게 하려고 너무 공을 들여서 여러 번에 걸쳐서 바꾸는 것도 최선은 아닙니다.

21 색과 감정

명도가 밝은색으로 대강 풀을 칠해주니 작품의 분위기가 극적으로 바뀌는 것이 보입니다. 마치 구름 뒤에 가려져 있던 태양이 드러나서 지상을 비추는 느낌입니다. 나중에는 지금 칠한 명도가 다른 부분에 비해서 높아서 조금 낮춰야 하긴 했지만, 지면에 있는 풀의 명도를 높인 것은 좋은 선택이었습니다. 맑은 날은 제가 이번 작품을 통해서 전달하려는 희망과 낙관적인 태도와 연관되기 때문에 결과적으로 이번 작품의 주제인 조용한 결심의 순간을 전달하는 데 도움이 될 것입니다.

20 색을 배치하고 나니 색이 다른 요소와 어떻게 작용하는지 보입니다.

21 밝은 명도 값을 사용해 풀을 칠했습니다. 그러니 화면의 전반적인 분위기가 바뀌었습니다.

22 작품에서 질감은 핵심적인 역할을 수행하지만, 작품에 담긴 서사를 돋보이게 할 때에만 그 역할이 빛을 발할 수 있습니다.

22 질감

이전 단계에서 전경에 있는 풀의 색과 명도를 조정했는데 저는 단순하게 색과 명도, 형상만 생각하고 채색하지는 않습니다. 채색 과정에서 질감도 염두에 두는데, 지금 칠하는 스트로크가 나중에 층층이 쌓인 물감의 모습에 어떻게 영향을 줄지 생각하고 색을 칠합니다. 사실 가끔은 작업이 진전되지 않을 정도로 질감에 대해 많이 고민하기도 합니다. 질감은 완성도가 높은 작품을 만들어내는 흥미롭고도 효율적인 방법이지만, 질감과 작품을 통해 전달하려는 목표가 일치할 때만 진가가 드러납니다. 질감과 작품을 통해 전달하려는 바가 일치하지 않을 때는 차라리 스크래퍼로 물감을 긁어내고 다시 그리는 것이 낫습니다.

23 수정하기

이제 화면에 들어가야 할 색은 거의 다 칠했는데, 기수가 입고 있는 셔츠가 참고 자료에서 보이는 색과 다르고 제가 의도했던 것과 다른 색으로 보일 여지가 있어서 명도를 최소 2단계 정도는 낮춰야겠다는 생각이 들었습니다. 셔츠와 더불어 전경에 있는 풀의 명도도 낮춰주었습니다. 18단계에서 언급했듯이 이런 식으로 화면 속 요소 전체를 천천히 한 번에 완성한다는 느낌으로 작업하면 이 부분을 먼저 완성했을 때 수정에 소요되는 시간과 노력을 크게 낮출 수 있습니다. 만약 셔츠도 지금보다 훨씬 완성된 상태였다면 색을 다시 칠하는 데 많은 시간이 필요했을 것입니다.

23 셔츠와 전경에 있는 풀의 명도를 낮추었습니다.

24 전경과 중경에 있는 어두운 강조색으로 실험을 한 모습입니다.

24 고민의 흔적

전경과 중경에 나타나는 어두운 강조색을 이리저리 바꾸면서 화면의 전체적인 모습과 어울리도록 실험을 해보았습니다. 중경에서 보이는 형상이 만족스럽게 작품의 이야기와 어울리도록 하기 위해서 30번 정도는 수정에 수정을 거쳤습니다. 이렇게 아주 작은 부분에 얽매여서 작업을 진행하지 못하는 것은 아티스트로서 제가 가진 많은 단점 중 일

부분입니다. 그래픽 프로그램을 사용했다면 수정하는 과정이 더 쉬울 수는 있지만, 저는 물감을 지우고 다시 칠하는 방법을 고수하기도 합니다. 작품을 가까이서 들여다보았을 때 아티스트가 머리를 싸매고 고민했다는 흔적이 드러나는 것에서 희열을 느끼기 때문입니다. 이런 고민의 흔적을 마주했을 때 저는 위대한 아티스트라도 한 번에 작품을 완성하지는 않는다는 사실을 깨닫게 됩니다. 다른 아

티스트와 마찬가지로 고민과 시행착오를 거쳤다는 것을 새삼 깨우치게 되는 것이죠.

다양성 또는
반복의 제거

다양성은 제가 작품을 그릴 때 마음에 새기는 두 번째 디자인 원칙입니다. 다양성 안에 통일성이 드러나는 것이 개인적으로 가장 심미성을 잘 표현하는 방법이 아닐지 생각합니다. 다양성 안에 통일성이 드러나게 하려면 전체적인 화면의 통일성을 저해하지 않는 선에서 먼저 화면에 가능한 한 많이 서로 다른 요소를 집어넣으면 됩니다. 우리가 살아가는 세상에서 심미성을 갖춘 사물은 모두 형태와 색, 테두리, 선, 명도, 질감 측면에서 다양성을 지니고 있습니다. 하지만 작품을 구상하고 디자인할 때 저는 형태의 다양성에만 집중합니다.

밖으로 나가서 나무와 구름, 꽃, 물을 한 번 관찰해 보세요. 이들에게 완벽할 정도로 다양성이 담겨있다는 것을 알게 될 것입니다. 자연은 똑같은 형태를 반복하는 일이 거의 없습니다. 굳이 거의라고 한 이유는 이따금 반복이 발생하는 경우가 있기 때문입니다. 그러나 반복이 있을 때도 아름답게 반복됩니다. 하늘을 올려다보면 거의 같은 형태를 지닌 구름 한 쌍이 있을 때가 있습니다. 그러나 한 걸음 옆으로 움직여서 다시 보면 두 개의 구름은 겹쳐서 하나로 보입니다. 그러면 다시 드넓은 하늘에 똑같은 모양을 지닌 구름이 하나도 없는 자연의 아름다움이 펼쳐집니다. 이렇듯 자연은 반복을 하지만 자연에서의 반복은 오래 지속되지 않습니다.

작품을 구상하거나 실제로 작업을 할 때 저는 계속해서 어떻게 작품에 다양성을 불어넣을지 고민합니다. 자연에서의 반복은 너무나도 드물게 나타나서 반복이 나타나는 순간 자체가 놀라운 순간으로 다가오지만, 그림에서의 반복은 20년간 작품을 그린 저조차도 매일 극복하려고 노력해야 하는 존재입니다. 작품에서 무언가 거슬리는 부분이 있다면 많은 경우에 이는 어떤 형상이 반복해서 나타나기 때문입니다. 거칠게 설명하자면 디자인은 반복을 찾아내고 반복되는 부분을 창의적으로 수정해서 다양성을 부여해 심미성을 달성하는 과정이라고 할 수 있습니다.

여러분의 작품에서도 반복적으로 나타나는 요소를 찾아보고 어떤 방식으로 반복을 해결하는 것이 가장 좋을지 고민해 보세요. 반복이 사라지면 작품의 품질도 훨씬 개선될 것입니다.

A. 괜찮은 작품이고 특별히 거슬리는 부분이 없는 작품이지만, 여전히 반복적으로 나타나는 형상이 있습니다.

B. 나무의 형상이 반복되어 나타나고 있습니다.

C. 그래픽 프로그램으로 수정해 반복을 줄인 뒤의 모습입니다.

25a

25b

25 반복되는 부분 찾기

반복이 일어나는 부분을 찾으면서 구름의 외곽선을 제거하고 형태를 바꾸는 등 화면에 큰 변화를 주었습니다. 저는 작품에서 단조롭게 반복이 일어나는 부분을 찾는 과정을 즐기는 편인데, 이 과정을 거치면 작품의 완성도를 높일 수 있기 때문입니다. 구름과 구름 밑에 나타나는 그늘, 배경에 있는 산모두가 지금은 형태와 두께, 길이가 모두 엇비슷합니다. 이 부분에 다양성을 부여하기 위해서 구름의 두께를 두껍게 하고 구름 밑에 나타나는 파란색 하늘의 모습도 약간 잘라냈습니다. 이렇게 했어도 아직 무언가 조금 이상하지만, 문제가 무엇인지 파악하고 문제 해결을 시작했다는 것이 중요합니다.

25c

25 반복이 나타나는 부분을 파악하고 다양성을 부여하는 과정입니다.

26

26 큰 형상 안에 있는 작은 형상을 칠한 뒤의 모습입니다.

26 큰 것부터 작업하기

물감이 마를 때까지 잠깐 기다린 뒤에 다시 작업을 시작했습니다. 이제 크기가 큰 형상을 칠한 다음 큰 형상 안에 있는 작은 형상을 채색하는 방식으로 작업을 할 차례입니다. 셔츠와 모자, 말, 전경에 있는 작은 형상들을 칠했습니다. 구름은 거의 완성이 되어서 화면 전체가 완성되기 전까지는 더는 수정을 하지 않으려고 합니다. 구름의 형상이 이전 단계에 비해서 크게 변했는데 수정을 한 뒤의 모습이 상당히 만족스럽습니다. 이제 구름과 산, 그 사이의 그늘 모두의 형상이 각각 다양하게 보여서 사실적으로 보입니다. 또한 이 세 가지 형상이 모여 작품에 거리감을 주어서 기수가 먼 여정을 떠날 것임을 암시합니다. 이 부분 역시도 서사에서 핵심적입니다. 거리감이 드러나지 않는다면 낯선 땅에 정착해 살아남기로 결심했다는 서사가 희석되기 때문입니다.

초점

초점은 모든 관심이 집중되는 지점이자 관객의 시선이 유도되는 지점입니다. 초점은 대체로 색이나 명도, 테두리, 질감, 형태, 위치 등의 대비를 하나 또는 그 이상 활용해 만들어집니다. 초점은 아티스트가 자신의 이야기를 전달하고 관객의 관심을 유도할 때 활용할 수 있는 가장 핵심적인 수단입니다.

완성도가 높은 작품은 모두 어떤 방식으로든 관객의 시선을 유도합니다. 위에서 언급한 요소를 활용해 아티스트는 관객의 시선을 유도해서 형태나 지점을 특정한 순서로 바라보도록 해야 합니다. 하나의 작품에 한 개 이상의 초점이 있는 경우도 있습니다. 실제로 제가 좋아하는 작품 중 다수에는 두 개에서, 많으면 네 개의 초점이 있기도 합니다. 그러나 이들 작품은 모두 초점에 분명한 위계가 있습니다. 하나의 초점이 화면에서 가장 중요한 역할을 하는 것이죠.

작업이 중반에 이르렀는데, 저는 이 시점에서 색을 활용해 초점을 만들 수 있겠다는 생각이 들었습니다. 그래서 기수가 두른 스카프의 색을 갈색에서 빨간색으로 바꾸었습니다. 작품 전체로 보면 미미한 변화이지만 작품에서 핵심이 되는 부분을 강조하고 다양성을 불어넣을 수 있는 기회입니다. 이 작은 변화로 작품의 품질이 향상되기도 합니다.

A. 갈색 스카프는 그다지 눈에 띄지 않습니다.

B. 빨간색 스카프에는 시선이 집중되어 기수에 초점이 맞춰지도록 합니다.

27 질감과 색을 더한 모습입니다. 이 과정에서 작품 전체의 분위기와 서사에 어떤 영향을 줄지 계속해서 판단이 이뤄집니다.

28 이야기의 전개를 원활하게 하기 위해 작품을 수정한 모습입니다.

27 중간중간
휴식하기

전경에 물감을 한 층 더 칠해서 질감을 더했습니다. 그런 다음 중경의 좌측에 한색조의 색을 추가했습니다. 이렇게 하니 배경의 풍경에서 거리감이 느껴집니다. 이렇게 한색을 더하고 나니 화면 속 기수가 가야 할 길이 멀다는 사실이 잘 드러납니다.

색을 칠하면서 무언가 변화를 줄 때마다 전체적인 작품의 분위기와 느낌에 어떤 영향이 있을지 계속 의식해야 합니다. 참고 자료의 모습을 그대로 그림으로 옮기는 것이 아니라 사진 속 '느낌'을 살리는 것이 목표이기 때문입니다. 너무 피곤하거나 작품을 통해 목표하는 것을 잊어버린다면, 생각 없이 작업을 해서 작업 내용이 화면 속 서사에 미치는 영향을 판단할 수 없게 될 것입니다. 그래서 이번 단계에서는 작품에서 한발 물러나서 작품이 주는 느낌을 평가해 보고 작품에 담긴 저의 의도가 잘 드러나는지 판단해 보았습니다.

28 제대로 된
질문 던지기

언덕의 외곽선을 수정했고 전경을 전반적으로 대여섯 번에 걸쳐서 다시 칠한 다음 말의 오른쪽 뒷다리를 약간 손봤습니다. 이번 단계에서 이리저리 수정하고 실험한 부분이 많은데 이 과정에만 꼬박 6시간이 넘게 걸렸습니다. 사실 이렇게 시간을 쏟아가며 여러 번 수정을 하기 전에 잠시 물러나서 휴식을 취하고, 다음날 새로운 시각으로 작업을 재개하는 것이 올바른 선택이었을 것입니다. 작업을 마무리할 때 가장 중요한 것은 제대로 된 질문을 스스로에게 던져보는 것입니다.

하지만 오랜 작업으로 지쳤다면 그러는 것이 쉽지는 않죠. 돌이켜 보면 전경도 다르게 처리할 방법이 무수히 있었을 것입니다. 그렇다면 그중에서 어떤 방법이 가장 좋았을까요? 가장 좋은 방법은 작품에 담긴 이야기의 전달을 원활하게 해주는 방법을 택하는 것입니다. 서사의 진행을 돕고 제가 작품을 통해 전달하려는 '조용한 결심의 순간'이라는 주제가 잘 전달될 수 있게 하는 방법이죠. 10분 정도 시간을 들여 생각해 보고, 느껴보고, 스스로에게 질문을 던져보면 저처럼 무의미하게 6시간을 낭비하지 않고도 훨씬 효율적으로 작품을 개선할 수 있습니다.

29a

29b

29c

29d

29 의도한 내용이 전달되고 있나요?

물감에 손을 댈 수 있을 정도로 마르기를 기다린 다음 워시 기법으로 얇게 물감을 펼쳐서 글레이징해주고 다시 작업을 시작했습니다. 예시를 통해 단계별로 미묘한 차이가 쌓여서 큰 차이가 되는 과정을 확인할 수 있습니다.

저는 구도와 서사를 완성하기 위해서는 많은 시행착오가 필요하다고 생각합니다. 색과 명도, 테두리, 형태, 형태의 배치가 한데 모여 이야기가 전달되도록 하기 위해서는 시간을 쏟아야 하고, 노력을 들여야 하며, 집중해야 합니다. 여기에 더해서 이들 요소가 같은 이야기를 전달하고 있는지도 판단해야 합니다. 지

금 단계에서 가장 중요한 것은 스스로에게 올바른 질문을 던져보는 것입니다. '전경에서 조용한 결심의 순간이라는 이야기가 잘 전달되고 있나?'라는 질문을 지금 단계에서 던져볼 수 있습니다.

이번 작품을 그리기로 마음먹었을 때 저는 가장 먼저 제가 작품을 통해 전달하려는 것이 무엇인지 고민하고 결정했습니다. 어떤 서사를 전달할지 파악하는 과정을 거쳤다고도 할 수 있습니다. 그리고 지금 단계에서 자문해 봐야 할 것은 '의도했던 서사가 잘 전달되고 있는가?, 서사가 명시적으로 드러나는가?, 그렇지 않다면 어떻게 변화를 주어야 의도했던 이야기가 전달될까?'일 것입니다.

29e

29f

29g

29h

29a – 29l 작품이 의도했던 이야기를 전달하고 있는지 파악해야 합니다.

30 형태에 변화 주기

모자의 모양을 살짝 수정했습니다. 모자의 모양을 바꾸니 모양 자체도 전보다 보기 좋아졌고, 기수의 머리 중앙에 위치한 것처럼 보입니다. 수정을 하기 전에 모자의 모양은 너무 단조로웠는데 그래서 조금 다양성을 부여하기로 했습니다. 예제 **30b**에서 모자의 외곽을 따라서 그은 빨간색 선을 보면, 모자 챙에서 긴 쪽의 선이 갑작스레 방향을 틀며 날카로운 각을 만드는 것이 보일 것입니다. 또한 반대편의 선도 방향을 바꿔 기수의 얼굴 쪽을 향하며 똑같이 날카롭게 꺾입니다. 이렇게 사물의 형태에 다양성을 부여하면 눈이 즐거워지는 디테일을 추가할 수 있습니다.

아티스트의 의도는 드러나게 되어 있다

피곤하거나 작품을 빨리 마무리하고 다음 작품으로 넘어가려는 욕구가 클 때는 작품에 담으려는 의도를 잊기 쉽습니다. 따라서 잡념과 유혹을 모두 떨치고 작업 중에는 작품 속 '의도'에만 집중하는 것이 좋습니다. 이 의도가 바인더에 섞여 들어 물감과 함께 캔버스에 칠해지기 때문입니다. 그림에서도 작가의 의도가 드러나지만, 영화나 음악, 책, 심지어는 우리의 삶에서도 의도는 항상 드러납니다. 행위를 이끄는 동기는 겉으로 보이는 우리의 모습을 결정하고 우리가 하는 행동의 이유가 됩니다.

작품에 담으려고 했던 의도를 의식적으로 끊임없이 상기할 수 있다면 작품이 완성됐을 때 그 의도가 작품에 그대로 담겨서 빛을 발하는 것을 확인할 수 있습니다. 작가의 말이나 다큐멘터리를 통해 작품을 통해 무엇을 전달하려 했는지 일일이 장황하게 설명할 필요도 없습니다. 작품 안에 고스란히 담기고 의도한 그대로 남아서 관객은 대번에 작가의 의도가 무엇인지 파악할 수 있을 것입니다.

30a & 30b 모자의 모양을 약간 수정해서 단조롭지 않고 보는 맛이 있도록 바꾸었습니다.

31 마지막으로
반복되는 부분 수정하기

예제 31a~31c는 제가 마지막으로 수정한 부분을 표시한 것입니다. 며칠 쉬고 난 뒤에 작품을 다시 보니 언덕이 방향을 바꾸며 구름과 만나는 지점에서 둘 사이에 나타나는 접선에서 같은 모양이 반복되어 어색한 느낌이었습니다. 183페이지에서 다루었듯이 자연에서는 이러한 반복은 거의 일어나지 않기 때문에 작품의 사실성을 저해합니다. 저는 언덕을 지나는 구름의 형태를 길게 늘여서 둘 사이에 나타나는 형태의 반복을 해소했습니다.

휴식을 취하는 시간이 길어질수록 이렇게 반복되는 형상을 찾아내는 일이 훨씬 쉬워집니다. 휴식 외에도 빠르게 반복을 해소할 방법이 있다면 그 방법이 최선일 것입니다. 작품에서 무언가 반복되어 거슬릴 때(거의 매번 있는 일입니다) 저는 이 반복을 해소할 방법 중에 작품에 가장 변화를 적게 주면서도 균형과 다양성을 모두 건질 수 있는 방안에는 무엇이 있을지 자문합니다. 작품에 나타나는 반복을 해소할 때는 게을러져도 좋습니다. 가능한 적은 품을 들여서 문제를 해결하는 것이 제일 좋습니다.

32 그래픽 프로그램을 사용해 덧칠하기

말의 왼쪽 앞다리의 오른쪽 부분에 검은색 점이 있어서 다리가 너무 길어 보인다는 것을 발견했습니다. 그래서 스마트폰으로 사진을 찍은 다음 아트스튜디오라는 앱에서 사진을 불러왔습니다. 물론 비슷한 작업을 할 수 있는 앱은 아트스튜디오 외에도 여러 가지가 있습니다. 사진을 불러온 다음에는 브러시 도구로 덧칠할 색을 선택하고 색상이 작품에서 나타나는 문제를 해결하는지 확인해 보았습니다. 이렇게 앱을 사용해서 적당한 색을 찾았다면, 브러시를 들고 같은 색을 실제 작품에 칠해줍니다. 이렇게 앱이나 그래픽 프로그램을 활용해 작품에 색을 덧칠해 보는 방법은 예전에 아티스트들이 셀로판지나 투명한 플라스틱판을 캔버스 위에 대고 새로 칠할 색이 적당한지 알아보았던 방법과 비슷하다고 할 수 있습니다. 그래픽 프로그램을 활용하든 셀로판지를 활용하든 모두 빠르고 효율적으로 적당한 색을 찾을 수 있는 방법입니다.

다른 작품을 음미해 보기

앞서 작품에서 작가의 의도가 드러난다고 언급했는데 단순히 의도가 있다고 해서 그것이 반드시 드러나는 것은 아닙니다. 좋아하는 영화를 감상한 다음 작품의 속도, 카메라 워크, 조명, 음악을 통해 감독의 의도가 무엇이었는지 추측해 보기를 추천합니다. 음악을 들을 때에나 박물관이나 갤러리에 가서 다른 미술 작품을 감상할 때도 작가의 의도를 느껴보세요. 예술 작품에서 작가의 의도를 느끼고 알아챌 수 있는 능력은 작품을 음미하는 경험이 쌓이면서 길러집니다. 또한 작가의 의도가 잘 표현된 작품을 감상할 때 작품을 이해하는 능력은 크게 발전할 것입니다.

31a

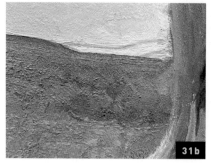

31b

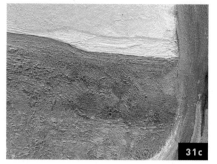

31c

31a - 31c 구름의 길이를 늘여서 언덕과 어색하게 만나는 부분을 해소하고 반복을 해소했습니다.

32a & 32b 아트스튜디오와 같은 앱이나 그래픽 프로그램을 사용하면 덧칠하려는 색이 적당한지 알 수 있습니다.

작품이 완성되는
시점은?

작품이 완성되는 시점을 알기 위해서는 작업 초반에 작품을 통해 무엇을 전달하려는지 분명하게 설정해야 합니다. 결국 작품이 완성되는 시점은 아티스트가 결정하는 것이기 때문입니다. 그리고 '완성'은 작품이 겉보기에 어떤지에 따라 결정되는 것이 아니라, 작품에서 느껴지는 것이 무엇인지에 따라 정해집니다. 하비 던은 거장의 경지에 이른 아티스트이자 스토리텔러였는데, 그의 작품은 아티스트 자신이 의도했던 이야기가 모두 전달된다고 생각하면 작업을 멈춘다는 원칙을 잘 보여줍니다. 던 외에도 호아킨 소로야나 뉴웰 컨버스 와이어스, 존 싱어 사전트 모두 이야기가 완전히 전달된다고

여기는 시점에 작업을 멈추었던 아티스트들입니다(특히 사전트의 풍경화와 수채화에서 이 원칙이 잘 드러납니다). 거장들은 단순히 눈에 보이는 그대로 자연을 묘사하는 데에서 멈추지 않았습니다. 이들은 자신의 감정을 동요하게 한 자연의 어떠한 순간을 담아내려 했습니다. 그리고 그림이 자신의 눈에 들어온 풍경과 비슷하게 보인다고 작업을 멈추지 않았습니다. 작품을 통해 전달하고자 했던 이야기가 전달되었을 때 비로소 붓을 놓았습니다. 본인이 만족하는 순간에야 작품이 완성되었다고 선언한 것이죠.

마무리 작업

말의 앞다리와 그림자를 조금 수정한 다음, 앞다리의 모양과 기수가 입은 셔츠의 외곽선도 수정해서 급격하게 방향을 트는 것처럼 보이는 부분을 바꿨습니다. 이렇게 조금씩 수정을 하다 보면 계속 수정해야 하는 부분이 보여서 결국에는 영영 완성을 못 할 것이 분명합니다. 다만 지금 작품을 보니 특별히 어색하게 보이는 부분도 없고 의도했던 서사도 잘 전달되고 있습니다. 반복적으로 나타나는 형태나 어색한 형상도 없기 때문에, 전체적으로 작품에서 균형감이 느껴지기도 합니다.

LONE RIDER

어색한 형상이나 반복적으로 나타나는 형태가 없고, 작품의 서사가 잘 전달된다면
작품이 비로소 완성되었다고 할 수 있습니다.

Final image © Joshua Clare

공상과학적인 요소가 가미된 세계를 배경으로 하는 이번 작품에서는 동남아시아의 정글 깊숙한 곳에 숨겨진 잃어버린 유물을 찾는 무덤 탐색꾼의 이야기가 전개됩니다. 무덤 탐색꾼은 로봇을 수리하기 위한 부품을 찾기 위해서 작품 속 시장으로 발걸음을 옮겼습니다. 시장에서는 유물의 위치를 정확하게 알고 있다는 여성을 찾을 수 있다고도 합니다.

저는 이번 작품의 구도를 1점 투시도법을 사용해 단순하게 구성하고 작품의 주요 지점은 삼등분 법칙과 황금비를 활용해 배치할 예정입니다. 이번 작품의 구도 자체는 극적이라고 할 수 없지만 화면 속 사물을 세심하게 배치해서 서사가 전달될 수 있도록 하려 합니다.

이번 실습에서 저는 서사를 다루는 방법과 더불어 관객의 시선을 작품의 곳곳으로 유도할 수 있는 핵심적인 방법을 설명할 예정입니다. 이 과정에서 화면 속 인물과 사물을 사용해 어떻게 서사를 이끌어 나갈 수 있는지 선보이겠습니다. 또한 조명과 색, 명도 등의 기법을 활용해서 화면 속 디테일을 하나하나 설명하지 않고도 이야기를 전개할 방법에 관해서도 설명하겠습니다.

MARKET PLAZA

돔 레이 Dom Lay

01 참고 자료 모으기

펜을 들기 전에 저는 대체로 20분 정도를 들여서 작품을 그릴 때 필요한 참고 자료를 모으는 편입니다. 탄탄한 구도를 구성하기 위해서 참고 자료는 필수적이며, 참고 자료를 통해서 서사 전개에 포함할 핵심적인 요소를 찾을 수 있습니다. 이번 작품에서는 참고 자료 하나는 조명, 다른 하나는 전반적인 느낌, 또 하나는 분위기, 그리고 또 몇 장은 디테일이 어떤 모습을 보이는지 알아보기 위해서 사용했습니다. 여러 장의 참고 자료가 한데 모이면 전반적인 이야기가 탄생하게 됩니다. 이번 작품을 작업하면서 저는 필요하다면 참고 자료를 더 찾기도 했지만, 작업을 시작할 때 필요한 자료의 수는 5장에서 10장 사이로 정했습니다. 쓸지 안 쓸지 모르는 자료 30장보다는 확실한 자료 5장이 더 낫다는 얘기이죠. 작품에 꼭 필요한 부분이 담긴 자료를 찾고 필요 없는 부분은 과감히 버리세요. 이야기 전개에 필요하지 않은 자료에 파묻혀서 갈피를 잡지 못하는 일이 없도록 해야 합니다. 복잡한 작품보다 단순한 작품이 이야기를 전달하는 데 더 효과적입니다.

01a

01b

Image 01a photo © Mehmet Turgut Kirkgoz from Pexels | Image 01b photo © Bimal Ranabhat from Pexels

01a - 01e 참고 자료를 찾는 단계는 아주 중요합니다. 참고 자료가 없다면 화면 속 모습의 고증이 잘 지켜졌는지 판단하기 어렵기 때문입니다.

02a - 02e 참고 자료를 분석하는 과정에서 어떤 요소를 사용하고, 어떤 요소를 버려야 할지 파악할 수 있습니다.

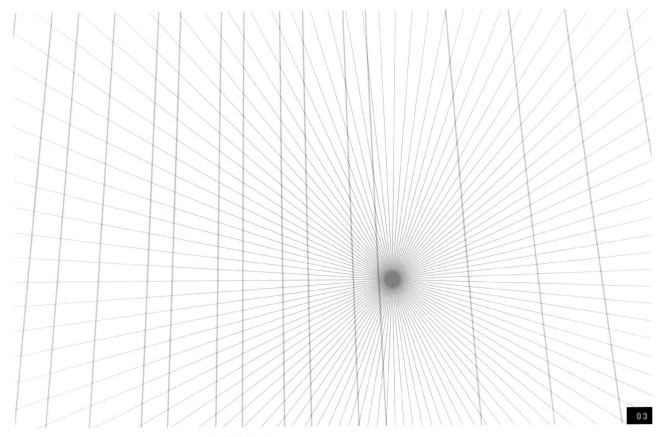

03

03 원근법을 활용하면 화면이 뒤틀리거나 휘어진 듯이 보이는 현상을 막을 수 있습니다.

02 참고 자료
분석하기

참고 자료를 고른 뒤에는 20~30분 정도 참고 자료를 분석하며 작품에서 활용할 수 있는 부분을 찾는 시간을 가졌습니다. 참고 자료를 분석하며 머릿속에서 이야기를 떠올렸고, 그러면서 화면을 어떻게 구성해야 할지 감이 잡혔습니다. 저는 섬네일을 그려서 작품을 사전에 분석하는 과정은 웬만하면 생략하는 편입니다. 대신에 여러 가지 시나리오를 떠올려본 뒤에 참고 자료 속에 나오는 장소에서 서사가 어떻게 펼쳐질지 상상하는 방법을 주로 사용합니다. 섬네일을 사용하는 경우에는 참고 자료를 분석하는 단계에서 여러 가지 아이디어를 스케치로 그리면서 실험을 해보고 가장 적합한 구도를 찾습니다. 저는 각각의 참고 자료에서 서로 다른 요소를 추출한 뒤에 이들 요소를 결합하여 완전히 새로운 작품을 만드는 것을 가장 좋아합니다.

03 원근감 격자

탄탄한 구도를 구성하기 위해서는 화면 속 모든 요소가 제자리에 올바른 비율로 위치해야 하며, 이를 위해서는 원근법을 활용해야 합니다. 본격적으로 작업에 들어가기에 앞서 저는 원근감 격자를 배치해서 화면 속 사물의 비율을 설정하는 동시에 화면의 초점을 설정했습니다. 소실점은 약간 오른쪽에 치우치게 배치했습니다. 삼등분 법칙을 적용한다고 했을 때 어떤 식으로 초점을 배치해야 가장 흥미로울지 생각해 보았습니다. 이렇게 원근감 격자를 배치하면 화면 속 선과 형상이 모두 소실점을 바라보도록 배치할 수 있습니다. 사실 이 작업이 딱히 재미있는 것은 아니라 그냥 넘어가고 싶다는 유혹이 들기도 하지만, 일단 투시선을 그려 넣은 다음에는 금방 마무리할 수 있으니 조금만 참을성을 가져 봅시다. 저는 대체로 1점 투시나 2점 투시를 사용하는데, 가장 단순하게 화면을 구성할 수 있는 방법이기 때문입니다. 3점 투시나 4점 투시를 사용한다면 화면의 구성은 훨씬 복잡해집니다.

삼등분 법칙

〈구도〉 단원 중 22페이지에서 다루었듯 삼등분 법칙은 아티스트라면 반드시 잘 알고 있어야 하며, 구도를 구성할 때면 언제든 활용할 수 있어야 하는 기법입니다. 또한 제가 가장 좋아하는 기법이기도 한데, 간단하고 쉽게 구도를 만들 수 있기 때문입니다. 밑그림을 그릴 때나 채색을 할 때도 언제든 활용할 수 있는 기법이 바로 삼등분 법칙입니다. 또한 삼등분 법칙을 활용하면 화면 속 요소가 유기적으로 연결되도록 할 수도 있습니다.

삼등분 법칙을 활용하려면 초점이 어디에 위치하는지, 그리고 하나의 초점에 몇 개의 요소를 배치할 것인지 정해야 합니다. 화면을 가로 방향과 세로 방향으로 각각 삼등분하면 화면은 크게 4분면으로 나눠지고, 화면을 나누는 선이 교차하는 지점이 일종의 가이드라인 역할을 하게 됩니다. 이때 발생한 4분면에 가로 방향과 세로 방향으로 선을 추가로 그어서 각각의 4분면을 다시 4분할하면 더 잘게 화면을 쪼갤 수도 있습니다.

개인적으로 저는 황금비보다는 삼등분 법칙을 더 많이 활용하는 편인데, 까다로운 구도에도 쉽게 적용할 수 있는 기법이기 때문입니다. 삼등분 법칙은 복잡하게 계산하거나 선을 그릴 필요가 없이 눈대중만으로도 효과적으로 화면의 구도를 설정할 수 있습니다. 여기에 더해서 가로 방향과 세로 방향의 캔버스 모두에 적용할 수 있다는 것도 장점입니다. 두 방향의 캔버스 모두에서 화면을 분할하는 선이 만나는 교점이 대체로 같은 위치에 나타나기 때문입니다.

삼등분 법칙은 또한 초점이 분명하게 나타난다는 점에서도 장점이 있습니다. 사물의 위치나 크기와 무관하게 명확한 초점이 나타납니다. 화면을 분할하는 선이 만나는 교점 위에 초점을 배치하면 그 지점에 초점이 위치한다는 것이 분명하게 드러납니다.

삼등분 법칙을 활용하면 화면의 초점은 대체로
화면의 4분면 위에 위치합니다.

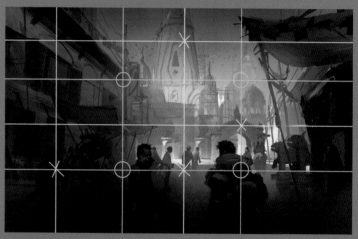

4분면을 다시 4분할하면 노란색으로 X자를 표시한 지점에
추가로 초점이 생겨납니다.

오른쪽의 4분면에 위치하는 두 지점은 거의 대부분의 경우
화면에서 가장 중요도가 높은 초점의 역할을 수행합니다.

04 완성도와 무관하게 스케치는 화면에 어떤 요소가 들어가야 할지 알려주는 수단이 됩니다.
또한 이야기와 구도를 설정할 때 굉장히 유용하게 활용할 수도 있습니다.

04 첫 스케치

먼저 느슨하게 스케치를 그리면서 화면을 어떻게 구성하고 어떤 식으로 이야기를 전개할지 생각해 봤습니다. 복잡한 작품을 그린다면 선도를 그리는 것이 이후의 작업 과정에 훌륭한 지침이 되어줄 것입니다. 그러나 화면이 그다지 복잡하지 않다면 저는 스케치는 건너뛰고 곧바로 채색에 들어갑니다. 선도로 스케치를 그리면 화면을 구상하는 것이 훨씬 쉬울 수 있는데, 가장 먼저 떠오른 생각을 캔버스 위에 옮겨보고 화면에 필요한 요소를 더해 볼 수 있기 때문입니다. 실제로 저도 이번 작품의 스케치를 그리면서 화면 오른쪽에 보이는 천막처럼 관객의 시선을 화면의 중앙부에 있는 주요 건물로 유도할 수 있는 요소를 선으로 표현했습니다. 또한 원근법을 적용해서 시선의 끝이 화면의 오른쪽 ⅓ 지점으로 향하도록 했습니다. 참고 자료의 모습을 바탕으로 이번 작품에서는 인도나 티베트의 시장과 유사한 가상의 세계를 그릴 예정입니다. 배경에 있는 사원의 첨탑은 힌두 사원인 만디르의 형상으로 그려서 관객의 시선을 붙잡고 시각적으로도 관객이 궁금증을 갖게 하는 요소로 활용할 예정입니다.

자르기와 프레이밍

자르기를 활용하면 화면의 테두리와 화면의 가장자리에 있는 사물 사이의 간격을 조정할 수 있습니다. 어떤 사물이 화면 가장자리에 너무 가까이 있다면 자르기를 활용해 가장자리의 공간을 확보하면 사물이 너무 외곽으로 밀려났다는 느낌을 줄일 수 있습니다. 반대로 어떤 사물이 너무 가장자리에서 멀리 떨어져 있다면 프레이밍을 활용해 가장자리와 사물의 거리를 줄일 수 있습니다.

05

05 뚜렷한 실루엣을 갖춘 형상을 배치하면, 각각의 형상을 구분할 수 있고 이야기를 명확하게 전달할 수 있습니다.

05 형상 배치하기

이제 중간톤의 색으로 형상을 표현하여 화면에 들어갈 여러 가지 모양의 건물을 배치했습니다. 개인적으로 하이라이트는 화면 속 서사를 이끄는 주요한 요소인 빛의 방향이 결정될 때까지는 표현하지 않는 편입니다. 작은 디테일에 얽매이지 않도록 큼직한 형상을 먼저 배치했습니다. 이렇게 느슨하게 표현된 형상을 배치하는 방법은 형상들 사이의 관계를 파악할 때 유용하게 활용할 수 있습니다. 형상을 배치한 다음에는 서로 접선을 형성하는 부분이 있는지 확인한 뒤에 적절하게 수정했습니다. 형상 두 개의 테두리가 세로나 가로, 대각선 방향으로 겹칠 때 접선이 만들어집니다. 접선이 발생하면 두 개의 형상이 너무 가까이 붙게 되어 구도가 틀어지게 됩니다. 만약 어떤 사물이 다른 사물과 지나치게 가까이 위치한다면 사물의 위치를 조금 조정하면 됩니다. 이번 단계에서는 이후 색을 칠할 것을 대비해서 명도를 신중하게 배치했습니다. 이렇게 형상을 배치하면 구도에서 가장 핵심적인 역할을 하는 사물이 무엇인지 확인할 수 있습니다.

06 시간과 공간 설정하기

참고 자료 속 모습을 바탕으로 화면 왼쪽에 있는 건물의 외관을 그렸습니다. 스케치 단계에서부터 투시선을 활용해 시선이 화면 중앙에 있는 초점을 향하도록 작품을 구성하고 있는데, 화면의 중앙부가 관객의 시선이 가장 먼저 향하게 되는 부분이기 때문입니다. 화면 측면에 있는 건물의 외관을 느슨하게 처리하는 것도 이런 시선의 흐름을 강조하는 역할을 합니다. 또한 인도와 티베트풍의 건물을 표현해서 시장의 문화적, 시간적 배경이 드러나도록 하기도 했습니다. 화면 측면에 있는 건물의 벽은 화면에서 핵심적인 역할을 하지는 않지만, 화면

의 구도 형성에 도움을 줍니다. 화면에서 가장 중요한 초점이 중경에 위치하도록 할 예정이기 때문에 디테일이 암시적으로 드러나도록 표현할 예정입니다. 즉, 세세한 부분까지 표현하는 것이 아니라 느슨하게 표현했지만, 관객이 세부적인 사항을 상상력을 동원해 채워 넣을 수 있도록 표현하려 합니다.

07 배경의 형상

다음으로는 배경에 자리할 건물의 형상을 어떻게 추가하면 좋을지 생각해 보았습니다. 특히 배경에 있는 건물이 다른 부분과 크기에서 차이를 보이면 전체적인 구도와 서사에 어떤 영향이 있을지 고민했습니다. 화면 속 건물의 크기는 다양한 것이 좋습니다. 만약 형상이 죄다 엇비슷하고 특히 초점 영역 주변에서 비슷비슷하게 보인다면 결과적으로 접선이 나타나게 될 것입니다. 또한 관찰자에게서 멀리 떨어진 형상은 명도가 감소해야 합니다. 이렇게 해야 중경이나 전경에 있는 사물에 더 많은 시선이 쏠리게 될 것입니다. 그리고 배경에 있는 사물은 화면 속에서 핵심적인 역할을 하는 사물보다 디테일이 적게 표현되어야 합니다. 이러한 부분과 스토리텔링을 고려해서 만디르의 옆에 아치형 관문을 배치하기로 결정했습니다. 이 아치형 관문이 궁전의 정문이라고 생각할 수도 있겠습니다.

06 약간의 디테일을 추가하면 화면 속 시간적, 문화적 배경이 설정됩니다.

07 배경에 어떤 사물을 배치할지 고민하는 과정을 통해 화면에 이야기를 더하고 공간을 채워 넣을 수 있습니다.

08 문화적인 맥락을 더해주면 화면에 어떤 역사와 어떤 시간대의 모습이 담겨 있는지 암시적으로 드러납니다.

09 초점을 다듬거나 더해서 이야기의 구조와 전체적인 화면을 확립할 수 있습니다.

10 그림자는 하이라이트와 하이라이트가 나타나지 않는 영역을 구분해 줍니다. 또한 그림자는 빛과 물체의 실루엣을 구분해 형상이 도드라지게 하는 역할도 합니다.

08 만디르

이제는 작품 속 풍경에 이야기 전개를 도울 수 있는 세부적인 디테일을 더해보겠습니다. 다시 참고 자료를 살펴보니 인도 건축 양식을 조금 더 추가할 수 있겠다는 생각이 들었습니다. 이렇게 하면 화면에 디테일을 더할 수도 있고 문화적인 배경을 추가할 수 있습니다. 관객이 한눈에 봐도 만디르가 작품에서 가장 중요한 지점으로 인식되고, 만디르에 가장 먼저 관객의 시선이 닿을 수 있게 하는 것이 목표입니다. 참고 자료에서 영감을 받아서 만디르의 개략적인 형상을 표현한 뒤에 전체적인 화면의 분위기에 맞추어 약간의 수정을 가했습니다. 삼각형 형태의 창문을 둘러싸며 장식하는 선은 자칫 밋밋하게 보일 수 있는 만디르의 전면부를 꾸며주고 시각적으로 흥미롭게 보이도록 합니다. 만디르는 전반적으로 삼각형의 선이 강조되어 보이는데 만디르 주변의 건물에서는 사각형이 주로 나타나서 만디르가 화면에서 수행하는 역할이 중요하다는 것을 암시할 수 있습니다.

09 만디르 꾸미기

모든 작업 과정에서는 서사를 생각해야 하는데, 이런 점에서 저는 만디르의 양쪽에 구조물을 추가했습니다. 만디르 양쪽의 건축물은 왕족이 기거하는 구역일 수도 있고 아니면 단순히 만디르의 파사드일 수도 있습니다. 혹은 순례자들이 방문해 기도하는 거대한 만디르의 일부분이라는 서사를 생각해 볼 수도 있습니다. 이런 작은 디테일이 초점에 시선을 유도하는 역할을 합니다. 이제 만디르는 건물을 구성하는 네 부분이 모두 위쪽을 향하고 있어서 전보다 훨씬 위압감이 느껴지며 전체적으로 삼각형을 그리고 있습니다.

삼각형을 이루는 사물은 삼각형이 만들어내는 대각선 때문에 화면에 역동감을 더해주는 역할을 합니다. 전체적으로 만디르는 이제 권력자가 그 안에 살고 있는 듯한 장엄함이 느껴집니다. 이후의 과정에서 복잡하거나 단순한 형상을 더할 때 다양한 방법으로 만디르와 같은 건물의 일부분을 재활용할 수 있다는 점을 기억하면 좋습니다.

10 역동적인 그림자

그림자는 빛과 함께 강렬한 초점의 대비를 만들어낼 수 있기 때문에 그 역할이 막중합니다. 역동적인 그림자 없이는 광원에서 비추는 강렬한 빛에 대응하는 명도를 만들어낼 수도 없고, 여백도 생겨나지 않으며, 중요도가 떨어지고 명도값이 낮은 디테일을 표현할 수 있는 명도 범위를 확보할 수도 없습니다. 빛은 어둠이 없이는 존재할 수 없습니다. 그림자는 작품 속 서사에 미스터리나 흥미를 더할 수도 있습니다.

이번 작품에서 그림자의 대부분은 전경과 중경에 위치하며 화면의 약 ⅓을 차지합니다. 그림자는 스멀스멀 피어오르는 불확실성과 차분함이라는 분위기를 연출합니다. 다음 단계에서는 명부에 강렬한 형상을 더할 예정입니다. 또한 이후에는 전경에 위치한 실루엣을 프레이밍할 때 지금 설정한 거대한 암부를 활용할 예정입니다.

명도와 구도

명도와 구도는 명작에서 언제나 핵심적인 역할을
수행합니다. 명도와 구도는 작품의 기틀이 되는
대들보라고도 할 수 있습니다. 명도를 탄탄하게
구성하지 않는다면 작품은 입체감이 없이 밋밋해
보일 것입니다. 작품에서 명도를 활용해 배경을
구분하지 않는다면 화면 속 어디를 밝게 하고, 어
디를 어둡게 해야 할지 종잡을 수 없을 것입니다.
명도가 잘 구성되지 않았다면 화면 속 모든 것이
중간톤의 명도로만 표현되어 관객의 눈에는 화면
전체가 비슷한 색조로 표현된 것으로 보일 것입니
다. 따라서 작품에서 다양한 명도를 활용하는
것은 작품에 역동성을 부여해 관객의 시선을 붙
잡고 나아가 관객의 시선을 초점 영역으로 유도
하는 역할을 합니다.

작품의 완성도는 명도 하나로 결정되기도 합니
다. 개인적으로 색은 명도에 비해서 중요도가 떨
어진다고 생각합니다. 명도가 지닌 힘은 빛과 그
림자를 활용해 감정과 이야기를 전달하는 능력에
있습니다. 누아르 영화를 보면 프레임의 상당 부
분이 흑백으로만 구성되어 있지만 미스터리와 드
라마라는 요소가 잘 전달된다는 사실을 알 수 있
습니다. 이는 빛과 어둠을 효율적으로 활용했기
때문에 가능한 것입니다.

그리고 이러한 빛과 어둠의 활용은 그림에도 적
용할 수 있습니다. 작품의 구도가 치밀하지 못하
다면 화면 속 요소 사이의 연결성은 떨어질 수밖
에 없습니다. 작품의 스트로크나 색 배합이 조악
하다고 해도 구도가 탄탄하게 설정되어 있다면
아티스트가 의도한 내용이 잘 전달될 것입니다.
이는 구도를 통해서 관객이 작품에서 핵심이 되
는 부분에 집중할 수 있기 때문에 가능한 일입니
다. 비례나 각도, 원근법 모두 작품의 서사를 전
개하는 데 도움을 주지만, 구도야말로 관객이 서
사를 이해하는 데 있어서 가장 핵심적인 역할을
합니다.

명부와 암부에 있는 형상이 중첩된 모습입니다. 이렇게 명부와 암부가 중첩되어 나타남으로써
형상과 실루엣이 훨씬 가시적으로 보입니다.

화면 속 인물이 모두 아치형 관문을 향해 걸어가는 모습인데,
이를 통해 관객의 시선도 사람들이 향하는 방향으로 유도됩니다.

주요 인물과 보조 인물 사이의 상호 작용이 만드려는 핵심 요소와 쌍을 이루며 구도를 구성하며
삼각형의 구도를 만들어내고 있습니다.

11

11 조명은 감정과 분위기를 통해 이야기를 전개합니다. 조명이 없다면 대부분의 작품에는 암부만 남거나 중간톤의 명도로만 가득하게 될 것입니다.

11 광원

다음으로는 광원을 가다듬을 차례입니다. 조명을 처리할
때 저는 화면 속 모든 요소의 형상에 집중합니다. 콘셉트를
구성하는 단계와 마찬가지로 조명을 표현할 때는 형상이
중요합니다. 화면에 명부가 드넓게 나타날 때도 있고, 아니
면 작은 부분에 빛이 집중되어 하나의 핵심 지점만을 비추
는 경우도 있습니다. 이번 작품에서는 암부를 가르며 비치
는 가느다란 빛줄기를 활용해 전경의 실루엣을 표현하겠
습니다.

강렬한 빛이 없다면 작품 속의 분위기를 표현하기는 어렵
습니다. 작품의 서사를 전개할 때는 감정을 유발하는 것이
가장 중요한데, 대비와 테두리의 선명도를 활용하면 관객
의 시선을 유도할 수 있는 것과 비슷합니다. 또한 강렬하게
한 곳에 비추는 빛은 화면 속에서 중요도가 높은 지점으로
관객의 시선을 유도하는 역할도 합니다. 단순하지만 눈에
띄는 광원을 활용한다면 작품의 이야기와 구도를 전달하
는 일이 훨씬 쉬워지며, 화면 속 사물의 외관을 불필요하게
꼼꼼하게 처리할 필요도 줄어듭니다.

12 광원에서 나오는 빛의 방향을 결정하는 것으로 관객의 시선이 유도되는 핵심 영역을 만들 수 있습니다.

13 대각선으로 선을 긋고, 원근법을 활용한 뒤에 디테일을 단순하게 표현하는 것으로 지면의 모습을 표현했습니다.

14 그레이스케일을 활용해 흑백으로 스케치를 그리는 단계에서 디테일을 추가해야 사실적으로 명도를 배치할 수 있습니다.

12 빛의 방향 정하기

화면에서 광원의 방향을 정하는 일이 어렵게 느껴질 수도 있습니다. 물체의 표면에서 빛은 동시에 여러 방향에서 도달할 수 있습니다. 그렇기 때문에 물체의 표면을 비추는 빛이 나오는 광원의 방향을 정하는 일이 까다롭게 느껴지는 것이죠. 빛의 방향은 조명의 변화라고도 표현할 수 있는데, 조명의 변화는 작품의 분위기와 서사에 지대한 영향을 줍니다. 예를 들어, 광원이 하늘 높이 떠 있는 경우라면 밝고 활기찬 분위기를 연출할 수 있을 것입니다. 반면 광원이 지평선에 걸쳐서 낮게 떠 있다면 이때의 분위기는 차분하거나 으스스한 느낌일 것입니다. 대체로 저는 화면의 왼쪽이나 오른쪽에 치우쳐서 빛나는 광원을 주로 사용하는데 이때 발생하는 암부의 면적이 넓기 때문입니다. 저는 조명을 통해서 대비가 발생할 수 있는 바탕을 만드는 편입니다. 사실적인 조명을 만들기 위해서 약간의 규칙을 희생하는 것도 가능합니다. 규칙을 있는 그대로 따르더라도 사실적인 빛의 모습이 표현되지 않기도 합니다. 상상력을 발휘해서 빛을 다양한 방법으로 실험하다 보면 보다 흥미롭게 작품의 구도를 빛내 줄 조명을 찾을 수 있을 것입니다.

13 지면

현재 단계에서 지면에는 디테일이 거의 없지만, 지면의 외관을 세밀하게 표현하지 않고도 만족스러운 모습을 표현하는 것이 가능합니다. 작품 속 모든 요소의 디테일을 세밀하게 표현하지 않아도 됩니다. 오히려 잘 그려진 그림에서는 완벽하게 디테일을 채워 넣지 않아서 관객이 해석할 여지를 주는 경우도 있습니다.

저는 작품 속의 지면이 구도를 조성하는 역할을 하도록 할 예정입니다. 지면에는 대각선으로 지시선을 그려서 자연스럽게 관객의 시선이 앞서 원근감 격자를 통해서 만든 소실점을 향하도록 합니다. 또한 지면의 지시선은 관객의 시선이 초점이 있는 만디르로 향하게 하기도 합니다. 이렇게 시선이 집중되는 지점을 만드는 한편 의도적으로 공간을 남겨 두어 관객의 눈이 잠시 쉬어 갈 수 있는 지점을 만들어 놓기도 했습니다.

14 그레이스케일을 활용한 마지막 디테일

채색을 하기에 앞서서 마지막으로 화면 속 공간에 요소를 채워 넣겠습니다. 우선 만디르의 앞쪽에 구조물 2개를 추가하고 측면에는 콘크리트 재질의 아치형 관문을 추가해서 관문이 궁전의 정문이라는 것을 표현했습니다. 관문은 관객의 시선을 초점 영역으로 유도하는 역할을 합니다. 만디르 앞쪽에 배치한 구조물은 장식이 가미되어 있어서 만디르의 전면부에 있는 작은 문으로 관객의 시선을 유도합니다. 여기서 알 수 있듯이 구도를 잘 활용하면 굳이 완벽하게 모든 사물을 표현하지 않아도 됩니다. 또한 자그마한 디테일을 활용하면 기존에 배치한 초점을 한층 강화할 수도 있습니다. 저는 관객이 섬네일로 작품을 보았을 때는 보이지 않는 작은 디테일을 발견하는 즐거움을 느끼길 바라면서 이런 디테일을 배치합니다. 이런 식으로 작은 디테일을 숨겨 놓으면 관객은 또 어떤 디테일이 숨어 있을지 상상하면서 작품을 보다 긴 시간을 들여서 감상하게 됩니다.

15 화면에 색을 칠해서 그레이스케일에서는 찾아볼 수 없었던 분위기와 색감을 더했습니다.

15 채색하기

다음으로는 색을 칠해서 작품에 전체적으로 색감을 더해주겠습니다. 이때 사용하는 색은 상상력을 동원해도 되고, 아니면 참고 자료에서 보이는 색을 쓰거나, 영화나 비디오 게임에 등장하는 형상의 색을 사용해도 됩니다. 그 외에도 다양한 곳에서 영감을 받을 수도 있습니다. 색은 서사에서 발생하는 감정을 한층 강화하는 역할을 합니다. 예를 들어, 어두운 빨간색을 사용했다면 보다 강렬하고 공격적인 서사가 연상될 것입니다. 반면 파란색을 사용했다면 작품의 분위기는 평화롭고 고요한 인상을 줄 것입니다. 다양한 색을 놓고 고민한 끝에 저는 중성색과 약간 과장된 색상을 사용하기로 결정했습니다. 주황색과 파란색을 함께 사용하면 고요한 느낌과 약간의 미스터리가 더해집니다. 저는 작품 속 풍경이 늦은 오후에 펼쳐진다고 설정했고, 이 시간대라면 골든아워의 따뜻한 햇살이 시장 곳곳을 비출 것이라고 생각했습니다. 이렇게 색으로 이야기를 전개하는 것에 더해서 이후 단계에서는 인물과 소품을 배치하는 것으로 스토리텔링을 강조할 예정입니다.

16 명도와 색 조절하기

이번 단계에서는 색을 조금 조절해서 부드러운 색감을 만들어 보겠습니다. 처음 칠한 색은 대비가 강했는데 이번에는 난색의 햇빛을 강조해서 작품의 분위기를 약간 바꿔보려 합니다. 지금 단계에서 만디르의 모습은 다른 부분에 비해서 살짝 강조되어 있는데, 늦은 오후의 따뜻한 햇빛이 창문을 비추며 만디르가 작품의 초점이 위치하는 부분이라는 것을 잘 드러내고 있습니다. 다음으로는 배경의 분위기를 약간 바꿨습니다. 배경의 명도를 조정해서 배경이 관찰자와 조금 더 거리가 있는 것처럼 보이도록 했는데, 이렇게 하면 중경과 전경이 상대적으로 관찰자에게 가까이 있는 것처럼 보이게 됩니다. 관찰자와의 거리가 가까운 사물은 명도가 어두워야 하며, 멀리 떨어진 사물은 명도가 밝게 표현되어야 합니다. 이렇게 전체적으로 명도를 조절했지만, 여전히 사물의 실루엣은 잘 드러나는 것을 볼 수 있습니다.

17 색과 명도

색은 명도를 탄탄하게 쌓지 않고는 존재할 수 없습니다. 이번 작품을 그릴 때 저는 그레이스케일로 작업을 시작했는데, 색이 명도 구조에 주는 영향이 미미하다는 것을 알 수 있는 부분입니다. 이는 이미지가 결국 화면에서 가장 밝은 부분과 가장 어두운 부분으로 균형있게 구성되기 때문입니다. 그리고 이러한 균형이 없다면 대비가 충분하지 않아서 색과 명도가 동떨어지게 됩니다. 색과 명도는 함께 어우러져서 시각적인 매력을 주는 구도와 서사의 요소가 되어야 합니다. 조명과 분위기를 조성하는 방식에 따라서, 서사에서 전달되는 분위기와 감정은 크게 달라집니다.

작품 속 명도의 구조는 작품의 완성도를 좌우하기도 합니다. 만약 명도를 구성할 때 강한 빛을 사용하지 않았다면, 화면은 전반적으로 밋밋하고 역동성이 모자라게 보일 것입니다. 명도를 구성할 때 가장 높거나, 가장 낮은 값을 사용하지 말고 중간톤부터 시작해서 서서히 밝은 값을 사용하는 것을 추천합니다. 하이라이트는 은은하고 너무 과하지 않게 표현하는 것이 좋습니다.

16 화면 속 특정한 부분의 균형을 맞추기 위해서 색 배합을 살짝 조정한 모습입니다.

17 그레이스케일에서 탄탄하게 기초를 쌓았다면, 명도를 기반으로 채색 작업이 훨씬 쉬워집니다.

18a & 18b 전봇대를 활용해서 관객의 시선을 작품의 핵심 초점 영역으로 유도했습니다.

19 사자상과 같은 문화적 요소를 더한다면 관객은 작품의 배경을 더욱 잘 이해할 수 있게 됩니다.

18 전봇대

다음으로는 관객의 시선을 초점으로 유도할 수 있는 사물인 전봇대를 추가로 배치했습니다. 간단하게 선만을 활용해서 전봇대를 표현했습니다. 지면과 마찬가지로 전봇대도 디테일을 살리지 않았지만, 충분히 전봇대처럼 보이고 주변의 환경과 잘 어우러지는 모습입니다. 현재 단계에서 대부분의 사물에 아직 디테일이 거의 표현되지 않고 실루엣 수준으로만 나타나 있습니다. 한편 전봇대에 달린 전선은 화면의 오른쪽 ⅓ 지점에 위치한 작품의 핵심 지점으로 관객의 시선을 유도합니다. 이 외에도 특정한 방향을 바라보는 사물을 배치하는 등 다양한 요소를 활용해서 관객의 시선을 유도할 수 있습니다. 한편 전봇대는 완벽하게 수직으로 그리지 않고 약간 비스듬하게 표현해서 화면에 역동적인 흐름이 나타나도록 했습니다. 더불어 전체적으로 화면

에 수직으로 들어선 요소가 많은데 비스듬하게 서 있는 가로등은 대비를 더하는 요소가 되기도 합니다. 화면 속에 있는 어떤 요소는 과감하게 과장을 해보는 것도 좋습니다. 그렇게 하면 화면에는 긴장감이 더해지게 됩니다.

19 사자상

어떤 디테일을 추가하면 관객의 눈에 띌 수 있을까 고민하다가 사자상 두 개를 느슨하게 표현해서 추가했습니다. 이 사자상은 참고 자료에 있던 사자상을 참고한 것인데, 참고 자료 속 모습에 기반해서 뿔을 추가하고 입은 벌린 것으로 변형을 했습니다. 전체적인 화면에 비해서 사자상의 크기는 작지만, 이렇게 작은 소품이 시각적으로 흥미를 돋우고 문화적인 배경을 가미하는 역할을 수행할 수 있습니다. 이번 작품의 배경이 인도와 티베트의 시장이기

때문에 작품 속 서사를 강화하기 위해서는 사자상과 같이 배경이 되는 지역의 문화와 역사를 담아내는 것이 중요합니다. 마을 주민들이 이웃 국가에서 사자상을 들여왔거나, 아니면 직접 조각을 했다는 서사를 부여할 수도 있습니다. 혹은 액운을 쫓기 위해서 모셔두었을 수도 있죠. 배경이 되는 이야기가 무엇이든 관객은 사자상에 특별한 의미가 있을 것이라고 짐작하게 됩니다. 만약 특정한 문화나 시간대를 배경으로 하는 작품을 구상할 때 사자상과 같은 소품을 배치한다면 배경의 분위기와 사실성을 배가할 수 있습니다.

20a & 20b 화면에서 허전하게 보이는 곳에 작은 요소들을 배치하면 공간을 채울 수도 있고 이야기 전개에 필요한 디테일을 더할 수도 있습니다.

21 공간에 인물을 채워 넣어 작품에 생동감을 불어넣고 서사와 역동감을 더했습니다.

20 천막 배치하기

이제 화면 속 모습이 점차 완성되고 있습니다. 지금부터는 시장에 소품을 배치하는 작업을 주로 하겠습니다. 우선 화면의 양쪽에 천막을 그리고 그 외에도 작은 소품들을 그려 넣었습니다. 전봇대와 마찬가지로 천막도 디테일은 생략해서 너무 눈에 띄지 않도록 표현했습니다. 천막 또한 화면의 중앙부로 관객의 시선을 유도하도록 배치했습니다. 화면의 왼쪽과 오른쪽에 있는 천막이 모두 화면의 가운데에 있는 만디르를 향하면서 시선을 유도하고 있습니다.

천막과 관련된 서사를 생각해 보면 화면 양쪽의 천막은 시장 상인들이 뜨겁게 내리쬐는 햇살을 피하는 용도로 설치한 것일 수도 있습니다. 실제로 이런 천막은 동남아시아나 중동, 유럽의 일부 지역에서

예로부터 실외에 있는 시장에서 널리 활용되고 있습니다. 여기에 더해서 한색 색조로 천막의 명도를 살짝 낮추고 약간의 보라색을 더해서 그늘이 진 모습을 표현했습니다.

21 화면에 인물 채우기

이제 소품을 채우는 작업은 어느 정도 끝났으니 화면에 생동감을 불어넣을 수 있도록 인물을 배치하겠습니다. 서사를 중심으로 이야기를 전개할 때는 인물을 배치하는 것이 가장 중요합니다. 아티스트들이 아름다운 풍경을 묘사할 때 디테일에 몰입해서 인물을 빠뜨리는 경우가 종종 있습니다. 하지만 인물이 빠진 풍경에서는 생동감이 느껴지지 않으며 심지어 이질감이 느껴지기도 합니다. 저는 풍경을 묘사할 때는 최소 두 명 이상의 인물을 화면에 배치해 서사를 전개합니다. 이번 작품에서는 인물

들이 아치형 관문을 향해 움직이고 있습니다. 관찰자와 가장 가까운 인물은 화면의 중앙에서 약간 왼쪽에 치우쳐 있는데, 만디르의 창문 바로 아래에 위치해서 화면의 아래쪽 ⅓ 부근에 관심 지점이 형성되도록 하고 있습니다. 작품 속 각각의 인물에게는 제각기 다른 이야기가 있어서 관객은 이들을 관찰하며 이들이 무엇을 하고 있고, 또 이들이 향하는 곳은 어디인지 상상하게 됩니다.

22 화면을 좌우 반전해서 접선이 발생하는 부분과 원근감이 뒤틀린 부분이 있는지 확인했습니다.

22 화면의 뒤틀림 해결하기

지금까지 오랜 시간을 들여서 그레이스케일을 활용해 기초를 쌓고, 색을 칠하고, 소품을 배치한 뒤에 인물까지 추가했습니다. 그런데 원근감은 아직 확인해 보지 않았습니다. 지금까지 작업을 하면서 원근감에 크게 변화를 줄만한 요소가 많았기 때문에 이제는 화면을 좌우로 반전해 원근감을 확인해볼 차례입니다. 화면을 좌우로 반전해서 보면 원근감이 왜곡되어 나타나거나, 화면에 뒤틀림이 일어난 곳을 쉽게 확인할 수 있습니다. 실제로 지금 작업 중인 작품을 좌우로 반전해서 확인해 보니 화면의 구성이 너무 한쪽으로 쏠려 있다는 것을 알게 되었습니다. 그래서 포토샵의 원근감 도구를 활용해서 화면을 재정렬해 주었습니다. 경험이 쌓이면 직관적으로 작품 속 어딘가가 이상하다는 것을 감지할 수 있는 능력이 생기게 될 것입니다.

23 배경의 공간 채우기

다음으로는 만디르의 오른쪽에 있는 공간을 채우겠습니다. 참고 자료를 다시 살펴보니 서사 전개에 도움이 될 수 있는 건축물을 새로 발견할 수 있었습니다. 시장의 건너편에 왕궁의 안뜰이 있고, 그 안

에 화면 속에 보이는 만디르와 같은 건물이 더 있어서 기도나 제례를 올리는 공간으로 활용되고 있을 수도 있다는 서사를 생각해 보았습니다. 만약 이런 건물을 화면에 추가하게 된다면 그 규모는 전경에 나타나는 시장 건물보다는 훨씬 클 것입니다. 그러나 관찰자와의 거리가 멀리 떨어져 있기 때문에 연무를 추가해서 배경 속 건물의 디테일이 보이지 않도록 해주었습니다. 만약 배경 속 건물의 디테일이 과하게 표현된다면 관객의 시선은 초점 영역에 있는 만디르가 아니라 배경 속 건물로 향하게 될 것입니다. 화면 속 어떤 사물의 디테일을 어느 정도로 표현하는 것이 좋을지 감이 잡히지 않는다면 화면의 아래쪽에 그래디언트를 배치하고 그래디언트를 올라갈수록 디테일을 덜 표현하는 방법을 사용하는 것도 좋습니다.

24 주요 등장인물

이제 작품 속 대부분의 공간이 채워졌으니, 지금부터는 전경에 인물을 추가해서 더 많은 이야기가 펼쳐질 수 있도록 하겠습니다. 작품 속 주요 등장인물은 화면 전체의 구도에서 핵심적인 역할을 수행합니다. 저는 대부분의 작품을 3인칭 시점으로 그립

니다. 즉, 관찰자의 시선이 주인공의 뒤쪽에 위치하게 한다는 것이죠. 이렇게 하면 관객이 주인공과 함께 여정을 떠난다는 인상을 줄 수 있습니다. 이번 작품의 주인공은 강인한 무덤 탐색꾼이니 주인공의 옷가지를 선택할 때도 헤진 겉옷과 벨트, 여러 개의 주머니, 모험을 할 때 활용할 수 있을 장비와 같이 실용적인 물품을 위주로 배치했습니다. 또한 주로 이곳저곳을 떠돌아다니는 생활을 할 테니 백팩을 메고, 음식과 여분의 옷, 담요를 지니고 있는 것이 자연스러울 것입니다. 이러한 물품을 그리기 위해서 참고 자료와 오래된 액션 피규어 등을 참조했습니다. 이렇게 시간을 들여서 등장인물이 입을 만한 옷가지를 찾는 작업은 디테일이 주변의 모습 및 서사와 일치할 수 있게 해줍니다.

23 배경에 사물을 추가하면 화면에 초점이 더해지고, 공간이 줄어서 관객의 시선이 정처를 잃는 것을 막을 수 있습니다.

24 주인공은 작품에 의미와 중요도를 더해줍니다. 소설과 마찬가지로 미술작품 역시 작품이 전개될 수 있도록 하는 주인공을 필요로 합니다.

스토리텔링 VS 디자인

지난 수 세기에 걸쳐서 인간은 이야기와 뗄 수 없는 관계를 맺어왔습니다. 강렬한 서사는 디자인보다 훨씬 중요합니다. 디자인이 훌륭하다고 해도 좋은 서사가 없다면 아무 것도 느껴지지 않는 작품이 됩니다. 관객이 공감할 수 있는 이야기는 작품을 관객의 뇌리에 남게 할 수 있습니다.

25 관객의 시선을 붙잡을 수 있으면서 작품에 서사를 추가하는 요소를 더했습니다. 작은 디테일을 통해 관객의 흥미를 배가할 수 있습니다.

25 비계

한 걸음 물러서서 전체적으로 빠진 것이 없는지 확인해보았습니다. 이제 크기가 어느정도 되는 디테일은 모두 채워 넣었기 때문에 지금부터는 작은 디테일을 추가하도록 하겠습니다. 이런 세밀한 부분을 통해서 작품을 한층 풍부하게 할 수 있습니다. 다시 핵심 초점 영역이 자리한 중앙의 만디르로 돌아와서 만디르의 측면에 세로, 가로, 대각선 방향으로 선을 그어 대략적으로 비계를 그렸습니다. 이렇게 추가한 비계 구조물은 만디르가 아직 공사 중이거나 측면에 균열이 발생해서 보수 작업이 필요하다는 서사를 더해줍니다. 혹은 공사를 하다 말고 인부들이 비계를 내버려둔 채로 떠나가 버린 상황일 수도 있습니다. 이외에도 이 비계를 통해서 연상할 수 있는 서사는 무궁무진합니다. 구도를 중심으로 놓고 보면 비계를 통해 만디르에 디테일이 추가되

어서 만디르에 시선이 집중되도록 합니다. 디테일이 많이 표현된 사물은 화면에서 더 도드라져 보입니다.

26 시장 상인

화면의 오른쪽 부분이 아직 비어 있다는 느낌이라서 물건을 파는 시장 상인을 배치했습니다. 작품 속 세계관에는 미묘하게 공상과학적인 요소가 가미되어 있기 때문에 지금 추가한 시장 상인도 오리엔탈풍의 골동품과 더불어 로봇 부품을 판다고 해도 개연성이 있습니다. 상인이 파는 물품은 화려한 장식이 들어간 카페트나 러그일 수도 있고, 혹은 차량이나 기계식 수트를 수리할 공구일 수도 있습니다. 시장 상인과 더불어 지붕에 걸려서 아래로 드리운 천도 추가했습니다. 상점에 손님이 없어서 상인이 시장을 지나가는 행인에게 구경이라도 하고 가라고

외치는 서사를 생각해 볼 수도 있습니다. 인물의 자세와 바디 랭귀지 역시 이야기를 전달하는 하나의 요소이기 때문에 저는 상인이 텅 빈 가게를 보며 침울해 있는 모습으로 보이도록 자세를 표현했습니다. 상인이 위치한 곳은 화면의 배경에서 노이즈를 주며 전반적인 작품의 서사를 풍부하게 하는 역할을 합니다. 그리고 관객의 시선은 여전히 화면의 중앙부에 집중되며 상인과 같은 보조 인물에 관객의 시선은 분산되지 않습니다.

26 화면 우측에 상인을 배치하여 화면이 비어 있다는 느낌을 덜어주고, 시장에서 펼쳐지는 이야기라는 서사를 강화했습니다.

27 작은 디테일을 조정하는 작업은 레고 블록을 쌓는 것에 비유할 수 있습니다.
어느 정도 형태를 갖출 때까지 계속 쌓아야 하는 작업입니다.

27 디테일
다시 추가하기

비계 구조물의 오른쪽에 인도 양식의 위령탑을 추가해 디테일을 더해주었습니다. 위령탑이란 한 명 또는 그 이상의 사람이 매장된 땅 위에 세워서 죽은 이들을 기리는 기념물을 말합니다. 많은 경우에 위령탑에서는 권력자나 전쟁에서 목숨을 잃은 사람들을 기립니다. 배경에 있는 만디르의 앞에 위령탑을 배치해서 위령탑에서는 해당 지역의 귀족이나 인도 토후국의 왕을 지칭하는 마하라자(maharaja)를 기리고 있다는 것을 암시할 수 있습니다. 위령탑에서 보이는 작은 아치와 장식이 가미된 형태는 시각적으로도 흥미를 유발합니다. 또한 유려한 실루엣은 주변의 건물과도 잘 어울립니다. 위령탑은 화면에서 돔 형태의 지붕이 있는 몇 안 되는 건물이어서 만디르의 직선적이고 날카로운 형상과 대비를 이룹니다. 또한 화면 오른쪽 ⅓ 지점에 위치해서 보조적인 초점을 형성하기도 합니다.

28 작업 중반에 명도를 확인해서 명도가 구분이 되지 않는 부분이 있는지 확인하고 필요하다면 대기 원근법을 적용하는 것이 좋습니다.

28 첫 번째 명도 점검

지금 단계에서 명도를 확인하는 것이 가장 좋습니다. 명도를 확인하면 화면 속 어느 부분이 다른 부분과 명확하게 구분되지 않는지 파악할 수 있습니다. 또한 화면 속 대비를 확인할 때도 유용합니다. 우선 지금까지 작업한 레이어를 전부 선택하고 그 위에 검은색 레이어를 배치한 뒤에 검은색 레이어를 블렌딩 모드에서 'color'로 설정했습니다. 그러면 전경과 중경, 배경이 각각 다른 명도 값으로 구분되어 보이게 됩니다. 이렇게 확인해 보면 채색 과정이 초반에 설정한 명도 구조에 크게 영향을 주지 않은 것을 확인할 수 있습니다. 만약 엇비슷한 명도 값이 발견되었다면, 어떤 사물의 명도 값이 다른 사물과 겹치지 않도록 바꿔야 합니다. 암부 위에 명부를 배치하거나 명부 위에 암부를 배치한다고 생각하면 편합니다. 만약 화면 속 어떤 부분에서 명도가 구분되지 않는다면 저는 화면에서 뒤쪽에 있는 부분의 레이어를 조정해 명도를 밝게 해서 대기 원근법이 작용하는 것처럼 표현합니다. 이후의 단계에서도 명도를 한 번 더 확인하겠습니다.

29 두 번째 인물

다음으로는 화면 속에서 주인공과 상호작용하는 두 번째 인물을 추가하겠습니다. 이번 작품이 공상과학이 가미된 세계에서 펼쳐지고 있기 때문에 저는 두 번째 인물이 공상과학적인 요소를 지닌 갑옷을 입고 있는 것으로 설정했습니다. 이 인물에게는 시장 주변을 순찰하는 왕국군이나 비밀스럽게 잠입한 용병이라는 서사를 부여할 수도 있겠습니다. 한편 이 두 번째 인물은 중요한 임무를 수

행하고 있다는 인상을 주기 위해서 무표정한 모습으로 표현했습니다. 또한 원근감 표현을 위해서 주인공의 눈높이에 위치하며 주인공과 키도 비슷한 것으로 표현했습니다. 이번 작품과 같은 투시도법을 적용했다면 화면 속 대부분 인물의 눈높이가 지평선 근처에 형성되어야 이들이 모두 같은 지면 위에 있다는 느낌을 줄 수 있습니다. 만약 지평선의 위나 아래에 어떤 인물의 눈높이가 형성된다면 원근감이 저해되어 전체적인 화면이 부자연스러워 보일 것입니다.

30 테두리 지우기

화면 속 모든 요소의 테두리 선이 선명하게 표현되어 있다면, 전체적인 화면의 모습은 무언가 뻣뻣하고 부자연스러워 보일 것입니다. 스머지 브러시나 믹서 브러시와 같은 도구를 활용하면 화면 속 특정한 부분에서 테두리의 선명도를 낮출 수 있습니다. 화면 속 요소의 모든 테두리를 선명하게 하거나 흐릿하게 하고 싶은 생각이 들 때도 있겠지만, 둘 사이에 균형을 맞추는 것이 가장 좋습니다. 만약 테두리가 모두 선명하다면 화면은 인위적으로 보입니다. 반면에 테두리가 모두 흐릿하다면 형상과 실루엣이 구분되지 않게 됩니다. 물론 의도적으로 추상화풍의 인상을 주고자 한다면 테두리를 흐리게 하는 것도 나쁜 선택지는 아닙니다. 이번 작품에서는 어느 정도의 가시성이 필요하기 때문에 주로 중경에서 테두리의 선명도를 낮추어 작품의 보는 맛을 살렸습니다.

29 주인공이 화면 속 풍경에 진입할 때 상호작용을 하는 두 번째 인물을 추가해서 서사를 보다 풍족하게 해주었습니다.

30 테두리의 선명도를
다양하게 표현하면 관객에게
서로 다른 정도로 표현된 디테일을
찾는 즐거움을 제공해서
작품의 보는 맛을
살릴 수 있습니다.

효율적인 브러시 선택

작품이 원하는 모습을 보이도록 하기 위해
서는 브러시를 잘 고르는 것이 중요합니다.
또한 브러시를 활용하는 방법 역시 중요합
니다. 손과 팔의 움직임이 스트로크의 움직
임에 어떤 영향을 주고 이에 따라서 작품에
어떤 영향이 있을지 생각해 보는 것이 좋습
니다. 비효율적으로 브러시를 사용한다면
작품은 밋밋해 보이거나, 표현이나 서사가
없는 것처럼 보입니다.

31 로봇을 파는 상점을 그려서 화면의 왼쪽에 공간을 채우고
서사를 더했습니다.

32 로봇을 관찰하는 두 명의 인물을 배치해 관객의 호기심을 유발할 수 있는
서사적 장치를 추가했습니다.

33 인도 양식의 건물에 기도 깃발을 더하면 크기는 작지만, 인도와 티베트의 문화를 함께 보여주는 서사를 강화할 수 있습니다.

31 로봇

작품에 한 가지 흥미로운 요소를 추가했는데, 바로 화면 왼쪽의 천막 아래에 서 있는 로봇입니다. 로봇의 크기는 작지만, 시선을 붙드는 디테일입니다. 그리고 천막 아래에 배치되어 있어서 로봇이 서 있는 가게가 로봇을 만들고 수리하는 상점이라는 것을 암시합니다. 작품 속 세계에서 로봇은 농업용으로 사용되거나, 시장에서 물건을 나르는 용도로 사용된다는 서사를 부여할 수도 있습니다. 앞서 무덤 탐색꾼인 주인공은 기계 부품을 파는 상인을 찾아야 한다고 설정했기에 필요한 디테일이기도 합니다. 만약 작품에서 인간 외의 다른 종족이나 로봇인 인물을 등장시켜야 한다면 그래픽 프로그램을 활용해 3D 모델을 구축하거나, 피규어를 이용하여 로봇의 구조와 비율을 참고하는 것이 가장 좋습니다.

32 작은 서사적 디테일

앞선 단계에서 로봇만 덜렁 서 있는 것으로 표현했는데, 이번 단계에서는 로봇 옆에 상인과 손님을 추가했습니다. 인물을 추가할 때는 크기와 중요성이 작더라도 저는 거의 가족이나 친구에게 자세를 취해달라고 부탁한 뒤에 사진을 찍어서 참고 자료로 삼습니다. 작품 속 로봇의 키가 큰 것으로 설정했기 때문에 로봇의 옆에 서 있는 사람들은 로봇보다 작게 표현해 로봇의 규모가 나타나게 했습니다. 이렇게 작은 디테일이 작품 전체의 서사를 풍족하게 합니다. 저는 관객이 작품을 감상할 때 화면 속에 있는 서사적 요소를 모두 발견할 수 있도록 표현합니다. 이 작품에서 손님은 농사일을 시키거나 무언가를 수리하려고 로봇이 필요한 것일 수도 있습니다. 이러한 디테일을 통해서 관객은 상상력을 동원해 어떤 사물이나 인물이 왜 거기에 있고 작품에서 어떤 역할을 수행하는 것인지 호기심을 갖고 관찰하게 됩니다.

33 기도 깃발

화면 오른쪽에 조금 더 티베트의 느낌을 추가할 수 있겠다는 생각이 들었습니다. 그래서 티베트 양식의 기도 깃발을 배치했는데, 인도 양식의 건물과 잘 어울리는 모습입니다. 이러한 소품은 화면 속에 나타나는 문화적 배경을 강화하는 역할을 합니다. 이번 작품은 가상의 세계가 배경인데, 그래서 작품 속 세계에는 에베레스트보다 높은 산이 있을 수도 있습니다. 그리고 용감한 여행자들이 위험을 무릅쓰고 등반을 시도한다는 서사를 부여할 수도 있습니다. 또한 산을 오르는 여행자들은 시장에 들러 필요한 물품을 사고 무탈한 등반이 되길 기원할 수도 있겠죠. 혹은 화면 속 기도 깃발은 그저 장식의 일부

34 사자상과 시장을 향해 걷는 사람들 사이의 공간에 코끼리를 배치했습니다.

이고 시장의 와자지껄함을 드러내는 요소일 수도 있습니다. 구도 측면에서 기도 깃발은 관객의 시선을 핵심 초점 영역인 중앙의 만다르로 유도하는 역할을 합니다.

34 코끼리

다음으로는 시장의 오른쪽에 사람을 등에 태우고 있는 코끼리를 그렸습니다. 코끼리 역시 아주 작은 디테일이기 때문에 완벽하게 표현할 필요가 없어서 거칠게 실루엣만 그리고, 화면의 나머지 부분에 맞추어 조명을 조절하는 정도로 표현했습니다. 코끼리에게는 축제 때문에 시장에 나왔거나, 마을 외곽에서 사람들이 정글과 계곡을 지날 때 탈것으로 활용한다는 서사를 부여할 수도 있습니다. 동남아 지역에서는 코끼리를 흔하게 볼 수 있기에 작품 속 세상에서도 코끼리가 등장하는 것이 자연스러울

것으로 생각했습니다. 이렇게 작지만 눈에 띄는 디테일을 배치함으로써 서사는 배가되고, 관객은 인물들이 어디를 향하는 것인지 호기심을 갖고 지켜보게 됩니다. 만약 중경에 코끼리를 배치하지 않았다면 중경은 무언가 비어 있다는 느낌이 들었을 것입니다. 또한 화면 속 모든 디테일은 작품의 서사를 구성하는 요소여야 합니다.

스토리텔링의 중요성

위대한 철학자인 플라톤은 "이야기를 만드는 자가 세상을 지배한다"고 했습니다. 많은 사람이 서사와 스토리텔링의 중요성을 간과하지만, 사실 서사와 스토리텔링은 모든 예술의 근간이며 구도보다도 훨씬 중요합니다. 아름다운 풍경은 아티스트가 서사를 부여해 관객으로 하여금 이미지를 통해 여정을 떠날 수 있게 할 때에야 빛을 발할 수 있습니다.

작품에서 서사를 전개하거나 서사에 영향을 줄 수 있는 방법에는 여러 가지가 있습니다. 구도를 잘 활용하면 관객의 시선을 화면 속 원하는 요소로 이끌 수 있습니다. 인물을 추가하면 관객이 인간 대 인간으로서 공감할 수 있는 감정을 유발할 수도 있습니다. 또한 화려하거나 미묘한 색 변화를 통해 작품의 분위기를 암시하여 관객이 특정한 관점으로 작품을 받아들이도록 유도할 수도 있습니다. 이러한 기법을 활용한다면 강렬한 인상을 주는 작품을 만들 수 있습니다. 반면, 이러한 기법을 활용하지 않는다면 완성도가 높은 작품은 탄생할 수 없습니다.

조명을 통해 이야기를 전개한 모습입니다. 명부의 형상을 다양하게 표현해서 작품의 역동성을 드러낼 수 있습니다.

두 명의 인물을 통해 서사의 기조를 설정했습니다. 두 인물은 초점으로 작용하기도 하며 관객은 둘 사이에 어떤 이야기가 있을지 상상하게 됩니다.

배경의 인물과 같은 보조적 정보는 정적인 이미지에서 생동감이 느껴지도록 합니다. 또한 주요 등장인물의 서사를 강화하기도 합니다.

35 공간에 인물을 추가해서 관객의 상상력을 자극하고, 관객이 화면 곳곳을 찾아보게 하는 요소를 더했습니다.

35 **공간 채우기**

화면 왼쪽의 공간에 인물을 추가했습니다. 이번에 추가한 인물은 그 자체로는 흥미롭지 않을 수 있지만, 이렇게 공간을 채우는 것만으로도 관객의 시선이 분산되지 않게 할 수 있습니다. 화면에 공간이 있다면 저는 항상 인물이나 사물을 배치합니다. 관객은 시시각각으로 화면 곳곳을 관찰하는데, 화면 구석구석에 초점이나 흥미를 돋울 수 있는 요소가 있어야 관객의 시선을 원하는 곳으로 유도할 수 있습니다. 화면에 공간이 너무 많다면 관객은 흥미를 잃게 되고, 작품

이 지루하다고 생각하게 됩니다. 이번에 그려 넣은 인물에는 범죄를 예방하기 위해 시장을 순찰하는 경비대원이라는 서사를 부여할 수 있습니다. 혹은 단순히 시장 상인들에게 돈을 구걸하는 노숙자일 수도 있겠죠.

36 작은 디테일을 통해 화면 속 소품이 조화롭게 어울리게 하고, 시장의 상점이 보다 활기차 보이게 할 수도 있습니다.

36 기도 깃발 추가하기

다음으로는 화면 오른쪽의 천막이 있는 부분에 기도 깃발을 추가했습니다. 지금 그린 기도 깃발은 화면의 균형을 맞춰주고 문화적인 배경을 강화하는 역할을 합니다. 이번 작품 속 대다수의 사물과 마찬가지로 기도 깃발도 사각형 깃발의 형상을 외곽선만 그려서 표현한 뒤에 단색으로 칠하는 것으로 마무리했습니다. 사각형 몇 개를 그린 뒤에 원근감에 맞추어 형태를 변형하면 기도 깃발의 거리가 관찰자와 가까운 것으로 보이게 됩니다. 또한 오른쪽에 있는 기도 깃발의 위치가 왼쪽에 있는 기도 깃발에 비해 관찰자와 가깝기 때문에 왼쪽에 배치

한 깃발보다는 색감이 밝고 선명해야 합니다. 기도 깃발 역시 작은 디테일이지만 이러한 디테일이 모이면 전체적인 화면이 조화롭게 보이게 됩니다. 또한 기도 깃발을 가로 방향으로 배치해서 관객의 시선을 만디르로 유도했으며, 기도 깃발을 배치하는 것으로 화면 오른쪽의 상점이 밋밋하지 않아 보이는 효과도 있습니다. 여행자들이 상점에 들러 여행길이 순탄하게 펼쳐지길 기원하는 장소라는 서사를 부여할 수도 있습니다.

황금비

황금비는 미술에서 구도를 구성할 때 활용하는 고급 기법입니다(보다 자세한 설명은 16페이지를 참조하세요). 황금비는 수학에서도 사용되는데, 황금비를 적용하면 완벽하게 균형이 잡힌 구도를 만들 수 있습니다. 황금비는 아치와 나선 형태를 보이는 것으로 잘 알려져 있는데, 황금비의 나선을 활용해 사물을 배치하면 순환하는 형태로 구도를 조성할 수 있습니다. 이번 작품에 황금비를 적용해 보면 화면 왼쪽에 있는 인물에서 시작해서 만디르의 상단을 거친 뒤에 오른쪽의 천막과 상인 쪽으로 방향을 튼 뒤, 화면 오른쪽 ⅓ 지점에 있는 주인공에 이르는 나선을 그려볼 수 있습니다.

왼쪽에서 오른쪽으로, 오른쪽에서 왼쪽으로, 위에서 아래로, 아래에서 위로 향하는 나선도 그려볼 수 있습니다. 이런 식으로 황금비를 통해 다양한 방법으로 구도를 조성해 볼 수 있습니다. 움직임이 많거나 원근감으로 초점을 앞에서 뒤로 이동시키는 역동적인 구도를 조성할 때 황금비를 유용하게 활용할 수도 있습니다.

또한 황금비는 사물 사이에 접선이 나타나서 해결해야 하거나, 다른 쪽에 비해서 화면 속 노이즈가 훨씬 적은 부분에 디테일을 추가해야 하는 등의 작업 과정에서 마주할 수 있는 문제를 해결할 때도 유용합니다. 그뿐만 아니라 시각적으로 흥미를 유발하는 형상을 추가해 화면 속 특정한 부분을 강조할 때에도 활용할 수 있습니다. 이때의 형상은 초점을 강화하거나 작품의 흐름이 가시적으로 드러나도록 하는 역할을 수행합니다. 황금비는 나선을 통해서 화면 속 모든 요소를 하나로 연결하는 물줄기라고 생각하면 좋습니다.

왼쪽에서 시작해 주인공에서 끝나는 일반적인 황금비 나선의 모습입니다.

나선을 위아래로 뒤집어서 좌측 상단의 구석에서 시작해 아래로 내려왔다가 배경의 만디르에 위치한 우측 상단의 초점 영역으로 향하는 모습입니다.

나선을 좌우로 뒤집어서 우측의 천막에서 시작해 중앙의 만디르를 지나 좌측의 초점 영역에 이르도록 한 모습입니다.

37 이미지를 조망하면서 디테일이 부족한 부분은 없는지, 완성이 덜 된 부분은 없는지 확인했습니다.

38 마지막으로 이미지를 뒤집어서 이상하게 보이는 부분이 없는지 확인하고, 비율이나 뒤틀림, 원근감이 틀어진 부분을 수정합니다.

39 작업을 마무리하기 전에 컬러 스케일 레이어를 적용해 작품을 확인하면 대비가 부족한 부분을 찾을 수 있습니다.

37 마지막으로 디테일 가다듬기

이제 작품을 완성하는 단계에 접어들고 있습니다. 이번 단계에서는 명도를 조금 수정해 명부와 암부가 뚜렷하게 보이도록 했습니다. 작품을 전체적으로 조망하면서 한눈에 봤을 때 무언가 이상해 보이는 부분이 없는지도 확인했습니다. 작품에서 전체적으로 디테일이 선명하게 표현되도록 할 수도 있었지만, 이번 작품이 사실적인 모습과 인상주의적인 모습이 혼합된 스타일을 지향하기 때문에 이대로 내버려두기로 했습니다.

그런 다음 색상의 균형이 틀어진 곳은 없는지 확인했습니다. 지금 작품의 색감은 난색과 한색의 균형이 맞고 색감도 미스터리와 차분함이라는 작품의 전반적인 분위기와 톤과 잘 어울려 만족스럽습니다. 화면 속 인물들은 적당히 거리를 두고 배치되어 너무 빽빽하게 배치되었다는 느낌을 주지 않습니다. 만약 인물을 지금보다 많이 배치했다면 화면 속 노이즈의 정도가 너무 강했을 것입니다. 더불어 전체적인 시장의 모습이 생동감이 느껴질 정도로 디테일이 살아있되 지나치게 선명해서 답답하게 느껴지지는 않는지도 확인했습니다.

38 캔버스 뒤집기

다시 한번 화면을 뒤집어서 마지막으로 디테일에 뒤틀림이 없는지, 전체적으로 화면에서 이상하게 보이는 부분은 없는지 확인했습니다. 확인해 보니 건물과 인물 모두 쏠려 있거나 비스듬하지 않은 모습입니다. 화면 양쪽에서 모든 요소가 전체적으로, 올바르게 수직으로 서 있는 것을 확인했습니다. 다만 화면을 뒤집어 보았을 때 무언가 이상하게 보이는 부분이 있는 것은 자연스러운 일입니다. 어딘가 원근감이 뒤틀려 보인다고 해도 걱정할 필요는 없습니다. 건물이나 인물과 같이 중요도가 높은 요소의 원근감이 틀어지지 않았다면 굳이 세세한 부분을 수정하지는 않아도 좋습니다.

39 마지막 명도 점검

이번 단계에서는 다시 한번 전체적인 화면의 명도를 점검했습니다. 컬러 모드가 적용된 검은색 레이어를 다른 레이어 위에 오버레이하면 이미지를 흑백으로 확인할 수 있습니다. 그리고 대부분의 화면에서 대비가 적당하게 나타나고 있고 명부와 암부도 선명하게 보입니다. 채색 단계에서 명도가 크게 변화하지 않는 것을 확인했는데, 앞서 전체적인 명도 구조를 조성하는 단계에서 명도 값이 잘 설정되었다는 것을 다시금 확인할 수 있는 과정이기 때문에 명도를 점검하는 것이 중요합니다. 이렇게 명도를 점검하면 화면 속의 요소들에 적당하게 대비가 조성되어 있는지 알 수 있습니다. 만약 어떤 요소의 대비가 충분하지 않다면 대기 원근법을 적용해 다른 사물과 분리해 주면 됩니다.

마무리 작업

마지막으로 점검을 하면서 중앙에 있는 만
디르에 위치한 핵심 초점 영역이 중경에 잘
자리 잡고 있는지 확인했습니다. 명도를 기
초로 해서 칠한 색도 작품의 전체적인 분위
기와 잘 어울리며 작품에서 중요한 부분을
확실히 강조하고 있습니다. 인물들은 작품
에 서사를 부여하면서도 구도를 효과적으
로 보여주는 역할을 합니다. 곳곳에 배치된
초점은 삼등분 법칙과 황금비를 활용해 관
객의 시선을 화면의 왼쪽과 오른쪽으로 유
도하고 있습니다.

테두리의 선명도도 균형을 맞추어 표현해
서 디테일이 화면 곳곳에 골고루 분산될 수
있도록 했습니다. 화면에는 공간이 있는데,
여기에는 새떼를 그려서 작품에 생동감을
더했습니다. 공기는 빛을 머금어 반짝이는
것으로 표현해서 화면 뒤쪽에 있는 사물에
서 조금 더 거리감이 느껴지도록 했습니다.

이렇게 서사와 구도를 사용하여 색과 명도,
원근법, 인물의 분위기와 감정을 고조하는
것으로 생동감이 넘치는 작품을 만들었습
니다.

Final image © Dom Lay

MARKET PLAZA
화면 속 요소들이 전체적인 작품과 어울리는지 마지막으로 확인했습니다.

갤러리GALLERY

235

데빈 엘르 커츠 DEVIN ELLE KURTZ

일러스트 작가이자 비주얼 디벨롭먼트 아티스트로서 제가 하는 일의 많은 부분은 섬세하게 직조한 일러스트의 서사를 통해서 이야기를 전달하는 작업입니다. 제 작품은 비디오 게임이나 소설, 영화, 독립 프로젝트에 활용되는데, 저는 작품을 창작할 때 대비와 구도선, 시선과 같은 도구를 활용해 구도를 조성하고 이를 통해 작품 안에 이야기와 서사를 불어넣습니다. 이전에 저는 TV 애니메이션 제작에 참여했던 적이 있는데, 애니메이션에서는 모든 작업이 결국 이야기를 엮는 과정으로 연결됩니다. 이때의 경험을 살려서 저는 일러스트를 제작할 때도 이야기를 전달하려고 합니다. 이야기는 서로 다른 사람들을 하나로 연결해 주며 우리가 서로에게 공감할 수 있도록 해줍니다. 언어와 공간의 장벽을 뛰어넘어서 세계 곳곳의 사람들이 공감할 수 있는 이야기를 이미지라는 수단을 통해 전달하는 일보다 신비한 것이 또 있을까요?

The Hallway

〈The Hallway〉

인물들과 인어, 상어가 모두 왼쪽으로 움직이며 흐름을 만들고, 물고기 떼가 구불구불한 선을 이루면서 이 흐름을 방해하고 있습니다. 이에 따라서 화면에는 무언가 일렁이는 듯한 움직임이 느껴집니다. 이렇게 화면 속에 나타나는 구불구불한 선은 화면 속 움직임의 속도와 강도를 낮추어, 느리고 꿈결같이 느껴지도록 합니다. 또한 복도의 바닥과 인물들이 낮게 배치되어 있어서 장엄하고 신비로운 느낌이 전달되며, 결과적으로 화면에서는 환상적인 분위기가 조성됩니다.

〈The Lost Little Dragon〉

이 작품에서는 드래곤에 초점이 맞춰지는데, 전반적으로 명도의 대비가 높고 머리와 상체 부근에 대비가 높은 디테일이 배치되어서 노이즈가 강하게 나타나기 때문입니다. 무언가를 바라는 듯한 자세와 쏟아지는 비로 인해서 드래곤이 홀로 남겨져 있고, 배고플 것이라는 생각 때문에 가엾다는 인상이 듭니다. 드래곤의 눈길은 관객으로 하여금 빵집의 창문을 바라보도록 유도하는데, 창문 위쪽의 창살은 관객의 시선이 더 이상 분산되는 것을 막는 역할을 해서 다시 시선이 화면의 중심으로 돌아올 수 있도록 합니다.

The Lost Little Dragon

Please Slow for Ducklings

First
Encounter
with the
Local
Gryphons

Befriending the
Local Gryphons

〈Please Slow for Ducklings〉

이 작품에서는 일상적인 모습에 특별한 순간이 더해졌을 때 일상의 따분함이 신비한 순간으로 변하는 모습을 담고자 했습니다. 관찰자의 시점을 아이의 등 뒤에 배치해서 관객이 아이의 입장에서 아기오리를 마주했을 때 아이가 느꼈을 놀라움에 공감할 수 있도록 유도했습니다. 아이가 입고 있는 분홍색 겉옷과 비를 맞아 반짝이는 어두운 갈색의 머리카락은 강렬한 색상과 명도의 대비를 만들어서 아이가 화면의 초점으로 작용하도록 합니다. 유모차에서 보이는 대각 방향의 선과 배경 속 인물의 시선과 같은 요소가 모두 관객의 시선이 아이를 향하도록 유도하고 있습니다.

도로의 곡선은 아기 오리가 있는 물웅덩이를 거쳐서 배경에 있는 각각의 인물을 살펴보도록 유도하여 관객이 각 인물의 감정과 표정을 알아차릴 수 있도록 합니다. 자동차의 헤드라이트가 바닥에 비추어 나타나는 긴 반사광은 관객의 시선이 물웅덩이로 되돌아가도록 하고 있습니다.

〈First Encounter with the Local Gryphons〉

화면 속 인물은 화면 중앙에 있는 고양이 형태의 그리핀을 바라보고 있는데, 그리핀은 인물과 눈을 맞추고 있습니다. 이에 따라서 둘 사이에는 감정적인 연결 고리가 생겨납니다. 바로 이 연결고리로 인해서 둘 사이에는 따뜻함이 느껴지고, 화면은 부드럽고 아늑한 분위기가 조성됩니다.

주인공은 건물 사이의 틈에 자리를 잡고 있는데, 이로 인해서 밝은 파란색 하늘을 배경으로 뚜렷한 실루엣과 높은 대비가 생겨납니다. 이렇게 발생한 대비는 주변의 건물에서 보이는 각진 지붕과 곡선 형태의 지붕이 다시금 관객의 시선이 초점으로 향하도록 합니다. 전경은 전체적으로 어둡고 좁은 명도 범위로 표현되어 화면의 앞쪽에 있다는 점이 뚜렷하게 표현됐습니다. 중경에서는 명부부터 암부까지 폭넓게 명도를 활용해서 가장 높게 대비가 나타나도록 했으며, 초점이 중경에 맺히도록 했습니다.

〈Befriending the Local Gryphons〉

작품 속 초점은 주인공의 흰색 셔츠가 검은색 바지와 머리카락과 이루는 명도의 대비로 인해 발생합니다. 이 명도의 대비를 중심으로 밝고 청량한 색감과 분위기가 더해지고, 주인공의 모습에서는 즐거움과 기쁨이 보입니다. 바람에 날리는 머리카락과 셔츠는 고양이 형태의 그리핀이 펼친 날개와 더불어 화면에 바람이 불고 있으며, 활기찬 분위기가 조성되어 있다는 인상이 느껴집니다. 주인공의 표정에서 보이는 즐거움으로 관객도 이 상황이 새로우며 신나는 것이라는 점을 짐작할 수 있어, 모험이라는 주제가 느껴집니다.

화면 속 지붕 위로 나타나는 그리핀의 형상은 저 멀리 배경에서도 반복되어 깊이감과 원근감이 느껴집니다. 비슷한 요소가 반복해서 나타나면 화면이 조화롭고 정돈되어 있다는 인상을 줄 수 있습니다.

네이선 폭스 NATHAN FOWKES

제가 직업으로 삼고 있는 애니메이션 작업에는 언제나 서사가 있으며, 이 작업은 제가 좋아하는 풍경화 스케치의 영향을 크게 받았습니다. 어딘가를 갔을 때 그 장소의 풍경을 그리고 싶다는 생각이 들 때면 저는 항상 이 장소의 무엇이 나를 끌리게 했는지 자문합니다. 그리고 흥미를 자극했던 바로 그 특별한 부분에 집중해서, 집중을 분산시키거나 필요하지 않은 부분들을 지워 나갑니다. 그리고 이런 방식을 통해서 풍경을 단순히 모방하는 것이 아니라 장소에 담긴 이야기를 담아내는 방법을 알게 되었습니다. 어떠한 순간에 담긴 이야기를 전달하는 데 방해되는 요소를 제거하는 방식이 바로 애니메이션 아티스트로서 제가 성공할 수 있던 요인입니다. 이번 〈갤러리〉에 담긴 작품은 제 머릿속에 담긴 풍경을 그래픽 프로그램으로 묘사하거나, 제가 실제로 방문했던 장소를 물감으로 그린 것들입니다.

Jade Lake

〈Jade Lake〉

화면에 담긴 산의 풍경은 호수와 배가 주변의 바위와 산에 의해 프레이밍이 되어 있습니다. 의도적으로 바위의 모습이 각이 지고 수직으로 보이도록 했는데, 이를 통해 호수의 모습은 상대적으로 잔잔하고 평온하며 시원한 인상을 줍니다. 초점은 화면의 중앙에 위치해 있는데, 밋밋하게 보이지 않게 하기 위해서 중경의 오른쪽에 위치한 수직으로 솟은 바위 부근에 관심 지점을 배치했습니다. 바위의 표면에는 형형색색의 이끼와 새, 흰색의 새똥을 배치하고, 바위의 꼭대기에 한 줄기 빛이 내리쬐도록 했고, 어두운 배경을 바탕으로 프레이밍이 되도록 했습니다.

〈Rainforest Trek〉

이번 작품은 관객의 눈을 화면의 곳곳으로 유도하고 있습니다. 이파리의 형태를 반복적으로 사용해 관객의 시선이 열대우림을 탐방하는 느낌이 들도록 했습니다. 관객은 먼저 화면의 우측 하단에 있는 이파리를 보게 되며, 그런 다음 화면 중앙에서 약간 오른쪽에 있는 비슷한 형태의 이파리를 보고, 그리고 화면 상단의 가운데 부분에 있으면서 빛이 비치고 있는 이파리의 모습으로 시선을 보냅니다. 화면에 리듬을 만들기 위해서 큼직한 곡선을 서로 포개듯이 배치했고, 이로 인해서 관객의 시선은 점차 화면 상단에 위치한 배경의 열린 공간으로 향하게 됩니다. 나무 사이에 난 이 열린 공간은 빛을 받고 있는 전경보다 색온도가 훨씬 차갑기 때문에 화면에 깊이감을 만듭니다.

Rainforest Trek

St Alban's Gothic

Mountain Fantasyscape

⟨St Alban's Gothic⟩

덴마크 코펜하겐에 위치한 이 교회 건물은 수채화 물감을 사용해 묘사했고, 첨탑이 우뚝 솟은 느낌을 강조하기 위해서 수직으로 화면을 구성했습니다. 화면을 수직으로 구성함으로써 전경과 중경에 레이어를 쌓아서 시선이 점차적으로 교회 건물로 향하도록 유도했습니다. 또한 전경에 있는 수풀의 질감을 강조하면서 전경을 강물에 비친 반사광으로 프레이밍하고, 그 뒤에는 주황색 빛을 받는 언덕을 배치하고, 다시 그 뒤에는 나무를 어둡게 표현한 뒤, 그리고 그 뒤에 교회 건물과 구름이 겹겹이 쌓인 하늘을 점층적으로 배치하는 기법을 사용했습니다.

화면 속 요소들이 점층적으로 쌓여 있다는 인상을 강화하기 위해서 질감을 활용하기도 했습니다. 전경의 수풀에서 질감을 가장 적극적으로 활용했는데, 물감을 두텁게 바른 뒤에 일부는 캔버스가 보일 정도로 긁어내서 질감의 대비가 돋보이게 했습니다. 그러나 관찰자와의 거리가 멀어질수록 질감의 표현도 줄어서 교회 건물은 거의 평면적으로 보입니다. 이런 질감으로 깊이감을 표현했으며, 나아가 이를 통해 교회 건물의 인상이 담기기도 합니다.

⟨Mountain Fantasyscape⟩

아주 거대한 규모를 자랑하는 판타지 세계의 풍경을 그래픽 프로그램으로 묘사한 작품입니다. 작품 속의 규모는 화면에 나타나는 마을의 작은 모습과 그 뒤로 펼쳐진 거대한 산맥의 대비를 통해 잘 나타납니다. 화면이 너무 번잡스럽게 보이지 않게 하기 위해서 시각적인 활동이 많은 곳 옆에 활동이 적은 곳을 배치했습니다. 예를 들면, 전경의 단순한 모습은 도시와 성채를 가르며 비추는 빛줄기라는 시각적 활동 옆에 배치했고, 그 뒤로는 산맥 아랫부분의 평온한 풍경이 나타나 있으며, 그 위로는 다시 빛이 비치고 있습니다. 또한 풍경에서 나타나는 전반적인 곡선을 중심으로 빛이 반복해서 보이도록 해서 화면에는 리듬이 생기게 했습니다.

조슈아 클레어 JOSHUA CLARE

구도는 어떤 공간에 어두운 형태와 밝은 형태를 배치하는 작업이라고도 할 수 있는데, 순수 미술에서 가장 중요한 요소입니다. 또한 개인적으로도 가장 중요하게 생각하는 요소로, 밑그림이나 명도, 테두리, 색, 질감보다도 더 중요합니다. 좋은 구도를 디자인하는 일은 쉽게 이뤄지지 않습니다. 시간과 노력이 필요하며, 나아가 자신이 갖고 있는 창의력과 집중력을 모조리 투자해야 합니다. 그러나 이 모든 수고를 들일 가치가 있는 것이 바로 구도이기도 합니다. 명도와 색, 테두리, 질감을 잘 활용한다면 구도가 훌륭한 작품에 빛을 더할 수는 있지만 구도가 틀어진 작품을 살릴 수는 없습니다.

Ditch Bank

Desert Train

〈Ditch Bank〉

이 작품은 우리 집 뒤편에 있는 작은 수로의 둑을 그린 것입니다. 이 작품에서는 제가 〈실습〉 단원(173페이지와 183페이지를 참고하세요)에서 다뤘던 균형과 다양성의 원칙이 잘 나타나 있습니다. 화면 왼쪽의 암부에 어둡게 표현한 마른 갈대의 형태를 먼저 본 뒤에 전체적으로 암부의 형상이 어떻게 구성되었는지 확인해 보세요. 이 작품의 구도를 구상할 때 저는 형상과 균형을 다양하게 표현하는 것을 목표로 했습니다. 반면 이 작품의 서사는 단순합니다. 이해할 수 없는 자연의 아름다움은 멀리서 찾을 필요가 없다는 것이 작품의 서사입니다. 바로 눈앞에서 찾아볼 수 있는 것이 자연의 아름다움입니다.

〈Desert Train〉

이번 작품은 'Hole in the Rock 선교[1]'에서 영감을 받은 작품입니다. 저는 이번 작품에서 관객이 콜로라도의 협곡과 사막을 지나 남동쪽에 있는 유타주의 블러프로 향하는 과정에서 선구자들이 겪었던 막대한 어려움에 공감할 수 있게 작품을 구상했습니다. 개인적으로는 거대한 계곡과 협곡을 가르며, 마차를 끌고 가는 일이 얼마나 힘들었을 것인지 짐작조차 되지 않습니다. 작품에서 보이는 거대한 협곡의 모습은 여정이 얼마나 거칠고 힘들었을지 보여주는 요소이며, 동시에 빛과 난색의 색감은 작품에 희망과 낙관이라는 감정을 불어넣습니다.

---

1 역주 : 모르몬교들이 정착지를 찾기 위해 서부로 향했던 여정을 가리킵니다.

Almost Paradise

〈Almost Paradise〉

작품 속 헛간의 모습에서는 아주 중요한 디자인 원칙이 드러납니다. 바로 화면 속 형상은 사물이 아니라 명도 그룹에 의해서 정해진다는 것입니다. 중앙에 있는 나무에서 이 원칙이 잘 드러납니다. 나무의 형상은 부수적이며, 화면에서 가장 도드라지는 형상인 헛간 건물이나 지붕과 같은 전경의 큰 형상에 나무의 형상이 스며드는데, 이들이 모두 비슷한 명도 값을 지닙니다. 크게 보면 이 작품은 두 개의 형상으로 단순화할 수 있습니다. 하나는 하늘과 산, 흰색 부속 건물이 이루는 명부이고, 다른 하나는 헛간과 나무, 전경이 이루는 암부입니다.

〈Kaiping〉

중국에서 2~3주 정도 지낸 적이 있었는데, 그때 어느 작은 마을에서 작품 속의 건물을 발견했습니다. 이 작품의 초점은 색의 대비를 활용해 만들었습니다. 작품에 사용한 색은 대체로 제가 관찰한 색이지만, 화면 왼쪽의 나무와 빨간색은 제가 임의로 더했습니다. 오른쪽에서 무게감을 자아내는 형상과의 균형을 맞추기 위해 더한 것이죠. 손으로 왼쪽의 나무와 빨간색 형상을 가리면 작품의 균형이 상당히 많이 무너진다는 것을 확인할 수 있습니다.

Kaiping

돔 레이 DOM LAY

구도와 서사는 제가 작품을 창작할 때 가장 중요시하는 요소입니다. 관객에게 생각할 거리를 안겨주는 작품을 창작할 때는 명도와 빛을 구도, 서사와 함께 활용하면 됩니다. 구도는 그 자체로 색이나 선 없이도 존재할 수 있습니다. 많은 아티스트가 구도가 지닌 힘을 과소평가하고는 하는데, 사실 구도는 좋은 작품에 없어서는 안 되는 요소입니다. 구도를 밑그림이라고 생각해도 좋습니다. 밑그림을 통해 방향을 제시하지 않는다면 작품은 중심을 잃을 것입니다. 또한 접선을 피하고, 형상의 균형을 맞추고, 말하지 않고도 이야기를 전달할 방법을 아는 것도 중요합니다. 구도는 그림에 있어서 기초적인 요소이지만 쉽게 배울 수 없기도 합니다. 그러나 시간을 들여 연습을 반복하다 보면 구도를 다루는 일이 점차 쉬워질 것입니다.

Tomb Raiding in the Afternoon

〈Tomb Raiding in the Afternoon〉

어두운 실내의 모습이 이번 작품 속 불가사의한 무덤의 분위기를 조성하고 있습니다. 천장의 틈으로 비치는 빛은 석상이나 묘실의 바닥과 같은 흥미 지점을 강조하는 역할을 합니다. 오래된 석상의 크기는 무덤의 규모를 가늠할 수 있게 하며 원근감을 불어넣는 역할도 수행합니다. 중경에 있는 인물은 서사적으로 가장 먼저 초점이 맞춰지는 부분이며, 인물이 들고 있는 칼은 빛으로 눈이 향하도록 합니다. 이 인물에게는 동료 용병과 함께 보물을 찾아서 묘실 안으로 들어왔다는 서사를 부여할 수도 있습니다.

작품 속의 색 배합은 대체로 단색 위주인데, 이를 통해 사용된 색의 개수가 적을 때 명도를 통해 많은 감정을 전달할 수 있다는 것을 알 수 있습니다. 대기 원근법과 명도를 활용하면 원하는 분위기를 표현할 수 있습니다.

〈Fun and Mischief〉

작품 속 인물과 강아지는 화면을 삼등분했을 때 오른쪽 ⅓ 지점에 위치하고 있어서 이들이 위치한 지점에 초점이 맞습니다. 화면에 보이는 계단은 가로로 배치되어 세로로 솟은 아치나 기둥과 대비를 이룹니다. 또한, 계단은 아래로 향하고 있어서 자연스럽게 시선이 아래쪽 인물로 향하게 합니다. 화면 속의 목상은 작품에서 가장 디테일하게 표현된 사물이기에, 자연스럽게 관객의 시선은 목상으로 향하게 됩니다. 화면 아래쪽의 공간은 관객의 눈이 쉴 수 있는 곳이며, 관객의 시선이 뚝 잘려나간 신전을 향하도록 합니다. 화면을 복잡한 부분과 단순한 부분으로 나누어 보여주는 방법을 잘 활용한 작품이기도 합니다.

Fun and Mischief

Catch of the Day

〈Catch of the Day〉

긴 하루의 끝에 어부들이 항구로 돌아와 그날 잡은 고기를 배에서 내리고 있습니다. 자연광으로 작품 속의 시간대를 알 수 있으며, 은은하게 비치는 석양을 통해 작품 속 분위기가 전달되고 있습니다.

형상을 활용하면 관객의 시선을 원하는 곳으로 유도할 수 있습니다. 이번 작품에서는 고깃배의 형상이 저 멀리 있는 수평선을 바라보고 있습니다. 한편, 왼쪽에 있는 남성의 형상은 건너편의 부두로 무언가를 던지고 있습니다. 이런 식으로 형상을 통해 관객의 시선은 화면의 오른쪽에 위치한 가장 밝게 표현된 부분으로 향하게 됩니다.

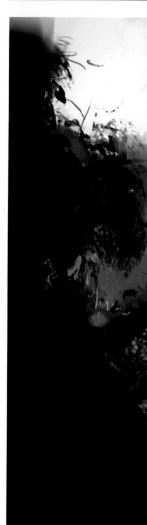

〈Jungle Pilgrimage〉

중경의 나무 형상은 배경에 있는 신전으로 관객의 시선을 유도합니다. 나무의 크기를 제각기 다르게 표현해서 물체의 크기나 높이가 서로 엇비슷할 때 발생하는 접선이 생기지 않도록 했습니다. 배경에 위치한 신전의 옆에는 인물을 작게 표현하여, 관객이 중경에 있는 순례자와 배경이 얼마나 멀리 떨어져 있는지 가늠할 수 있도록 했습니다. 또한 신전 옆에 작은 인물을 배치하는 것은 신전의 크기가 간접적으로 나타나도록 하는 역할도 합니다.

중앙의 밝은 빛은 구도가 동적으로 보이도록 합니다. 빛이 위치한 영역 뒤로는 디테일의 표현이 감소해서 관객의 눈이 쉬어갈 수 있습니다.

〈Morning Incense〉

중앙에 집중되는 형태의 구도는 그림에서 널리 사용되지는 않지만, 다양한 요소를 활용하면 충분히 사용할 수 있다는 것이 이번 작품에서 잘 나타납니다. 인물의 뒤로 나타나는 물살은 관객이 화면 속 풍경에 집중할 수 있도록 합니다. 배경의 가운데에 있는 불상과 신전은 삼각형의 구도를 이루고 있습니다. 삼각형 구도는 르네상스 시기 이탈리아에서 창작된 작품에서 널리 활용되기도 했습니다. 이런 삼각형 구도는 황금 삼각형이라고도 불리는 데 대각선을 활용해 구도를 조성하는 방식입니다.

신전의 기둥은 점차 높이가 낮아져 관객의 시선이 구도의 한 축인 불상을 향하도록 유도합니다. 또한 기둥의 높이가 서로 다르기 때문에 실루엣에서 다양성이 느껴져서 물체의 크기가 같을 때 나타나는 접선이 발생하지 않습니다.

Jungle Pilgrimage

Morning Incense

Children of the Sky

디아밀라 크노프 DJAMILA KNOPF

구도는 규모에서부터 형상, 색, 빛, 대비까지 연관된 요소가 많기 때문에 한마디로 정의하기가 힘든 개념입니다. 연관된 요소 중 하나라도 바뀌면 구도는 곧바로 영향을 받습니다. 저는 때때로 아주 복잡한 작품을 그리는데, 서로 다른 요소를 배치해서 보는 맛을 살리는 일이 때로는 정말 힘들기도 합니다. 새로 작품을 그릴 때면 저는 가장 먼저 서사와 스토리텔링에 집중합니다. 무슨 이야기를 전달할지 생각해 본 뒤에야 어떻게 묘사해야 작품이 매력적으로 보일 수 있을지 생각합니다. 이 과정에서 서로 다른 요소를 다르게 배치해 보기도 하고, 색과 빛을 바꿔 보기도 합니다. 이 과정은 그래픽 프로그램을 활용하면 훨씬 쉽게 진행할 수 있는데, 화면 속 요소를 자르고, 붙이고, 조정하는 일이 용이하기 때문입니다.

구도를 조성할 때 저는 아래와 같은 세 가지 원칙을 따릅니다.

• 화면 속 서로 다른 요소를 크기에 따라 큰 형상과 중간 형상, 작은 형상으로 나누어 분류한 뒤에 이들의 균형을 맞춥니다.
• 디테일이 많이 표현된 부분을 디테일 표현이 적은 부분과 함께 배치해서 관객의 눈이 너무 피로해지지 않도록 합니다.
• 유기적인 형상을 배치해 화면 속 요소가 너무 기하학적으로 보이지 않게 합니다.

〈Children of the Sky〉

이 작품에서는 대체로 단순함이 강조되어 있습니다. 디테일한 표현이 자제된 배경을 바탕으로 두 명의 인물이 제시되어 있고, 이 둘에게 초점을 맞추는 작품입니다. 다만 이 작품에서 평화로운 느낌과 더불어 동적인 느낌을 표현하고 싶었습니다. 그래서 수평 방향과 수직 방향의 선을 사용해 구도에 안정감을 불어넣고, 대각 방향의 선으로는 움직임을 표현했습니다. 아이들이 달리면서 발생하는 움직임을 코이노보리(鯉のぼり(잉어 모양의 바람 자루))와 구름의 형상이 이루는 동적인 선으로 보조했습니다. 이와는 반대로 바닥의 풀밭은 수평으로 표현해서 안정감을 주었습니다.

이번 작품의 서사는 밝고 자유로운 느낌이기 때문에 화면에 여백을(하늘) 많이 주어 화면 속 인물이 자유롭게 뛰논다는 느낌을 표현했습니다. 반대로 코이노보리의 패턴은 상세하게 표현해서 관객의 시선을 붙들도록 했습니다.

Weightless

Colorless Street

Hideout

〈Weightless〉

따뜻한 파란색의 머리카락을 지닌 화면 속 인물은 바다를 상징합니다. 이 인물은 무언가 다른 세상에서 온 존재이며, 얼어붙어 있는 듯한 인상을 주면서도 주위의 바다는 생명력이 넘쳐 보이도록 표현했습니다.

얼핏 보면 작품의 구도는 무작위로 배치된 것처럼 보이지만, 자세히 살펴보면 나름대로 질서가 있습니다. 화면의 가운데에는 여자아이가 있고, 아이의 주변으로 바닷속의 생명체가 원을 그리며 헤엄치며 프레임 역할을 합니다. 화면은 아래쪽으로 갈수록 점차 어둡고 밀도가 높아지며, 위로 가면 밝고 산뜻한 느낌을 줍니다.

〈Colorless Street〉

이번 작품에서 저는 우중충하면서 비가 오는 날의 분위기를 표현했습니다. 이런 날에는 강한 빛이나 그림자가 생기지 않기 때문에 하늘의 빛을 과장해서 표현했습니다. 이렇게 하면 빛이 화면의 가운데를 관통하며, 빛이 통과하는 경로의 좌우로 어두운 골목이 펼쳐지게 됩니다. 인물은 화면 속 명부에 배치해서 실루엣이 가시적으로 드러나도록 했습니다. 또한 화면 속 인물이 관객은 볼 수 없는 지점을 바라보도록 해서 화면에 담기지 않은 이야기가 펼쳐지고 있다는 것을 암시했습니다. 해결되지 않는 질문과 감춰진 이야기는 관객이 작품에 흥미를 갖도록 하는 요소입니다.

〈Hideout〉

이 작품은 주택가의 지붕 위에 마련한 자신만의 은신처에 있는 인물을 담고 있습니다. 은신처에서 내려다본 주택가는 집들이 서로 연결되어 있다는 인상을 주기도 합니다. 옥상에서 보아 넓게 펼쳐진 풍경에서는 배경의 바다가 보이고, 이에 따라 화면 속 모습은 따뜻하고 신비로워 보입니다.

이 작품처럼 디테일이 많이 표현된 풍경은 번잡해 보일 수 있기 때문에 하늘이라는 넓은 공간에서 관객의 눈이 쉬어갈 수 있도록 했습니다. 벚꽃 나무와 빨랫줄에 걸린 빨래는 집 형상의 딱딱함을 완화해 줍니다. 화면 오른쪽 지붕에서 나타나는 대각선은 관객의 시선이 인물로 향하게 합니다.

션 레이 SEAN LAYH

서사와 구도는 저의 작품에서 핵심적으로 작용하는 요소입니다. 새로 그림을 구상할 때면 저는 가장 먼저 서사를 어떻게 구성할지 생각합니다. 저에게 서사는 긴장감을 만들어내는 요인입니다. 긴장감이 없다면 이야기도 펼쳐질 수 없습니다. 머릿속으로 서사를 구상한 다음에는 서사를 어떻게 화면에서 풀어낼 것인지 생각합니다. 그리고 서사를 화면에서 풀어내는 방법이 바로 구도입니다. 저는 구도를 영화나 그림, 음악과 같이 제가 좋아하는 것들을 주의 깊게 관찰하고 각각의 요소를 어떻게 배치해서 이야기를 전개하는지 알아가는 과정이라고 생각합니다.

〈Calling〉

이 작품에서는 서사적으로 긴장감을 부여하는 요소가 무엇인지 분명하게 파악하기는 어렵습니다. 가장 먼저 보이는 것은 개 두 마리가 화면 중앙에 있는 인물을 향해 달려오는 모습입니다. 개의 모습에서 보이는 생기와 속도감은 바위 위에 앉아 있는 아이의 정적이고 차분한 분위기와 직접적으로 대비를 이룹니다. 작품의 초점은 빛으로 강조되어 있습니다. 아이의 모습은 의도적으로 역광을 이용해 표현했는데, 이를 통해 작품의 나머지 부분과 색감을 통일했습니다. 정면에서 비치는 광원을 배치하는 것이 더 부자연스럽게 보일 때도 있습니다.

또한 화면 중앙에 있는 인물은 각도를 이용해 강조했습니다. 화면 속 대부분의 요소가 평면이거나(황무지와 강) 기울어져 표현되어(나무와 바위, 개 두 마리) 있는 데 반해 중앙의 인물만 수직으로 우뚝 솟아 있습니다. 화면 속 전체적인 요소와 전혀 다른 각도를 이루는 사물이 화면의 중심점이 되기도 합니다. 이와 더불어 대비를 활용해 은근하게 관객의 시선을 화면의 중앙부로 유도했습니다. 인물이 앉아 있는 중경은 뒤편의 황무지가 안개가 끼어 있는 것과 비교하면 훨씬 대비가 강조되어 있습니다. 나아가 전경의 대비는 낮게 표현되어 있으며 물 위에는 하늘의 풍경이 반사되어 중경의 대비는 훨씬 돋보입니다.

〈Whittling〉

이 작품에서는 땅거미가 지는 겨울의 숲속에서 불가에 앉아 나무를 조각하는 남성의 모습을 그리고 있습니다. 서사 중심의 작품이 성공하려면 긴장감이 필요한 경우가 많습니다. 작품 속 남성은 차분하게 조각에 집중하는 모습이지만, 주위의 모습은 아늑한 것과는 거리가 있습니다. 하지만 황량한 숲속에서도 인물이 터를 잡고 자급자족한다는 사실이 화면 중앙의 오른쪽에 있는 쓰러진 나무를 통해 전달됩니다. 이 쓰러진 나무가 남성이 피운 모닥불 가의 테두리를 형성하는 한편, 관객의 시선을 뒤편의 차디찬 숲으로 유도합니다.

구도를 살펴보면, 화면의 중앙에 집중적으로 디테일을 배치하고 나머지 부분에서는 디테일 표현을 자제해서 관객의 눈이 쉬어갈 수 있도록 했습니다. 남성의 주변에는 조각용 도구와 도끼, 장작과 그루터기가 펼쳐져 있습니다. 이를 통해 관객은 자연에서 자신만의 공간을 만들어내는 인간이라는 작품의 핵심 서사를 느낄 수 있습니다.

Calling

Whittling

〈Toll Road〉

이 작품에서는 겨울날의 도로에서 수렁에 빠진 마차의 모습을 그리고 있습니다. 말은 진흙에 빠져 있고 마부는 진흙탕에서 말을 꺼내려 애쓰는 모습입니다. 움직임은 주로 화면의 ⅔ 지점에 집중되어 있어서 수렁에 빠진 말을 구하려는 남성의 수고스러움이라는 서사를 강조하고 있습니다. 화면의 나머지 부분은 마차가 어디에서 와서 어디로 향하고 있는지만을 비추고 있습니다. 화면 속 도로는 순환하는 고리처럼 보이는데, 이는 마차가 수렁에 빠져서 오도가도 못하는 움직임을 강조하고, 서사에 무게감을 더하는 역할을 합니다. 또한 급하게 꺾이는 도로는 관객의 시선을 도로의 순환하는 모습으로 유도해서 작품에서 중심적으로 다뤄지는 행위에 시선이 집중되도록 합니다.

마차는 원근감을 과장해 표현했는데, 마차의 뒤쪽이 작아 보이도록 해서 관객의 시선이 마차가 지나온 안개 낀 침엽수 숲으로 향하도록 하는 동시에 관객이 마부에게 집중되도록 해서 작품의 서사를 강화하는 역할을 합니다.

Toll Road

하이칼라 HEIKALA

관심을 자극하거나 눈이 즐거운 구도를 구상하는 일은 작품을 새로 그릴 때 제가 가장 먼저 하는 일입니다. 먼저 아이디어를 성냥갑 크기의 작은 스케치로 표현해서 어느 구도가 가장 좋을지 파악합니다. 이렇게 하면 디테일에 정신이 팔리지 않고도 작품에서 핵심이 되는 초점이 어디에 있어야 할지 눈으로 보면서 파악할 수 있습니다.

제 작품에는 언제나 이야기가 담겨 있습니다. 인물과 풍경, 색 모두 이야기를 전달하는 요소입니다. 저는 마법과 놀라움을 주제로 그림을 그리는 것을 좋아하는데, 여기에 그치지 않고 눈에 보이는 서사를 뛰어넘거나 관객이 보았을 때 작품에 새로운 의미를 부여할 수 있도록 제목을 짓습니다.

Echoes

〈Echoes〉

이 작품에서 저는 물 속에 있을 때 소리가 왜곡되어 무언가 다른 세상에 있는 듯한 느낌이 전달되도록 했습니다. 처음 봤을 때 관객은 작품 속 인물이 거꾸로 있다는 것을 알아차리지 못합니다. 사실 인물의 발끝은 찰랑거리는 수면에 닿아 있는 것이죠. 수영장 바닥의 선과 수영장 양쪽 벽에서 느껴지는 원근감, 물 위에 떠 있는 코스 로프 모두 시선이 주인공을 향하게 합니다. 이 작품을 그릴 때 저는 일일이 치수를 재면서 그리지 않았는데, 작품에서 물속에서 느껴지는 울렁거림이 전달되었으면 했기 때문입니다.

〈Shapeshifters〉

이 작품은 일본의 설화에서 영감을 받아서 한 무리의 너구리가 한밤중에 서로 모여 있는 모습을 그리고 있습니다. 작품에서는 전경과 중경, 배경에 서로 다른 명도 값을 지니는 색을 사용해 깊이감이 느껴지게 했습니다. 배경이 작품에서 가장 밝은 부분인데, 중경의 어두운 색은 점차 뿌옇게 중간톤으로 변하도록 했고, 전경에는 밝게 표현된 사물과 어둡게 표현된 사물이 모두 등장합니다. 등불을 든 인물과 관찰자 방향으로 몸을 돌린 너구리에 초점이 맞춰지도록 해서 이들의 실루엣과 희뿌연 배경이 서로 명도의 대비를 이루도록 했습니다.

Noita

〈Cloakmaker〉

작품 속에 나타나는 중앙에 집중되는 구도는 단순하지만, 빛과 어둠의 대비는 관객의 시선을 망토 장인과 장인의 작품이 있는 초점 영역으로 유도합니다. 빛은 오른쪽에서 들어와 인물을 비추고 있으며, 망토에 자수로 새겨진 새 두 마리 또한 장인을 바라보고 있습니다. 인물과 망토는 밝은색 배합을 사용해 표현했고, 배경의 요소는 칙칙하고 색감이 어두운색을 활용해 칠했습니다. 화면 속 디테일은 작품에 생동감을 불어넣는 요소입니다. 실타래와 바늘방석, 패턴이 들어간 옷감, 앞치마 주머니에 꽂힌 가위 모두 인물의 이야기를 보여주는 요소입니다.

〈Noita〉

핀란드의 설화와 전통 복식을 활용해 노이타(마녀)의 모습을 그렸는데, 핀란드의 문화에 나타나는 요소를 활용해 인물에 미스터리를 부여했습니다. 모자를 장식하는 솔방울과 솔잎은 핀란드의 숲에서 흔히 볼 수 있는 것들입니다. 귀고리는 순환하는 사각형(성 요한의 팔) 모양인데, 고대 핀란드에서 악령을 쫓을 때 사용하던 상징입니다. 작품의 구도는 근엄하고 정적인 인물의 자세를 강조하는 르네상스 인물화의 구도를 연상시킵니다. 인물의 얼굴은 화면에서 가장 밝은 영역으로 표현해서 초점이 맺히도록 했습니다. 배경은 어둡게 처리해서 인물의 실루엣이 돋보이도록 했습니다.

구웨이즈 GUWEIZ

서사를 중심으로 구도를 조성하는 일은 지난 몇 년간 제가 추구해 온 목표입니다. 이전에는 단순히 시각적으로 흥미로운 작품만을 그렸던 저에게 이는 엄청난 변화이자 성장의 계기였습니다. 서사를 염두에 두고 구도를 조성할 때는 화면 속 구성 요소 사이의 흐름이 중요합니다. 예를 들어, 초점 주변에 대비가 높은 지점을 배치하거나 동적인 형상을 배치해서 관객의 시선을 유도하는 식으로 흐름을 만드는 것이죠. 더불어 서사를 함축한 요소를 배치해서 서사가 화면에 녹아들도록 하는 것도 중요합니다. 구도가 제 역할을 하기 위해서는 시각적으로 작품이 흥미로우면서도 서사가 명확하게 드러나야 합니다. 즉, 흥미와 서사가 어느 정도 공존해야 합니다.

Streets

〈Streets〉

이 작품에서는 뻔한 방식이 아니라 가시성과 서사를 혼합해 활용하는 것으로 관객의 시선을 유도했습니다. 인물과 인물의 행위, 배경의 종류와 같은 핵심 요소가 대번에 관객의 눈에 들어와야 합니다.

화면 속의 요소를 인식하고 이해하기 위해서는 화면에 원근감이 있어야 합니다. 따라서 저는 불필요하게 복잡하거나 혼선을 주는 요소를 제거해서 화면에 원근감을 불어넣었습니다. 이 작품과 같이 긴 복도를 배경으로 펼쳐지는 작품은 원근을 단순하게 보여주어 관객이 한눈에 디테일을 알아볼 수 있도록 합니다. 조명을 활용해 인물의 대비를 높이고 실루엣을 돋보이게 해서 척 봐도 인물의 바디 랭귀지와 행위가 잘 드러나도록 했습니다. 디자인 단계에서 설정한 이런 요소들은 노점상에서 뿜어져 나오는 증기나 노점을 비추는 밝은 빛과 같이 서사를 담은 요소와 조화를 이룹니다. 또한 이렇게 조성한 구도를 통해 관객은 서사를 훨씬 쉽게 알아차릴 수 있고, 동시에 작품은 시각적으로 더 흥미로워집니다.

〈Boat〉

원근감과 규모를 활용해 이번 작품에서는 화면 속의 사물이 시각적으로 강렬한 인상을 주도록 했습니다. 조감도의 형식으로 제시된 시점을 통해 사실성을 유지하면서도 형상을 강조해서 표현했습니다. 호수 위의 꽃잎이 만들어 내는 형상과 패턴은 쪽배가 만들어내는 물살로 인해 시각적인 효과를 만들어내며, 작품에서 핵심적인 요소로 작용합니다. 꽃잎이 없었다면 이 정도의 시각적 자극을 만들어낼 수는 없었을 것입니다.

꽃잎의 밀도는 서사를 강화하는 역할을 합니다. 관객은 빽빽한 꽃잎을 통해 이야기 속 풍경에 수많은 꽃나무가 있다는 사실을 짐작하게 됩니다. 이와는 반대로 인물과 쪽배는 가장 먼저 눈에 들어오는 요소는 아니지만, 화면에서 중앙에 위치해 서사적으로 중요한 역할을 맡고 있다는 사실이 드러납니다. 화면 속에 드러나는 조용한 자신감은 작품 속 인물이 분명한 목적을 갖고 여정에 떠난 조용한 여행자라는 역할을 간접적으로 서사에 부여합니다.

Boat

Serpent

〈Serpent〉

규모를 과장해서 표현하는 것으로 서사를 효과적으로 보여줄 수도 있습니다. 일상적인 물체의 크기를 바꾸어 표현하는 것으로, 크기의 차이를 과장하여 관객의 시선을 유도할 수도 있습니다. 이번 작품에서는 뱀의 크기와 인물과의 거리, 그리고 인물을 바라보고 있는 자세에서 작품의 서사에 불편함과 무언가 벌어질 것 같은 긴장감이 발생합니다. 크기를 명확히 구분해 표현하는 방법은 가시적인 구도를 만들어낼 때 필요합니다. 인체의 크기와 비교할 수 있는 사물을 화면 곳곳에 배치하는 것으로 크기의 차이를 보여줄 수 있는데, 이번 작품에서는 계단과 인물, 전경의 물 위에 떠 있는 꽃잎이 그 역할을 하고 있습니다.

뱀의 움직임이 주는 불쾌감은 시각적으로 흥미를 유발하며 서사에 층위를 더하는 역할을 합니다. 작품 속 뱀은 물에서 나와서 화면 속 공간을 휘감으며 주인공을 바라보고 있는 모습입니다. 이러한 뱀의 움직임은 모두 하나의 프레임 안에서 제시되어 관객이 작품에 몰입할 수 있도록 합니다. 작품에서 핵심적인 지점은 스포트라이트 형태의 조명이 비추는 부분입니다. 여러 가지 사물과 복잡한 형상이 제시된 큰 규모의 작품에서는 이처럼 단순한 요소를 통해 초점을 강조해 표현할 수 있습니다. 조명을 통해 화면 속 아주 작은 공간만을 점유하고 있는 인물이 시각적으로, 또한 서사적으로도 큰 존재감을 지니게 됩니다.

〈Crow〉

인물화는 구도를 조성하는 일이 다른 작품에 비해 조금 더 어렵습니다. 인물이 화면의 대부분을 차지한다면, 구도를 보조할 만한 요소를 집어넣기가 힘들기 때문입니다. 그럼에도 시각적으로 흥미를 자극하고 서사의 내용을 담고 있는 요소가 화면에 담겨야 합니다.

이번 작품에서는 인물의 실루엣 안에서 형상을 다양하게 제시해서 두 마리 토끼를 모두 잡았습니다. 인물은 동적인 선을 활용해 디자인하고 머리카락이나 제스처 같은 요소를 활용하는 것으로 작품 속 요소가 주는 시각적인 영향력을 배가할 수 있습니다. 다만 여기에 더해 아직 서사와의 균형을 맞추어야 합니다. 만약 서사에서 인물이 상대적으로 정적인 모습을 취하고 있다면 화면에 움직임을 주고 시각적인 흥미를 돋울 수 있는 다른 방법을 모색하는 것으로 균형을 맞출 수 있습니다.

보조적인 요소를 넣는 것도 구도가 돋보이게 할 수 있는 방법입니다. 인물의 실루엣 뒤로 대비가 높은 영역을 배치해 대비에 다양성이 나타나도록 하는 동시에 실루엣을 배경 위에 단순하게 붙여 놓은 것 같은 느낌이 들지 않도록 했습니다. 이러한 보조적 요소 역시 서사와 일치해야 합니다.

Crow

제시카 울프 JESSICA WOULFE

구도와 서사는 제 작품에서 핵심이 되는 요소입니다. 작품을 그리기 전에 머릿속에 이야기가 자리 잡고 있다는 것 자체가 창작 과정에서 제가 내리는 선택에 크게 영향을 주기 때문입니다. 구상하는 이야기가 한 문장 정도의 길이라고 해도 작품에는 깊이가 생기고 창작 과정에서 영감을 받을 수 있습니다. 시점의 각도나 화면 속 형상이 지니는 상대적인 크기, 지시선, 색, 분위기, 조명 모두 이야기를 전달하기 위해 활용하는 수단입니다. 형상 또한 유용한데, 각이 지고 울퉁불퉁한 형상은 일반적으로 부드럽고 둥글둥글한 형상에 비해 훨씬 공격적이고 위협적인 느낌을 줍니다. 저는 화면에서 중요도가 떨어지는 부분에서는 디테일 표현을 줄이고, 초점이 위치한 부분에서는 디테일을 많이 표현합니다. 이렇게 하면 제가 보여주고 싶은 부분만을 관객에게 보여줄 수 있고, 관객의 시선이 작은 디테일로 분산되는 것을 막을 수 있습니다. 이런 요소들을 잘 활용했다면 작품은 구도를 통해 별다른 말을 더하지 않아도 이야기를 잘 전달하게 됩니다.

아티스트는 포토그래퍼와 다르게 작품 속 모든 요소를 원하는 대로 표현할 수 있기 때문에 사물을 있는 그대로 묘사하는 것이 아니라 창의력이라는 필터를 거쳐서 관객에게 보여줄 수 있습니다.

〈The Ancient Ones〉

아래에서 위로 올려다보는 시점은 관객이 화면 속 제시된 풍경이 거대하다는 느낌을 받게 합니다. 이런 시점은 주로 배경 콘셉트 아트나 영화에서 활용되는 데 압도적인 인상을 주는 풍경을 묘사하기 위해 활용됩니다. 우리는 인체의 크기를 기준으로 사물을 바라봅니다. 이번 작품에서 인물은 거대한 석상에 비해 아주 작은 크기로 제시되어 있어서 석상의 크기가 드러나도록 하고 있습니다. 화면 속의 새 역시도 같은 역할을 하는데 폭포로 인해 생긴 물안개는 화면에 거리감을 더하기도 합니다.

폭포가 만들어내는 지시선은 관객의 시선이 인물이 자리한 화면 중앙의 초점으로 향하게 합니다. 이렇듯 지시선은 관객의 시선을 특정한 지점으로 유도하는 역할을 합니다. 더불어 배경에서 밝게 표현된 폭포의 앞에 어둡게 표현된 인물이 만들어내는 대비는 이 지점에 초점이 맞혀 있다는 것을 더욱 분명하게 보여줍니다. 인간의 눈은 화면 속에 보이는 인물과 대비가 높게 나타난 지점에 가장 먼저 집중합니다.

〈The Future is Bright〉

이 작품은 전통적인 삶의(농사) 관점에서 바라본 미래를(부양식 풍력 발전기) 담고 있습니다. 농장과 농부는 과거를 상징하며 농부의 딸과 풍력 발전기는 미래를 상징합니다. 작품 속 1점 투시도는 관객의 시선을 농부와 아이로 유도합니다. 농부와 아이는 작품에서 가장 핵심이 되는 초점이 위치한 곳으로, 골든아워의 빛을 받아 밝게 빛나는 초원을 배경으로 어둡게 표현된 인물의 형상이 이를 강조합니다. 골든아워는 낮이 밤으로 바뀌는 전환의 시간이며, 이 역시도 과거에서 미래로의 전환이라는 이야기를 보조하는 요소입니다.

전체적인 풍경이 밝고 낙관적이며, 평화로운 느낌이 들도록 하기 위해서 자연물만을 활용해 형상을 둥글게 표현했습니다. 풍력 발전기의 둥근 형상은 양의 형상을 모방한 것입니다. 화면 전체에 걸쳐서 나타나는 길쭉하고 가로 방향으로 뻗은 선은 편안하고 평화로운 분위기를 조성합니다.

The Ancient Ones

The Future is Bright

〈Downpour〉

하루 종일 논에서 농사일로 고생을 한 끝에 마침내 농부가 집으로 돌아가고 있습니다. 날씨는 잔뜩 흐리고 비가 오며, 대기 중에는 안개가 자욱해 시야가 제한되어 있습니다. 이에 따라 작품 속 분위기는 차분하게 느껴집니다. 작품에서 보이는 한색의 색감은 평화로운 분위기를 만들어냅니다. 공기 중의 안개는 배경 속 디테일을 보이지 않게 해서 관객의 시선이 전경에 어둡게 표현되어 있으며, 디테일이 많이 표현된 부분에 집중됩니다. 농부의 집이나 집 뒤에 있는 삼각형의 나무와 비교하면 농부의 크기는 아주 작지만 집과 나무가 이루는 대각선의 선은 농부가 작품의 초점임을 보여줍니다. 나무로 포장된 도로는 농부의 집으로 향하고 있지만 집에서 보이는 삼각형이 다시 시선을 농부로 유도합니다. 한편 농부는 화면 양쪽의 건물로 인해 프레이밍되어 있습니다.

Downpour

이지 버튼 IZZY BURTON

잘 조성된 구도는 서사를 빛나게 합니다. 저는 어떻게 하면 관객을 작품에 이입시킬 수 있는지, 작품에서 어떤 이야기를 다뤄야 할지 고민합니다. 저는 관객의 시선을 유도하기 위해서 보조 캐릭터를 자주 활용합니다. 보조 캐릭터가 화면 속에 펼쳐지는 풍경을 바라보는 것으로 관객의 시선을 유도하거나, 관객이 화면 곳곳에 있는 보조 캐릭터들을 관찰하다가 최종적으로는 작품 속 중심 이야기가 펼쳐지는 화면 중앙의 주인공으로 시선을 유도하는 방식으로 보조 캐릭터를 활용합니다. 이때의 보조 캐릭터는 조용하게 주인공을 관찰하는 역할을 하면서도 관객의 시선이 이야기에서 분산되지 않게 하기 위해 고양이나 새의 형태로 표현합니다. 좋은 구도를 지닌 사진을 연구하며 영감을 받기도 하는데, 스토리텔링이 잘 이뤄진 사진을 통해 좋은 구도를 판별할 수 있는 능력을 기를 수 있기 때문입니다.

〈Fishing〉

화면 속 여자아이는 서사에서 중심이 되는 인물입니다. 밝게 내리쬐는 한 줄기 햇빛을 배경으로 어둡게 표현된 아이의 형상은 화면에서 가장 대비가 높은 지점이 되며, 가장 먼저 관객의 시선이 닿는 지점이 됩니다. 이 작품의 구도는 중앙에 집중된 형태입니다. 건물은 프레임의 역할을 하여 관객의 시선이 화면의 중앙에 집중되도록 합니다. 화면에는 거친 질감과 작은 디테일이 많이 존재하지만, 작품의 구도를 해치거나 혼선을 유발하지 않습니다. 이는 건물과 배경이 만들어내는 강한 명도의 형상, 나아가 여자아이가 서 있는 곳의 뒤로 펼쳐진 바다와 안개가 만들어내는 탁 트인 공간감 때문입니다. 전경에 위치한 사물은 어둡게 표현되어 있으나 관객의 시선이 배경을 향할수록 사물은 햇빛을 받아 점차 밝아지며 관객이 작품에 몰입할 수 있게 합니다.

〈Dinant Witch〉

이번 작품의 구도는 화면을 대각으로, 반으로 가른 형태로 제시되어 있습니다. 화면의 좌측 상단은 디테일이 빽빽하게 많이 배치됐지만, 우측 하단은 상대적으로 단순하게 물과 구름만이 제시되어 있습니다. 구름과 대기 원근법으로 인한 흐림 효과는 화면의 우측 화단이 훨씬 단순하게 보이도록 합니다. 도시의 풍경에서 나타나는 노이즈는 자연스럽게 관객의 시선을 유도하며, 화면 우측 하단의 단순한 풍경과 대비되는 인물의 모습 역시도 관객의 시선을 붙드는 요소입니다. 만약 인물이 도시 위에 배치되어 있었다면 작품의 구도는 불명확해지고 관객이 알아보기 힘들었을 것입니다. 마녀가 탄 빗자루의 흔적은 마녀가 지나온 길을 보여주며, 관객의 시선을 유도하는 역할을 합니다. 흔적의 두께는 거리가 멀어질수록 얇게 표현해서 화면에 깊이감을 부여하고 인물이 얼마나 높이 올라와 있는지 드러내는 역할을 합니다.

Dinant Witch

〈Little White Rabbit Goes Home〉

이 작품에서는 하얀 아기 토끼가 하루 동안의 모험을 마치고 집으로 돌아오는 이야기를 그리고 있습니다. 낮게 떠 있는 조명은 짙은 그림자를 만들어서 하루가 저물어간다는 것을 보여주며, 그루터기 집과 배경에 어둡게 표현된 사물 사이에 대비를 만듭니다. 이를 통해 관객은 화면에서 가장 밝은 부분(토끼)뿐만 아니라 이야기에서 핵심적인 역할을 하는 집에도 관심을 갖게 됩니다.

그루터기 집은 화면의 왼쪽에 위치하며, 토끼는 중앙에서 약간 오른쪽에 있습니다. 집으로 향하는 길은 대각선을 그리고 있어서 토끼가 어디에서 왔는지 보여주어 관객이 작품을 오른쪽에서 왼쪽으로 관람할 수 있도록 유도합니다. 또한 그루터기 집은 작은 언덕 위에 자리 잡고 있어서 대각선의 흐름을 강조하며 관객의 시선이 아기 토끼가 향하는 방향으로 함께 움직일 수 있도록 합니다.

작품에서는 심도가 과장되어 표현되어 있는데, 이에 따라 화면이 클로즈업된 느낌이 나며, 멀리 떨어진 물체는 흐리게 보입니다. 이를 통해 작품에는 깊이감이 생기며, 이야기 전개에서 중요하지 않은 요소로 관객의 시선이 분산되지 않도록 합니다. 관찰자 가까이 있으면서 초점 바깥에 있는 이파리는 화면의 중앙을 가리키며 관객의 시선을 유도하고 있습니다.

Little White Rabbit Goes Home

도움을 주신 분들 CONTRIBUTORS

이지 버튼(IZZY BURTON)

디렉터 겸 아티스트 | izzyburton.co.uk

이지 버튼은 많은 수상 경력을 지닌 디렉터 겸 아티스트이며, 애니메이션과 출판 분야를 가리지 않고 활동 중입니다. 이지 버튼은 넷플릭스와 패션 픽쳐스, 골든 울프 등과 협업하기도 했습니다.

조슈아 클레어(JOSHUA CLARE)

순수 예술가 | joshclare.com

조슈아는 약 20년에 걸쳐서 유화 작품을 창작하고 있는 아티스트이며, 풍경화와 상상화 작품으로 이름을 떨쳤습니다. 현재는 아내와 다섯 아이를 두고 미국의 유타주에서 거주 중이며 가족과 함께 하는 삶과 주변에서 찾을 수 있는 아름다움을 주제로 여전히 작품 활동 중입니다.

네이선 폭스(NATHAN FOWKES)

애니메이션 콘셉트 아티스트 | nathanfowkes.com

네이선은 로스앤젤레스 출신의 애니메이션 영화 작가로 드림웍스와 디즈니, 블루 스카이 스튜디오, 파라마운트의 작품 제작에 참여한 경력이 있습니다. 네이선의 작품은 여러 출판물과 단독 전시회에서 찾아볼 수 있습니다. 현재 네이선은 아트센터 디자인 대학교의 초빙 강사로 활동하며, 동시에 스쿨리즘(Schoolism)을 통해 온라인상에서 미술을 가르치고 있습니다.

구웨이즈(GUWEIZ)

프리랜서 아티스트 | artstation.com/guweiz

구웨이즈는 일러스트를 통해 상상 속의 캐릭터에 생명력을 불어넣는 작업을 즐기는 아티스트입니다. 구웨이즈가 처음 출판한 책인 〈구웨이즈: 구정웨이의 예술Guweiz: The Art of Gu Zheng Wei〉는 2020년 3Dtotal Publishing을 통해 시판되기도 했습니다.

하이칼라(HEIKALA)

아티스트 | heikala.com

하이칼라는 핀란드에서 태어나 지금은 일본의 도쿄에 거주 중인 아티스트입니다. 하이칼라는 작품에서 잉크와 수채화 물감을 활용해 일상에 신비로움을 불어넣는 이야기를 전합니다.

디아밀라 크노프(DJAMILA KNOPF)

일러스트 작가 | djamilaknopf.com

디아밀라는 독일의 라이프치히에 거주 중인 독립 아티스트입니다. 디아밀라는 놀라움을 유발하며 향수를 불러일으키는 일러스트를 창작하며, 주로 개인적으로 수주한 프로젝트를 기반으로 작품을 창작합니다.

데빈 엘르 커츠(DEVIN ELLE KURTZ)

일러스트 작가 겸 배경 아티스트 | devinellekurtz.com

데빈은 반려견 및 무수한 반려 식물과 함께 샌디에이고 카운티의 북부에 살고 있습니다. 데빈은 애니메이션 업계에서 경력을 쌓았고, 현재는 그림책 삽화 작업과 프리랜서로 일러스트 작업을 하는데 집중하고 있습니다. 이전에는 넷플릭스와 다크호스, 디즈니, 하퍼 콜린스, 펭귄 랜덤 하우스, 루카스 필름에 작품을 납품한 경력이 있습니다.

돔 레이(DOM LAY)

프리랜서 콘셉트 아티스트 | artstation.com/dlartistry

돔은 미국에서 활동하는 프리랜서 아티스트입니다. 돔은 특히 콘셉트 아트와 세계관 구축, 스토리텔링에서 재능이 돋보이는 아티스트입니다. 지식 재산을 창작하고 홍보하며, 아트북으로 내는 것으로 이름을 알리기도 했습니다.

션 레이(SEAN LAYH)

아티스트 | seanlayh.com

션은 멜버른에 거주 중인 순수 미술가로 주로 유화 물감과 드라이 미디어를 활용해 작품을 창작합니다. 션은 지금까지 수많은 작품을 창작했고, 그 중 일부는 이 책의 〈작품집〉에 실리기도 했습니다.

그제고르츠 "그렉" 루트코스키(GRZEGORZ "GREG" RUTKOWSKI)

프리랜서 일러스트 작가 겸 화가 | artstation.com/rutkowski

폴란드의 즈고젤레츠에서 태어난 그렉은 어릴 때부터 미술에 흥미를 가졌습니다. 2010년부터 그렉은 전문 일러스트 작가로 활동을 시작했고 현재는 폴란드에서 아내와 슬하에 딸 둘을 두고 살고 있습니다.

제시카 울프(JESSICA WOULFE)

콘셉트 아티스트 | artstation.com/jessicawoulfe

캐나다에서 활동 중인 제시카는 애니메이션과 비디오 게임 업계에 모두 몸을 담은 경력을 자랑하는 콘셉트 아티스트입니다. 제시카는 하이킹과 더불어 반려묘들과 함께 작품을 창작하는 일을 가장 좋아합니다.

INDEX

MEMO

일러스트레이터를 위한
색과 빛 마스터 가이드북

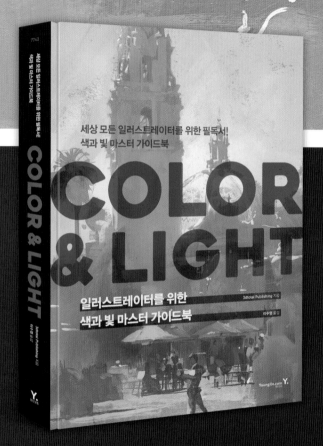

영진닷컴 | 388P | 32,000원

〈색과 빛 마스터 가이드북〉은 세계적인 아티스트들의 풍부한 경험을 기반으로 '색'
과 '빛'을 사용하는 예술을 발전시킬 수 있는 이론과 실전을 철저히 분석해 줍니다.

찰리 피카드가 소개하는 '색'과 '빛'의 이론 단원에서 여러분은 색과 관련된 용어와
색채 이론을 비롯하여 색을 구성하는 색상과 명도, 채도를 다루는 방법을 이해하게
될 것이며, 나아가 빛과 그림자를 이용하여 형태와 형상, 질감을 표현하는 방법도
배우게 될 것입니다.

일러스트레이터를 위한
구도와 서사 마스터 가이드북

COMPOSITION & NARRATIVE

1판 1쇄 발행   2024년 10월 11일
1판 3쇄 발행   2025년 3월 20일

저   자 | 3dtotal Publishing
역   자 | 이수영
발 행 인 | 김길수
발 행 처 | (주) 영진닷컴
주   소 | (우)08512 서울특별시 금천구 디지털로 9길 32
　　　　　갑을그레이트밸리 B동 10F
등   록 | 2007. 4. 27. 제 16-4189호

©2025. (주)영진닷컴

ISBN | 978-89-314-7743-6